Psicologia Social
e
Direitos Humanos

Andréa M. C. Guerra
Luciana Kind
Lúcia Afonso
Marco Aurélio M. Prado
(orgs.)

Psicologia Social e Direitos Humanos

2ª edição

Artesã

Diagramação

Sheila e Renato - R&S Editorações

Capa

Tiago Rabello

Revisão de Texto

Cristina Afonso

Supervisão Editorial

Lúcia Afonso

Ficha Catalográfica

301.151
P974 Psicologia social e direitos humanos / Andréa Máris Campos Guerra ... [et al].
2003 Belo Horizonte : Edições do Campo Social, 2003.

p. 284
ISBN: 85-885552-09-4

1. Psicologia social 2. Direitos humanos I .Guerra, Andréa Máris Campos II. Kind, Luciana III. Afonso, Lucia, 1953- IV. Prado, Marco Aurélio Máximo V. Título

IMPRESSO NO BRASIL
Printed in Brazil

ARTESÃ EDITORA LTDA.
Site: www.artesaeditora.com.br
Email: contato@artesaeditora.com.br
Belo Horizonte/ MG

SUMÁRIO

SUMÁRIO

APRESENTAÇÃO

Direitos Humanos: história e desafios

*Elizabeth de Melo Bomfim**

Se puxarmos a manivela em ritmo de retrotempo, a história das lutas reivindicatórias pelos direitos humanos leva-nos um longo recuo, talvez, mesmo, à história do homem sobre a terra. Vale, contudo, assinalar alguns marcos mais recentes que foram importantes.

É sabido que, quer os ideários iluministas, inspirados na filosofia de Descartes, no empirismo de Locke e no cientificismo de Newton, quer os ideários liberais, provenientes do pensamento de Rousseau, Montesquieu e Voltaire, contribuíram para transformações na sociedade européia. A Revolução Parlamentar Inglesa e a Revolução Francesa acabaram confirmando algumas dessas propostas que foram inseridas nas constituições desses países, marcando o reconhecimento estatal e facultando melhorias nos direitos fundamentais, tais como, alimentação, vestuário e moradia.

A repercussão desses ideários no Brasil teve imediata e maior manifestação na então Capitania das Minas Gerais, que chegou a contar, no século XVIII, além das maiores riquezas minerais dessas terras brasílicas, com o maior índice populacional da província. Mas as riquezas auríferas, responsáveis pela incipiente urbanização da população mineradora, entraram em declínio. O episódio da Inconfidência Mineira, eivado dos ideários libertários, demandava a Independência de Portugal e trazia, em seu cerne, as reivindicações pelos direitos humanos. Direitos humanos que foram sucessivamente cerceados e/ou negados pelas constantes proibições portuguesas. Entre elas, a proibição da atividade dos ourives, a proibição de construção de engenhos de açúcar, a proibição de existência de teares, com exceção feita aos teares para os rústicos tecidos dos escravos. Preconizando uma situação contrária à industrialização, Portugal propunha uma sociedade dedicada exclusivamente ao comércio e à mineração, inibia o desenvolvimento local, cerceava direitos humanos fundamentais, entre os quais, o do vestuário, temeroso de uma possível separação.

A escassez das riquezas auríferas, notificada nas várias correspondências dos governadores de Minas, Luís da Cunha Menezes e o Visconde de Barbacena enviadas à Martinho de Melo e Castro, o todo poderoso ministro do Conselho Ultramarino, são passíveis de constatação na documen-

* Elizabeth de Melo Bomfim foi professora da UFMG e presidente Nacional da ABRAPSO.

tação existente no Arquivo Histórico Ultramarino. Essas correspondências, contudo, não se fizeram acompanhar de medidas mais eficientes. Pelo contrário, a situação agravava-se com a permanência da cobrança da derrama aos já sensibilizados mineiros, taxados com a excessiva cobrança de tributos que envolviam: o subsídio voluntário; o subsídio literário; a taxa dos correios; a contribuição do tejuco; os direitos de entradas, os direitos de passagem; os dízimos; as rendas dos ofícios de justiça e o "quinto". Eclodiu então a Inconfidência trazendo, entre outras as propostas de uma Constituição independente, da abolição da escravidão e da criação de uma universidade em Vila Rica. Os trágicos acontecimentos decorridos dela foram registrados nos Autos da Devassa que revelaram Tiradentes como o líder do premeditado levante e responsável pela sua idealização e, conforme seu próprio depoimento, "sem que nenhuma outra pessoa o movesse, nem lhe inspirasse coisa alguma..."(Autos da Devassa, 5o. vol., p. 32, depoimento de 18 de janeiro de 1790).

Registrava-se, assim, na história brasileira, um levante de libertação, um grito que ecoava nos diferentes segmentos da sociedade mineradora, baseada nos clamores europeus por liberdade ainda que tardia.

O século seguinte, os anos oitocentos, marcado pelo reconhecimento constitucional em vários países de alguns direitos fundamentais, registraria um Brasil independente, com sua Constituição própria, a qual preconizava a garantia de alguns direitos humanos fundamentais. Inseridos em sua Carta Magna, tais direitos longe estiveram de uma efetivação plena. A prática revelaria um melhor ou pior desempenho à mercê do momento histórico-político do país.

No século XX, tendo a questão dos direitos humanos alcançado o patamar internacional, os tratados, declarações e pactos foram sendo assinados, paralelamente ao surgimento das instituições responsáveis por suas implementações. O século inicia-se com vários acordos internacionais, valendo lembrar, o Tratado de Versalhes (1919), a Organização Internacional do Trabalho, a Declaração de Genebra sobre os Direitos da Criança (1924), a Conferência Pan-Americana de Lima (1938), a Carta do Atlântico (1941). São assinados acordos em relação às liberdades individuais, de defesa dos direitos do homem e de garantias trabalhistas gerando, assim, a legitimação dos direitos humanos para além das fronteiras das jurisdições nacionais.

A questão ampliou-se, após a Segunda Guerra Mundial, com os crescentes pactos internacionais em relação aos direitos humanos. Em 1948, além da Convenção contra o Genocídio, era divulgada a Declaração Universal do Direitos Humanos. No princípio, com um efeito mais simbólico, a Declaração Universal do Direitos Humanos acabou gerando um maior esforço na promoção do respeito a esses direitos e liberdades, assegurando o reconhecimento e a observância de suas propostas. Com o passar do tempo, a Declaração tem sido utilizada pelos diferentes segmentos sociais em suas reivindicações, tornando-se um mecanismo facilitador de proteção desses direitos em diversos países. Além disso, propiciou inúmeras outras declarações, tratados, pactos ou convenções sobre direitos humanos, quer na esfera local, quer na esfera nacional.

E novos pactos internacionais foram sendo firmados, entre os quais, o Pacto Internacional de Direitos Civis e Políticos e o Pacto de Direitos Econômicos, Sociais e Culturais que conferiam às propostas contidas na Declaração Universal, um compromisso com força de obrigação jurídica. Foram compromissos assumidos por diferentes nações signatárias que manifestaram suas disposições. Disposições que, mantiveram-se inúmeras vezes, distantes de suas realizações.

A proteção aos direitos humanos ganhava força nos diferentes acordos internacionais firmados, apesar de estar à mercê dos conflitos políticos e da descontinuidade do movimento. Relevantes trabalhos a nível internacional podem ser atribuídos à Cruz Vermelha Internacional, criada em meados do século passado, ao movimento dos "Médicos sem fronteiras", etc.

Se, no patamar internacional, a questão avançou com os acordos e com a criação de instituições, a situação de alguns países fica ainda à mercê das questões políticas e econômicas.

No Brasil, país que aderiu não só à Declaração Universal do Direitos Humanos, aos dois Pactos Internacionais (de Direitos Civis e Políticos e o de Direitos Econômicos, Sociais e Culturais), como também a uma série de outros instrumentos internacionais de proteção de direitos humanos, pode-se observar que, longe estamos de romper a distancia entre a intenção e a realidade concreta. Embora os princípios estejam sendo crescentemente incorporados à legislação interna, observa-se que longe estamos de ver a realidade prevista no art. 5o. a Constituição Federal que garante o direito à vida, à liberdade, à igualdade, à segurança e à propriedade.

Tal situação não é muito diferente em vários outros países que, embora compromissados em relação à proteção dos direitos humanos, não geraram os mecanismos concretos de sua efetivação.

Entramos no século XXI com grandes e variados desafios. Em nível nacional, enquanto persistir a demanda pelo atendimento de necessidades primárias, o grande desafio é a busca de sua resposta. Enquanto persistir a fome, a falta de moradia, a falta de vestuário, a falta de saúde e de educação, os desafios serão os mecanismos de superação dessas deficiências gritantes. Desafios para alimentar mais de 50 milhões de pessoas que passam fome, fornecendo uma alimentação básica e nutritiva. Desafios para promover a saúde de uma população com altas taxas de mortalidade infantil, quer em seus aspectos preventivos, quer corretivos com um atendimento sem longas listas de espera nos hospitais ou por atendimento médico. Uma saúde que promova uma vida mais longa. Desafios na construção de habitações, em quantidade e qualidade, sem a sangria nos pagamentos além da condições possíveis. Desafios por uma educação gratuita e de boa qualidade e pela erradicação da alarmante taxa de analfabetismo, ainda que decrescente. Desafios na promoção de empregos que possam assegurar o direito ao trabalho remunerado e às conquistas dos trabalhadores.

Numa sociedade onde a violência e criminalidade persistem a um nível epidêmico, os desafios de seu combate e da promoção de uma segurança adequada com proteção social, sem as atrocidades policiais, se fazem presentes. Necessárias são as avaliações dos mecanismos judiciários implementados e multiplicados no país, tais como as delegacias especiais.

Paralelamente, a discriminação de setores mais desprotegidos da sociedade e das minorias étnicas e culturais desafiam na busca de políticas de convivência e respeito e na efetivação dos acordos e tratados, tais como, por exemplo, Declaração sobre os Direitos da Criança, adotada pela Assembléia Geral (1959).

Aliás é a efetivação dos acordos e tratados relativos aos direitos humanos um dos mais importantes desafios colocado sobre a mesa. Agir e cumprir os pactos, declarações e tratados são desafios tanto locais, quanto internacionais.

Ações contra a violação dos direitos humanos, a tortura, o racismo, terrorismo de qualquer parte, evitando-se atrocidades são desafios locais e internacionais.

No âmbito internacional, a relação dos direitos humanos com os diferentes padrões de vida das nações é desafiante. Como relacionar os direitos humanos com os diferentes sistemas de consumo, diferentes poderes aquisitivos, diferentes níveis educacionais, diferentes taxas de serviços (transporte, saúde, educação), diferentes taxas de salários e diferentes estilos de vida?

Existe também a questão da expansão dos atuais limites de liberdade contido na Declaração dos Direitos Humanos. Considerando que ela prevê o Artigo XIII:

-" Toda pessoa tem direito à liberdade de locomoção e residência dentro das fronteiras de cada Estado."

É possível que a mundialização, com a conseqüente expansão dos intercâmbios, coloque em discussão a liberdade para além da fronteira de cada país. A movimentação em busca de melhores condições de vida e trabalho em outros países, quando o capital internacional tornou-se livre, coloca a questão da abertura das fronteiras aos trabalhadores.

Mas, quer local, quer internacionalmente, o grande desafio persiste: que os compromissos não fiquem apenas na letra escrita e assinada mas na realidade concreta e vivida. Para isso, a Psicologia Social, como um campo de conhecimento marcado pela multiplicidade de saberes e empenhada na transformação da realidade vivida com vistas à melhoria das condições de vida dos sujeitos, tem um papel importante na implementação das políticas de direitos humanos.

Trabalhando com as demandas pessoais, demandas dos grupos e das comunidades, os psicólogos sociais podem contribuir nas montagens dos mecanismos de implementação e avaliação, avançando, assim, nas propostas de efetivação desses direitos. Efetivação que perpassa as interações humanas e sociais. Que o século XXI possa ser uma era da garantia ao respeito aos direitos humanos com ações efetivas que resultem em vivências cujos direitos não sejam violados.

AGRADECIMENTOS

Esse livro traz a contribuição de diferentes autores, que trabalharam o tema "Psicologia Social e Direitos Humanos" no XIII Encontro Mineiro de Psicologia Social, promovido pela ABRAPSO-MG em 2002, estendendo-o aos diferentes campos e discursos da Psicologia Social e, dessa forma, tornando o livro um instrumento importante para os estudiosos de seu campo.

Gostaríamos aqui de deixar nossos expressivos agradecimentos aos parceiros e contribuidores sem os quais o evento e o livro não se teriam tornado possíveis. Em especial à Secretaria Geral do evento, peça central e articuladora de toda sua estrutura, composta por Daniella Barcelos Magalhães Rocha e Valquíria Lúcia Melo de Mendonça, num primeiro momento, e depois apoiada pelos DA e CA de Psicologia da Universidade Federal de Minas Gerais e da FCH-Fumec, em particular com o empenho de Tatiana Oliveira Moreira e Ives Lima de Oliveira. À Comissão Organizadora, representada por Cornélis Johannes van Stralen, Érica Lourenço, Luciana Kind, Luiz Carlos Castelo Branco Rena, Maria Lúcia Afonso, Paula de Paula, Raquel Martins de Assis, Rubens Ferreira do Nascimento. Também à Comissão Científica do evento que contou com a colaboração de Cássia Beatriz Batista, Elizabeth de Melo Bomfim, Érika Lourenço, Izabel Christina Friche Passos, Karin Ellen von Smigay, Marcos Vieira da Silva, Maria Ignez Costa Moreira, Regina Helena de Freitas Campos e Vânia Carneiro Franco. E à Comissão de Apoio e Articulação Estudantil que contou com Bernardo Mendes Coelho, Ives Lima de Oliveira (DA Psicologia/FCH-FUMEC) e Tatiana Oliveira Moreira (CA Psicologia/UFMG).

Contamos também com o apoio dos Cursos de Psicologia da Faculdade de Ciências Humanas da Fumec, Unicentro Newton Paiva, Pontificia Universitária Católica de Minas Gerais, Universidade Federal de São João del Rei, UNIVALE, e com o Programa de Pós-Graduação em Psicologia da Universidade Federal de Minas Gerais, com o Sindicato dos Psicólogos de Minas Gerais, o Conselho Regional de Psicologia - 4ª Região, e a Fundação de Amparo à Pesquisa de Minas Gerais (FAPEMIG).

Compõem a Diretoria da ABRAPSO (2001-2003) na Presidência Nacional, Neuza Guareschi, Vice-Presidente-Regional Minas Gerais, Andréa Máris Campos Guerra, Coordenador Núcleo São João del Rei, Marcos Vieira da Silva, Coordenadora Núcleo Juiz de Fora, Izabela Maria Rezende Taveira.

Andréa Máris Campos Guerra
Vice-Presidente-Regional Minas Gerais (2001-2003)

PARTE I

Reflexões para uma prática

Psicologia e Direitos Humanos: aspectos históricos, teóricos e práticos

Marília Novais da Mata Machado[1]

Uma ampla gama de experiências, formulações teóricas, métodos, instrumentos e técnicas possibilitam à Psicologia realizar práticas que atendem a clientes – indivíduos, grupos, organizações, instituições ou comunidades – e, ao mesmo tempo, resguardam direitos humanos.

Se desenhamos uma tabela na qual as linhas representam os direitos humanos mais citados – civis, políticos, econômicos, sociais e culturais - e as colunas os principais valores presentes nos diferentes códigos – liberdade, fraternidade (ou igualdade), justiça, participação e responsabilidade, podemos preencher as células assim formadas com práticas que vêm sendo feitas pelos psicólogos.

Tendo como referência trabalhos efetivamente realizados[2], foi possível enumerar e classificar (ver anexo) muitas das práticas que, simultaneamente, atendem aos requisitos de cuidado psicológico e de guarda de direitos humanos.

Assim, o trabalho da Psicologia educacional na formação política e sindical, no acompanhamento e implantação de escolas indígenas, nas escolas rurais e de periferias urbanas, na educação para a cidadania, na oferta de cuidados em situação de fracasso escolar de crianças e adolescentes e na educação de adultos exemplifica a defesa de direitos civis, políticos, sociais e culturais, tendo como valores liberdade, fraternidade, justiça, participação e responsabilidade.

Da mesma forma, as práticas da psicologia comunitária em favelas, em meio aberto urbano e rural, assim como junto a associações de bairro, de moradores, de trabalhadores e outras atendem a direitos sociais e se fundam na fraternidade, na justiça e na participação.

Inclusão social e resgate da dignidade humana são objetivos de diferentes práticas da Psicologia Social e da Psicologia do Trabalho, nas incubadoras de cooperativas para desempregados, para portadores de

[1] Pesquisadora do *LAPIP-UFSJ/FAPEMIG*

[2] As fontes utilizadas foram: *Psicologia e Sociedade*, a revista da ABRAPSO (1986-2002); os dois volumes dos *Anais do 1o Congresso Brasileiro de Psicologia da Comunidade e Trabalho Social*, realizado em Belo Horizonte, em agosto de 1992, com cerca de mil participantes; resumos apresentados no *Boletim do LAPIP*, Laboratório de Pesquisa e Intervenção Psicossocial, da Universidade Federal de São João del-Rei, de 2001

necessidades especiais e para moradores de rua. Esses objetivos estão também presentes no atendimento a outras "minorias" - meninos e meninas de rua, trabalhadores sem terra, moradores de favelas e vilas, portadores de sofrimento psíquico e/ou de inabilidades psicossociais, indivíduos em situação de risco social, doentes crônicos e idosos. Estamos no terreno da defesa dos direitos civis, políticos, econômicos e sociais, com os valores de liberdade, fraternidade, justiça, participação e responsabilidade.

A Psicologia atende, também, a diferentes instituições. Ela está em hospitais, em manicômios, em asilos, em centros de convivência, assim como em escolas, delegacias e prisões. Está participando ativamente da luta antimanicomial. É hora de pensar, também, na luta antiprisão. Em pauta, está a defesa de direitos civis com base nos valores de liberdade e participação.

Nos movimentos emancipatórios, nos movimentos contrários às discriminações de raça, cor, gênero, classe, orientação sexual, idade e culto religioso ou ainda nas lutas pelo fim da violência contra desamparados, a Psicologia tem defendido, nas delegacias especiais, as mulheres vítimas de abusos, tem trabalhado com empregadas domésticas, com prostitutas, com adolescentes infratores, com doentes, com crianças, com povos indígenas. Está na defesa de direitos civis, políticos, sociais e culturais, fundada na fraternidade/igualdade e na responsabilidade.

Trabalhando com saúde pública e coletiva, em postos e em equipes de saúde, ela vem criando metodologias e instrumentos para lidar com a nutrição, a prevenção contra HIV/AIDS, o uso de drogas, a dependência química, a saúde mental, a saúde da mulher, da criança e do adolescente, assim como para auxiliar no atendimento aos acidentados de trabalho (eletricitários, trabalhadores da construção civil) e aos portadores de doenças profissionais como a LER. Direitos civis e políticos são assim defendidos, com os valores de participação e responsabilidade.

Finalmente, a Psicologia inclui entre suas considerações o meio ambiente, não apenas oferecendo cursos sobre ecologia humana, mas também colocando a questão ambiental nas práticas educativas e comunitárias. Embora o código da Declaração Universal dos Direitos Humanos de 10/12/1948, que rege juntamente com o Código de Ética Profissional do Psicólogo o exercício da profissão, esteja "mudo sobre o mundo", nas palavras de Michel SERRES (1991, p.47), a Psicologia, adiantando-se, vem defendendo o direito político de garantir a preservação do meio ambiente e da qualidade de vida, baseada na responsabilidade.

Essa enumeração dá a entender que, como disciplina científica e como profissão, ela tem cumprido o seu papel na defesa dos direitos humanos. Seus objetivos são claramente expostos. O foco é a cidadania, a intenção é a construção de novas subjetividades, ampliando individual e coletivamente a democracia, a autogestão e a autonomia. As práticas clínicas individuais ou coletivas, as de intervenções, as pesquisas participantes e pesquisas-ações aspiram à transformação social, cultural, política e econômica, no sentido de promover o bem-estar psíquico e sócio-afetivo e de contribuir na solução de problemas como pobreza, desemprego, doença, sofrimento, fome, desnutrição, opressão, alienação, abuso, discriminação, poluição e voltam-se para a solidariedade e a cooperação.

Tais trabalhos talvez sejam por demais experimentais e empíricos. Carecem, às vezes, de rigor teórico-metodológico e de uma discussão epistemológica afiada. Resvalam aqui e ali para soluções puramente ideológicas. Mas isso se dá porque estão em processo de criação. Apesar desses senões, a perspectiva da transformação política e social proposta pela Psicologia vem conquistando sucessos tanto no terreno da teoria, quanto do método e da produção de conhecimento. Assim, ela formulou ou testou instrumentos úteis como as metodologias de devolução, de análise da implicação, de uso de imagem e outras que estabelecem uma relação de cooperação entre as pessoas envolvidas. Vem, também, produzindo conhecimentos sólidos a respeito de indivíduos, grupos, instituições e comunidades como os conhecimentos relativos à atuação da consciência hospedeira do opressor (FREIRE, 1970), os relativos à importância de, nas práticas, ter-se em conta o saber dos indivíduos/clientes envolvidos, os relativos à amplitude e aos limites da auto-estima e os que mostram a relação entre narração da história de vida e construção da identidade, entre outros.

Todos esses trabalhos estão no território do agir humano. Assim, suas orientações práticas, seus princípios de ação emancipatórios e políticos têm a ver com a ética. Embora os aspectos relativos à teoria, método e pesquisa sejam facilmente contornáveis, a questão ética já é mais difícil. Ela exige atenção permanente. É sobretudo por esse crivo – e não tanto pela sustentação da "cientificidade"- que devem passar essas novas maneiras de promover ações em educação, saúde, inclusão social, cuidado do desamparo e do meio ambiente que a Psicologia vem formulando, assim como as novas teorias e metodologias correlatas.

A referência, aqui, não é apenas aos códigos de ética. Eles são soluções reguladoras importantes. Desde o de Hamurábi (1694 a. C), passando pela Lei das XII Tábuas (450 a. C), as Escrituras Sagradas, a Legislação Mosáica, o Alcorão, até os modernos, a *Bill of Rights* (1689), a Declaração dos Direitos da Virgínia (1776), as Declarações dos Direitos do Homem e do Cidadão (1789) e da Mulher e da Cidadã (1791), as diversas Constituições nacionais do século XIX e início do século XX, a Declaração Universal dos Direitos Humanos (Assembléia Geral das Nações Unidas, 1948), as Conferências, as Convenções, os Pactos, as Cartas e as Legislações Temáticas que reprimiram o tráfico de escravos africanos, que decidiram sobre guerra, sobre direitos econômicos, sociais e culturais, direitos civis e políticos, meio ambiente, alimentação, povos indígenas, migrantes, crianças e adolescentes, deficientes, são quase 3700 anos de regulação (DHnet).

Essa longa lista de códigos – que de forma alguma é exaustiva - apresenta apenas traduções social-históricas da ética, o termo social-histórico sendo tomado de empréstimo a Castoriadis. Como traduções, os códigos são marcados pelo tempo e espaço em que surgiram e, por isso, caducam, ficam difíceis de serem entendidos, têm que ser interpretados e, muitas vezes, transgredidos em nome, justamente, da ética.

São ou foram úteis, no seu tempo. Vêm dar conta das inclinações agressivas dos homens e mulheres, impossíveis de serem eliminadas, como tão bem argumentou Freud, que, além disso, lembrou que "estaremos fazendo um cálculo errado se desprezarmos o fato de que a lei [o código], originalmente, era força bruta e que, mesmo hoje, não pode prescindir do apoio da violência " (FREUD, 1933 [1932], p. 251). A solução, para Freud, seria o crescimento da civilização, com o concomitante fortalecimento da vida intelectual e a renúncia ao instinto. Mas, atenção, diante dos dois tipos de instintos por ele reconhecidos, os 'eróticos' (de união) e dos de destruição e morte,

"não devemos ser demasiado apressados em introduzir juízos éticos de bem e mal. Nenhum desses dois instintos é menos essencial do que o outro; os fenômenos da vida surgem da ação confluente ou mutuamente contrária de ambos. (...) Assim, por exemplo, o instinto de autopreservação certamente é de natureza erótica; não obstante, deve ter à sua disposição a agressividade, para atingir seu propósito." (1933 [1932], p. 252).

Freud, ao recordar que juízo ético tem a ver com o bem e o mal, mas que não cabe, na teoria e na prática psicológicas, qualquer maniqueísmo, sugere a dificuldade de avaliar os postulados e ações da Psicologia (ou de qualquer outro agir humano). Como aplicar a eles o crivo ético?

No XII Encontro Mineiro de Psicologia Social da ABRAPSO, realizado em São João del-Rei, CORRÊA (2001) proferiu palestra sobre ética. Distinguiu-a de moral, palavra que vem dos romanos e que se refere a dever e, consequentemente, a uma relação heterônima entre homens [a moral é o espaço dos códigos, pode-se dizer]. Já ética, ela é desconstrutora da moral, histórica, inconclusa, inventiva, societária. Diz respeito à autonomia. O termo foi inventado por Aristóteles e, inicialmente, referia-se a uma reunião de preceitos relativos à cidade, ao exercício da cidadania, aos tratamentos (*pharmacos*) e ao bem da cidade e do cidadão. Nasceu como um ramo da política. *Ethos*, no grego, significa solo firme, morada, raiz. Correia define os princípios da ética: o bem, a lei e a liberdade. Trata-se de buscar o bem, em regime de liberdade, de acordo com a lei.

A filosofia budista também contribui para apontar o caminho ético. Os preceitos são simples: trata-se de fazer o bem; intenção, palavras, ações e meio de existência devem ser corretos. O praticante deve trilhar o caminho do meio, que não é intermediário entre posições radicais, extremas ou mesmo divergentes, nem aquele por onde passa o fluxo principal das idéias e ações. O caminho do meio é aquele no qual não há dualidade, onde todas as distinções são falsas. Assim, nele, encontra-se a Verdade, a Beleza, a Justiça, o Bem, mas não juízos como verdadeiro/falso, belo/feio, justo/injusto, certo/errado. O caminho do meio passa pelo desconhecido, pelo novo, mas também pelo cotidiano, pelo usual, pelo comum.

É evidente que esses princípios e preceitos filosóficos e (por que não?) religiosos, são dificilmente enquadrados em qualquer receituário. Códigos de ética são apenas pálidas transcrições deles. O caminho ético pede, a todo instante, indagação, reflexão, deliberação lúcida e criativa. Numa palavra, ele requer autonomia individual e coletiva (CASTORIADIS, 1987-1992). Em alguns momentos, a decisão parece fácil. Por exemplo, a de abominar e combater todo e qualquer tipo de tortura, opressão, exploração do trabalho infantil, violência contra o outro. Mas, de fato, ele coloca sempre interrogações: o que dizer de lobotomias, choques elétricos, cirurgias de separação de hemisférios cerebrais, testes com animais de laboratório, FEBEMS e outros aprisionamentos? O que dizer das guerras de libertação, das lutas pela redução de desigualdades, da ocupação de terra para morar e para plantar? E da cultura de transgênicos, dos testes de DNA, da clonagem de órgãos, da criação de crianças atrás dos muros de condomínios fechados?

Escritos antigos dão uma idéia da dificuldade da decisão ética, auxiliando na deliberação lúcida e autônoma.

Veja-se o caso de Judite que inspirou todo um livro do Antigo Testamento, no qual é narrada a história, da "piedosa viúva [que] salvou a cidade de Betúlia das mãos do cruel general assírio, Holofernes" (Bíblia Sagrada, p.369). É relatado o cerco à cidade, o sítio, a entrada de Judite no acampamento assírio, o convite a participar do banquete com Holofernes e como, depois da festa, ela degola o general embriagado e retorna a Betúlia levando a cabeça dele em um saco. O exército assírio, ao saber da morte do chefe, temeroso, retira-se. "Judite ficou sendo célebre em Betúlia, e era a pessoa mais considerável de toda a terra de Israel." (Bíblia Sagrada, p. 377). Suas virtudes foram também reconhecidas pela Igreja Católica. Em representação do século XII, ela está na Igreja da Madeleine, em Vézelay, França, apresentando a cabeça de Holofernes; aparece também, no pórtico norte da Catedral de Chartres, do século XIII, em postura de oração, cobrindo sua cabeça de cinzas antes de ir matar Holofernes (BROUDE e GARRARD, 1982, ps. 88-89). Porém, Klimt a retratou, por duas vezes, em 1901 e em 1909, como uma mulher fatal, ricamente vestida, espectro da morte tendo na face uma expressão triunfante de êxtase quase sexual[3].

A desobediência à lei – no caso de Judite: "Não matarás" - passa mais facilmente pelo crivo ético no caso de Antígone, heroína que deu o nome à peça na qual Sófocles narra como, corajosamente, ela desobedece ao rei. Filha de Édipo e de Jocasta, ela perdeu, num mesmo dia, seus dois irmãos, Etéocles e Polinice, feridos mortalmente um pelo outro ao disputarem o trono. Creonte, o tio, tornou-se o rei de Tebas e determinou que apenas Etéocles receberia as honras fúnebres, enquanto que o corpo de Polinice deveria ficar insepulto. Antígone desobedece, enterra o corpo de Polinice e, dessa forma, se expõe à

[3] Os grandes artistas modernos: Kandindky, Munch, Klimt. São Paulo: Nova Cultural, 1991. p. 64-65.

pena de morte. Presa, é questionada por Creonte: "Sabias que, por uma proclamação, eu havia proibido o que fizestes?" Antígone responde: "Sim, eu sabia! Por acaso poderia ignorar, se era uma coisa pública?" Creonte diz: "E apesar disso, tiveste a audácia de desobedecer a essa determinação?" Ela responde:

"Sim, porque não foi Júpiter que a promulgou; e a Justiça, a deusa que habita com as divindades subterrâneas, jamais estabeleceu tal decreto entre os humanos; nem eu creio que teu édito tenha força bastante para conferir a um mortal o poder de infringir as leis divinas, que nunca foram escritas, mas são irrevogáveis; não existem a partir de ontem, ou de hoje; são eternas, sim! e ninguém sabe desde quando vigoram! – Tais decretos, eu, que não temo o poder de homem algum, posso violar sem que por isso me venham a punir os deuses! Que vou morrer, eu bem sei; é inevitável (...)." (SÓFOCLES, s/data, p. 227-228).

A oposição entre obediência irrestrita à autoridade e cumprimento de um dever é o ponto principal em torno do qual a tragédia de Antígone se desenvolve. A peça antevê e sugere a ampliação da democracia e a rejeição cada vez maior de todo poder tirânico, absoluto. Hoje, mais talvez que no tempo de Sófocles, a heroína da peça só pode receber aprovação. Ela é aquela que, com a liberdade conquistada através de sua decisão autônoma, realizou a coisa correta (ou o bem), de acordo com uma lei de promulgação dispensável porque transcendente ao rei (ou ao poder) e mais antiga que ele. A conduta da heroína é modelo de ética. Entretanto, Antígone foi aquela que transgrediu a ordem.

Evidentemente, declarações de direitos humanos e códigos de ética não incluem a antecipação do momento em que eles podem (e devem) ser transgredidos. Acaba que são emendados, abandonados ou esquecidos, porque são construções social-históricas e, portanto, efêmeras.

O mesmo não ocorre com a ética que, em tese, transcende tempo e espaço. Mas os indivíduos são também seres social-históricos que dificilmente vão além da sua própria formação coletiva e além de seu próprio tempo. Por isso, a garantia da ética no exercício das diferentes práticas do agir humano depende de um contínuo questionamento, individual e coletivo, das ações, o que vale, também, para as práticas da Psicologia: a todo instante há que se indagar se estão na trilha correta. Diante do novo, do diferente, a regra (o conhecido, o código) é de auxílio bem restrito.

Referências Bibliográficas

Anais do 1º Congresso Brasileiro de Psicologia da Comunidade e Trabalho Social. Autogestão, Participação e Cidadania. Belo Horizonte, 28, 29 e 30 de agosto, 1992. Tomos 1 e 2.

BÍBLIA SAGRADA. *Judite.* Mirador, 1980, p. 369-378.

BROUDE, Norma; GARRARD, Mary D.(eds). *Feminism and Art History.* Questioning the Litany. New York: Harper and Row , Publishers, 1982. 358p.

CASTORIADIS, Cornelius. Poder, política, autonomia. *In O mundo fragmentado.* As encruzilhadas do Labirinto / 3. Trad. Rosa Maria Boaventura. Rio de Janeiro: Paz e Terra, 1987-1992, p. 121-150.

CORRÊA, José de Anchieta. Palestra proferida na Mesa Redonda: Questões teóricas, éticas e políticas em Psicologia Social. XII Encontro Mineiro de Psicologia Social. Psicologia Social em Minas: novos desafios, antigas questões. São João del-Rei, 09 de abril de 2001. (notas minhas, manuscritas).

DHnet. Rede Direitos Humanos e Cultura. *Enciclopédia Digital Direitos Humanos.* Natal Rio Grande do Norte: Centro de Estudos, Pesquisa e Ação Cultural, 2001. www.dhnet.org.br

FREIRE, Paulo. *Pedagogia do oprimido.* Rio de Janeiro: Paz e Terra, 1970. 220 p.

FREUD, Sigmund. *Por que a guerra?* (1933 [1932]). Edição Standard Brasileira das Obras Completas de Sigmund Freud. Trad. Jayme Salomão. Rio de Janeiro: Imago, 1976. v. XXII, p.237-259.

Psicologia e Sociedade. Revista da Associação Brasileira de Psicologia Social – ABRAPSO. Vol.1-14, 1986-2002.

SERRES, Michel. *O contrato natural.* Trad. Beatriz Sidoux. Rio de Janeiro: Editora Nova Fronteira, 1991. 142 p.

SÓFOCLES. *Antígone. In* Tragédias gregas. Coleção Universidade. Rio de Janeiro: Ediouro, s/data, p. 201-280.

Anexo
Psicologia e Direitos Humanos

Valores Direitos	*Liberdade*	*Fraternidade/ igualdade*	*Justiça*	*Participação*	*Responsabilidade*
Civis	Psicologia educacional Inclusão social Instituições (manicômios prisões ...)	Psicologia educacional Apoio a movimentos emancipatórios	Psicologia educacional Inclusão social	Psicologia educacional Inclusão social Instituições (manicômios prisões ...) Saúde pública e coletiva	Psicologia educacional Inclusão social Saúde pública e coletiva
Políticos	Psicologia educacional Inclusão social	Psicologia educacional Apoio a movimentos emancipatórios	Psicologia educacional	Psicologia educacional Saúde pública e coletiva	Ecologia humana Saúde pública e coletiva
Econômicos		Inclusão social	Inclusão social	Inclusão social	Inclusão social
Sociais	Psicologia educacional Inclusão social	Psicologia educacional Psicologia comunitária Apoio a movimentos emancipatórios	Psicologia educacional Psicologia comunitária	Psicologia educacional Psicologia comunitária	Apoio a movimentos emancipatórios
Culturais	Psicologia educacional	Psicologia educacional Apoio a movimentos emancipatórios	Psicologia educacional	Psicologia educacional	

Psicologia Política e Direitos Humanos

Cornelis Johannes van Stralen[1]

Foi no processo de transição político do regime militar autoritário para um regime democrático que a questão dos direitos humanos entrou mais decididamente na agenda política. Isto não quer dizer que antes a preocupação com os direitos humanos estava ausente, mas era principalmente objeto de grandes discursos políticos. Basta lembrar que na IX Conferência de Ministros das Relações Exteriores, realizada em Bogotá, foi adotada a Declaração Americana dos Direitos e Deveres do Homem, portanto sete meses antes da adoção da Declaração Universal dos Direitos Humanos pela Assembléia Geral da ONU (Hanashiro,2001:35).

Em contraste com a situação denunciada pelos críticos da sociedade burguesa que apontavam que, apesar da institucionalização da cidadania com as garantias de acesso livre e igual ao mercado e ao processo político, continua existindo uma desigualdade factual, enfrentamos ainda, devido a reposição constante de relações hierárquicas, uma situação muito semelhante àquela com que os filósofos liberais tradicionais se confrontaram e que impôs a necessidade de demonstrar que o que merecia ser tratado como igual estava efetivamente institucionalizada como desigual (veja Offe e Wiesenthal, 1984:57).

O destaque dado à questão dos direitos humanos aponta para a necessidade de dissolver as relações hierárquicas e para a uma nova dinâmica social onde a igualdade abstrata ante o Estato e o Direito permite a emergência de indivíduos que constroem grupos de interesses que repõem diferenças e desigualdades, negadas por sua vez por um "nós" definido pela contraposição da nação a outras e repondo a igualdade abstrata com referências concretas.

As novas referências identitárias colocadas pelo discurso dos direitos humanos tornam os direitos humanos uma questão para a psicologia política, tanto sob a perspectiva de compreender a constituição de identidades coletivas, como sob a perspectiva de relacionar ação social e processos psicossociais.

Minha exposição sobre psicologia política e direitos humanos tem como pressuposto de que os direitos humanos, ainda que tendo como referência uma igualdade abstrata frente ao Outro - o Estado, constituem um tecido organizador das relações entre grupos e indivíduos, mas também da dominação, articulada e ao mesmo tempo negada pelos direitos. Divido a exposição em

[1] Doutor em Sociologia e Política. Docente do Programa de Pós-Graduação em Psicologia e do Programa de Pós-Graduação em Saúde Pública / UFMG. stralen@medicina.ufmg.br

três seções: na primeira discutirei a natureza e abrangência dos direitos humanos; na segunda abordarei o processo de evolução dos direitos humanos no Brasil; e, finalizarei com uma breve discussão sobre o panorama atual.

1. Direitos humanos e Cidadania

As grandes referências históricas dos direitos humanos e a cidadania são, sem dúvida, a *Déclaration des droits de l'homme e du citoyen* aprovada pela Assembléia Nacional Francesa em 1789 e os *Bills of Rights* das colônias americanas que, em 1776, se rebelaram contra o domínio da Inglaterra. Ambas proclamavam, na base dos direitos naturais, a liberdade e igualdade nos direitos. Transpondo-se de *Declarações* para *Constituições* a partir da Constituição Americana, princípios ideológicos voltados para a subversão da ordem existente transformaram-se nos grandes princípios de organização da sociedade e de suas relações com o Estado.

Historicamente, não há consenso sobre a natureza dos direitos humanos. À visão de que se tratam de direitos naturais, que como tais devem ser reconhecidos pelo Estado, contrapõe-se a visão de que se tratam de direitos subjetivos concedidos pelo Estado ao indivíduo. Entre estes dois extremos se situa uma terceira visão, que postula que os direitos se baseiam num contrato social, expresso na Constituição, entre as diversas forças sociais e políticas (Mengozzi, 1986: 354). A primeira visão parece mais moderna, pois mais facilmente se articula com uma visão construcionista que conceba a realidade como socialmente construída. A segunda visão tem mostrado mais eficácia na defesa dos direitos humanos, pois torna-os indisponíveis. Mesmo assim, está sujeita a críticas cada vez maiores, pois não é estranha ao imperialismo de direitos humanos e negligencia a diversidade.

Direitos deverão ser afiançados ou tutelados pelo Estado. Há vários modos de tutela-los. A tradição francesa postula a separação de poderes, destacando a autonomia do poder judiciário frente ao poder executivo e a participação dos cidadãos na formulação das leis através de seus representantes. A tradição americana parte de uma desconfiança frente à classe governante e procura garantir os direitos do indivíduo frente aos despotismos legal da maioria, postulando uma constituição rígida que possa ser modificada apenas por um poder constituinte e um controle severo da constitucionalidade das leis aprovadas (Mengozzi, 1986: 354-355).

Os direitos humanos abrangem um conjunto de direitos que possam ser classificado em civis, políticos e sociais. Os direitos civis dizem respeito ao status do individuo: liberdade pessoal, de pensamento, de religião, de reunião e liberdade econômica. Os direitos políticos se referem à participação do indivíduo na vida política: liberdade de se organizar em partidos políticos, direito a votar e a ser votado. Finalmente, os direitos sociais dizem respeito às condições gerais de vida: direito ao trabalho, à saúde, à educação, à proteção contra a miséria, etc.

Estes três subconjuntos de direitos implicam relações diferentes entre o Estado e os cidadãos. Enquanto os direitos civis obrigam em primeira instância o Estado a um *non facere* e os direitos políticos a formação do Estado, os direitos sociais exigem uma intervenção ativa do Estado.

Mesmo abrangendo um conjunto de direitos diferenciados, não raramente os direitos humanos são identificados com os direitos civis e políticos. Isto não apenas decorre do fato de que, historicamente, os ideais humanitários têm sido invocados principalmente em relação a minorias e a estrangeiros e, como tais, têm se referido mais a questões tais como liberdade e igualdade. É fruto também da dinâmica muito diferenciada de implementação de direitos civis e políticos de um lado e os direitos sociais de outro lado. Diferenças culturais e religiosas e sistemas políticos e tradições jurídicas diferentes dificultam, sem dúvida, o compartilhamento de ideais humanitários. Porém, em relação à efetivação de direitos sociais, as condições econômicas e sociais diferentes que marcam os diversos países, tornam a efetivação de direitos sociais especialmente difícil para países menos desenvolvidos, seja pela escassez de recursos, seja pela grande resistência das elites tradicionais a medidas distributivas.

Estas dificuldades e outras fizeram com que as Nações Unidas abandonassem a idéia originária de um único *Covenant* contendo normas uniformes e propuseram a adoção de dois pactos: um pacto relativo aos Direitos Humanos civis e políticos e outro relativo aos direitos econômicos, sociais e culturais (Mengozzi, 1986:357). As convenções de âmbito regional, tais como: a Convenção Européia para a proteção e salvaguarda dos Direitos Humanos, os cinco protocolos complementares, a Carta Social Européia e a Convenção americana sobre os Direitos Humanos, definem uma proteção mais precisa de todos ou de grande parte dos Direitos Humanos. As convenções no plano mais multilateral, interregional ou a nível das Nações Unidas se referem a valores humanos mais gerais e procurem ser mais "neutras"em relação a diversidades ideológicas e sociais (Mengozzi, 1986: 356). Mesmo assim, não raras vezes o Ocidente é acusado de Imperialismo de Direitos Humanos.

A respeito da Convenção Americana sobre os Direitos Humanas, também conhecida como "Pacto de San José", adotada pela Conferência Especializada Interamericana sobre Direitos Humanos, realizada em 1969 em San José e tendo entrada em vigor em 1978, Hanashiro comenta: ".....a CADH é considerada a mais ambiciosa das convenções existentes sobre o tema, tendo sido chamada, até mesmo, de irrealista. Algumas de suas cláusulas são tão avançadas que se questiona se há algum país capaz de cumpri-las completamente"(p 32). Além de proibir expressamente a suspensão das "garantias indispensáveis" para a proteção de direitos, a convenção incorpora, além de normas substantivas, normas dotadas de sanção. A maioria dos direitos definidos são direitos civis e políticos. A Convenção faz menção aos direitos econômicos e sociais, mas durante a Conferência não se conseguiu obter um consenso sobre quais direitos deveriam constar da Convenção[2]. Ressalta-se que a Convenção também estabeleceu os meios de proteção dos direitos humanos por meio de dois órgãos principais: a Comissão Interamericana de Direitos Humanos e a Corte Interamericana de Direitos Humanos.

2. A evolução dos direitos e expansão da cidadania

Para qualquer discussão sobre a evolução dos direitos, é referência obrigatória a famosa conferência de T.H. Marshall em 1949 sobre a cidadania na qual ele analisa a evolução dos direitos e a expansão da cidadania na Inglaterra (Marshall, 1950). No século XVIII, vieram os direitos civis, depois no século XIX, os direitos políticos, e finalmente, no século XX, os direitos sociais. Marshall argumenta que esta seqüência não é apenas cronológica, mas revela uma lógica histórica. Na base do exercício dos direitos civis, os ingleses reivindicaram o direito de votar e de participar do governo de seu país. A participação política permitiu a criação do Partido Trabalhista e a eleição de operários, o que viabilizou a reivindicação e a introdução dos direitos sociais que reduzem os excessos de desigualdade e garantem um mínimo de bem-estar para todos.

Apesar da lógica apontada por Marshall, a cidadania como fenômeno histórico foi resultado, nos diversos países, de percursos históricos bem diferentes. No Brasil, a principal diferença foi que os direitos sociais antecederam os direitos civis e políticos, o que afetou profundamente a própria natureza da cidadania, como José Murilo de Carvalho observa (Carvalho, 2001: 11-12), e desdobrou-se numa acomodação à profunda desigualdade social. Assim, falar da cidadania no Brasil não é exatamente a mesma coisa que falar em cidadania na Inglaterra ou nos Estados Unidos.

Elisa Reis atribui a especificidade do caminho da evolução dos direitos no Brasil à tradrição política que representa a nação como indivíduo coletivo "orgânico" em contraste com uma visão que a representa como uma coleção de indivíduos (Reis, 2002: 207). Esta representação carrega um estatismo orgânico, que amalga autoridade e solidariedade em detrimento de uma concepção liberal-individualista da nação.

[2] Apenas em 1988 foi firmado o Protocolo Adicional à Convenção Americana sobre Direitos Humanos em matéria de Direitos Econômicos, Sociais e Culturais, chamado também de "Protocolo de San Salvador (Hanashiro, 2002: 33)

Característica desta representação foi a política de Getúlio Vargas frente à classe operária.

Até o primeiro governo de Getúlio Vargas, houvera alguma expansão dos direitos políticos, mas com participação política muito restrita. Bem menos avanços ocorreram em relação aos direitos civis que na concepção de Marshall constituem a base para reivindicar os direitos políticos e sociais. Os direitos civis ficavam só no papel, pois a sua efetivação enfrentava três grandes empecilhos: a escravidão, que foi abolida somente em 1888, a grande propriedade rural, fechada à ação da lei e que até hoje exerce seu poder em algumas áreas do país, e o comprometimento do Estado com o poder privado, um dos temas da agenda atual de reformas políticas (veja Carvalho, 2001: 45). Os direitos sociais eram ainda restritos, mas em relação a estes ocorreu uma mudança substancial no governo de Getúlio Vargas.

O Estado foi assumir o papel de liderança na construção da nação e no crescimento social e procedeu à incorporação políticas das massas urbanas através da legislação social e trabalhista. Os grandes instrumentos da legislação social foram os Institutos de Aposentadoria e Pensão, que num prazo de 5 anos (1933-1938) acabaram de estender a previdência social a maior parte dos trabalhadores urbanos. A legislação trabalhista culminou, em 1943, na CLT (Consolidação das Leis de Trabalho), que com poucas modificações permanece em vigor até hoje e cuja reformulação entrou na agenda política há pouco tempo.

Há de se ressaltar que os direitos sociais estavam todos atrelados ao contrato de trabalho e regulamentados por categorias de trabalhadores e, ademais, que estes direitos foram introduzidos num contexto de baixa ou nula participação política e de precária vigência de direitos civis[3]. Por esta razão, Wanderley G. dos Santos fala em "cidadania regulada", entendendo por cidadania regulada "o conceito de cidadania cujas raízes encontram-se, não em um código de valores políticos, mas em um sistema de estratificação ocupacional, e que, ademais, tal sistema de estratificação ocupacional é definido por norma legal (Santos, 1987: 68).

A cidadania social, autoritária, estratificada de acordo com as categoriais ocupacionais e excluindo categorias tais como os trabalhadores rurais, os trabalhadores domésticos e os autônomos, abriu os caminhos para a modernidade, incorporando as massas urbanas ao processo da construção da nação e do crescimento industrial. Ao mesmo tempo, acomodava à estrutura social hierárquica

[3] Há de se assinalar que não foram incorporados à legislação trabalhista e social os trabalhadores rurais, os trabalhadores domésticos e os autônomos, além de categorias menores tais como pescadores, jogadores de futebol, etc. A exclusão dos trabalhador rurais evidencia o peso que possuíam os propretários rurais. O esquecimento dos trabalhadores domésticos talvez expresse o receio de ferir os interesses da classe média urbana, enquanto os autônomos talvez ainda não constituíssem um problema político e econômico.

Há de se ressaltar que o atrelamento dos direitos sociais aos direitos do trabalho não constitui uma particularidade do autoritarismo ou do estatismo orgânico, como observa Elisa P. Reis, pois em regimes liberais foi a mobilização de trabalhadores que possibilitou a conquista dos primeiros direitos sociais. O que distingue a situação do Brasil é que os direitos sociais foram introduzidos pelo Estado na ausência de uma tradição firmemente estabelecida de direitos civis e políticos, tornando-se "a filha frágil da autoridade benevolente" (2002:209-210). Neste contexto, a política social e trabalhista tornou-se um instrumento para domesticar tanto os empresários como os trabalhadores, que passavam por assim dizer a dispensar a estrutura partidária e institucional para expressão de suas demandas e reivindicações. A incorporação política desse dois segmentos pilares da ordem democrática contemporânea era filtrada administrativamente pela burocracia trabalhista e previdenciária. Isto estimulou uma atitude arrogante por parte da burocracia que ficava no papel de mediar os conflitos entre a classe trabalhadora e os empresários e desestimulou a construção de ações coletivas autônomas frente ao Estado (Santos, 1988:114).

Além de uma atitude conformista perante o Estado, esta forma de introdução dos direitos sociais favoreceu também a disseminação da percepção de direitos sociais como *benefícios* sociais, concedidos por Vargas como o "pai dos pobres". Vale registrar que esta percepção foi fortemente cultivada pela propaganda através do programa "a *Hora do Brasil",* de transmissão obrigatória por todas as rádios. "Neste creditava-se ao Estado Novo o estabelecimento da dignidade do trabalho e do trabalhador, e a transformação em homem novo, em novo cidadão, de quem antes era excluído da comunidade nacional. Eram citadas as legislações trabalhistas e previdenciárias, e outros programas, como os de construção de casas populares e de oferta de alimentação barata." Carvalho, 2001: 124-125). A percepção de benefícios sociais atravessava todos os *serviços públicos*, tais como serviços de saúde, tornando esses moeda de políticas clientelistas e populistas.

Os governos constitucionais que se sucederam ao Estado Novo mantiveram intato o modelo de cidadania social e de participação política controlada. Além disto, conseguiram, principalmente o governo Kubitschek, criar uma certa noção de comunidade nacional através da ideologia do nacionalismo desenvolvimentista. A fundamentação desta ideologia vinha do pensamento da Comissão Econômica para a América Latina – CEPAL e a elaboração foi feita pelo Instituto Superior de Estudos Brasileiros – ISEB que difundia o conjunto de crenças e valores que a caracterizava, por meio de cursos e conferências. A crenças no desenvolvimento nacional, através de uma política de substituição de importações, e num futuro próspero para todos justificaram até certo ponto as grandes desigualdades sociais, pois vistas como provisórias e a serem superadas brevemente. A ênfase no desenvolvimento nacional não criava grandes disputas e divergências entre elites e classes populares, pois o Estado era visto como um ator próprio, capaz de mobilizar recursos próprios para implementar o desenvolvimento nacional e isentando as elites de medidas redistributivas.

Apesar da manutenção do modelo de cidadania social, os direitos sociais evoluíram pouco durante este período de governos constitucionais. Técnicos da Previdência Social buscavam, desde o final do Estado Novo criar um sistema unificado que pudesse abranger toda a população e propiciar proteção do berço até o túmulo[4]. Fracassaram, não apenas por causa da megalomia tecnocrata, mas faltava o substrato de uma cidadania universalista que possa delimitar a luta por benefícios próprios. As categoriais de trabalhadores que gozavam de benefícios maiores, tais como os bancários e os ferroviários, resistiram à unificação, como também os políticos que controlavam a burocracia dos institutos e os próprios burocratas dos institutos. Somente em 1960 foi aprovado a Lei Orgânica da Previdência Social – LOPS, que, no entanto, deixavam os Institutos intactos. Em 1963 foi feita uma tentativa de estender a legislação trabalhista e previdenciária ao campo através do Estatuto do Trabalhador Rural, mas no tocante a extensão da previdência social o Estatuto ficou letra morta, por falta de previsão de recursos.

O aumento de participação política, a mobilização dos trabalhadores rurais, a pressão por reformas, a crescente polarização política levaram ao golpe militar de 1964 que inaugurou um longo período de regime ditatorial. Os direitos civis e políticos foram duramente atingidos por medidas de repressão, implementadas através dos chamados "atos institucionais". O mais radical de todos foi o Ato Institucional no. 5 que fechou o Congresso, suspendeu o *hábeas corpus* para crimes contra a segurança nacional e colocou todos os atos decorrentes dele fora da possibilidade de apreciação judicial. Foi, porém, dada grande ênfase aos direitos sociais, ao lado de uma forte atuação do Estado no desenvolvimento econômico.

Um elemento novo foi que foram tomadas importantes medidas para universalizar o acesso aos direitos sociais. Em 1966 foi criado o

---

[4] Em 1944, na celebração do Primeiro de Maio, Vargas anunciou a proposta do Instituto de Serviços Sociais do Brasil –ISSB, que propiciaria proteção social plena à toda população por meio de aposentadoria, pensões, assistência médica e serviços sociais, e no primeiro de Maio de 1945 a criação de Instituto. O novo governo democrático revogou imediatamente a criação do Instituo. Um projeto de lei visando à unificação do sistema previdenciária, que foi enviado ao Congresso em 1947, foi seguidamente adiado e seu maior "mérito" acabou sendo o bloqueio de outras iniciativas. No seu segundo governo, Vargas promoveu a organização do Primeiro Congresso Brasileiro sobre a Previdência Social visando uma ampla reforma e em maior de 1954 decretou o Regulamento Geral dos Institutos de Aposentadoria e Pensões que, no entanto, apenas unificava contribuições e benefícios. O seu sucessor, Café Filho, revogou o decreto.

Instituto Nacional de Previdência Social – INPS, que acabava com os Institutos de Aposentadoria e Pensões e unificava o sistema, com exceção do funcionalismo público civil e militar que manteve seus próprios institutos. Em 1971, ocorreu uma extensão parcial da previdência social para os trabalhadores rurais através da criação do Fundo de Assistência Rural – FUNRURAL. Em seguida foram incorporadas à Previdência Social as empregadas domésticas e os trabalhadores autônomos, respectivamente em 1972 e 1973. Ressalta-se, porém, que uma parte substancial da população urbana continuava excluída dos benefícios da previdência social: os desempregados e subempregados urbanos e autônomos de baixa renda.

O crescimento econômico, referenciado como o "milagre econômico" não apenas sustentava a expansão dos direitos sociais, mas também contribuía para uma certa legitimidade do governo militar e fortalecimento de uma identidade nacional através de um nacionalismo xenófobo, promovido ativamente pelo governo militar e favorecido, entre outros, pela conquista do tricampeonato mundial de futebol em México.

O fato de que o crescimento econômico beneficiava de forma muito desigual a população e de que as desigualdades aumentaram no período, foi problematizado inicialmente apenas por grupos isolados. O "milagre econômico" trouxe ganhos imediatos das classes médias que, em grande parte, acabaram de fechar os olhos pelas restrições impostas aos direitos civis e políticos. A extensão da previdência social ao campo fez com que muitos trabalhadores rurais simpatizaram com o governo. Os trabalhadores *urbanos* continuavam gozando dos direitos sociais e não enfrentaram grandes ameaças de desemprego, ainda que sofrendo de um arrocho salarial. A grande possibilidade de ascensão social, favorecida pelo fluxo constante de migrantes de empregos rurais para urbanos e pelo crescimento da oferta de empregos, continuava alimentando crenças de que todos seriam gradualmente beneficiados[5].

O fim do "milagre econômico" que levou o país a crises econômicas recorrentes, reduzindo a expansão de empregos, fez os diversos grupos sociais rapidamente mudarem seus posicionamentos. As classes médias alinhavam-se crescentemente a grupos de oposição e os operários urbanos retomaram as greves por melhores salários e condições de trabalho. A Igreja Católica com a Conferência Nacional dos Bispos do Brasil – CNBB e seus Comunidade Eclesiais de Base – CEBs e o partido consentido de oposição: o Movimento Democrático Brasileiro – MDB tornavam-se importantes pontos de articulação da oposição ao regime militar, ao lado de outros tais como o novo Sindicalismo, as Universidade e a Sociedade

[5] Carvalho relata que a ocupação no setor primário da economia caiu de 54% para 30% no período de 60 a 80, contra um crescimento de 13% para 24% do setor secundário e de 33% para 46% do setor terciário e conclui que dadas as condições de trabalho rural no Brasil, a mudança não podia deixar de causar sensação de melhoria de vida (2001: 170).

Brasileiro pelo Progresso da Ciência –SBPC, a Ordem dos Advogados do Brasil – OAB e a Associação Brasileira de Imprensa – ABI. A crescente oposição encontrou espaços para atuar e avançar graças ao processo de "abertura política" inaugurado por Geisel a partir de 1974[6]. O resultado foi que a queda do regime militar teve uma significativa participação popular e que a inauguração da "Nova República" foi percebida como momento de grande transformação social e política.

Um grande marco de transformação social e política foi a constituição de 1988. Ela tirou grandes obstáculos à universalização do voto, permitindo aos analfabetos a votarem e flexibilizando a organização e funcionamento de partidos. Ampliou substantivamente os direitos sociais, estabelecendo o direito à saúde e educação, definindo o salário mínimo com limite inferior para as aposentadorias e pensões, criando uma pensão para portadores de deficiências e maiores de 65 anos e introduzindo a licença-paternidade. Avançou também no campo dos direitos civis, ao criar o *hábeas data,* o *mandato de injunção* e a *proteção ao consumidor* e ao definir o racismo como crime inafiançável e a tortura como crime inafiançável e não-anistiável.

Entretanto, em muitos aspectos a realidade social e política tem se mostrado-se resistente a transformações sociais e políticas. Além disto, as pressões para mudanças têm sido múltiplas e não raras vezes contraditórias. A universalização de direitos sociais vai de encontro à estrutura social hierarquizada onde a diferença é traço identitário importante e onde a desigualdade social permanece tão grande que quase poderíamos falar em uma sociedade de castas. Além disto, quaisquer esforços políticos de incorporar os que não gozam de direitos sociais, encontram fortes restrições nas políticas econômicas de recuperar as finanças públicas e de aumentar o superávit primário para pagar a dívida externa.

3. O panorama atual

Cidadania refere-se a uma identidade social informada pela dimensão política. Trata-se de uma identidade social de caráter nivelador e igualitário. Neste sentido, a idéia de cidadania historicamente foi um instrumento poderoso na Europa Ocidental para acabar com a teia de privilégios que se cristalizavam em hierarquias sociais. Este idéia não operou com força no Brasil. Como DaMatta observa que "... o cidadão no

[6] Alguns marcos importantes deste processo são: relaxamento de restrições à propaganda eleitoral (1974); revogação do AI-5, fim da censura prévia , restabelecimento do habeas corpus para crimes políticos e volta dos primeiros exilados (1978); lei de anistia (1979); fim do bipartidarismo (1979); eleição direta dos governadores (1982).

caso brasileiro é o sujeito por excelência das leis impessoais (e universais), bem como do poder brutal da polícia, que servem sistematicamente para diferencia-lo e explora-lo impiedosamente, tornando-o um *igual para baixo*, numa nítida perversão do ideário político liberal.."(1987:79) . Desta forma, a cidadania no Brasil é marcada por grandes ambigüidades. "Formalmente estão assegurados os direitos civis e políticos, mas o "hiato social" redunda num *disenfranchisement* social básico e priva, a rigor, mesmo dos direitos civis a parcelas substanciais da população brasileira, dotadas apenas de uma cidadania de segunda classe e impossibilitadas a aceder ao sentido profundo da dignidade humana e da igualdade social (veja Reis, 1988:21). Não é de estranhar, então, que os direitos civis apresentam as maiores deficiências em termos de conhecimento, extensão e garantias. Por exemplo, uma pesquisa realizada em Rio de Janeiro em 1997, apontou que 57% dos entrevistados não sabiam mencionar um só direito (Carvalho, 2001: 210). Mesmo que essa parcela da população conhecesse seus direitos, não teria condições de fazer os valer.

Do ponto de vista da garantia dos direitos civis, os cidadãos brasileiros podem ser divididos em três classes, como observa Carvalho (2001: 215-216). A primeira classe é formada pelos privilegiados, pelos "doutores"que estão acima da lei e conseguem defender seus direitos pelo prestígio social ou pelo poder do dinheiro. Para eles, as leis não existem ou podem ser dobradas. Ao lado dessa elite, tem a grande massa de cidadãos comuns que estão sujeitos ao rigor da lei, e podem contar com os benefícios da lei, ainda que freqüentemente os agentes da lei definem que direitos serão respeitados ou não. Finalmente, temos os cidadãos da terceira classe: os trabalhadores urbanos e rurais sem carteira assinada, empregadas domésticas, biscateiros, camelôs, moradores de rua, posseiros, etc, que são sistematicamente desrespeitados por outros cidadãos e não se sentem protegidos pelas leis. Faltam-lhes garantias básicas no tocante à segurança individual, à integridade física e ao acesso à justiça.

Apesar das gritantes desigualdades e da dificuldade de fazer valer os direitos civis, há mudanças positivas em curso. Enquanto DaMatta (1980,1987) observava que no Brasil a palavra "cidadão" é usada sempre em situações negativas, para marcar a posição de alguém que está em desvantagem ou mesmo inferioridade, podemos verificar que ultimamente as palavras "cidadão"e "cidadania" adquiriram uma conotação positiva, referindo-se ao direito de ter direitos e de ser respeitado. Emergiu uma nova identidade social que clama pelo direito de ter direitos e uma igualdade substancial que não nega as diversidades. Esta nova identidade opera em qualquer esfera da vida fundando movimentos pelos direitos humanos, em defesa de crianças, velhos, mulheres, etc. Não se trata, entretanto, de uma identidade social dada, pois constantemente negada por um universo relacional marcada por hierarquias e privilégios. Nesta perspectiva, Milton Santos denunciou que no Brasil apenas os pobres são cidadãos. As classes médias e as elites não o são, pois elas buscam viver por meio de privilégios. Isto inverte a discussão, como aponta Florentino: "A gente quer transformar o pobre em cidadão, e a tese do Milton diz o oposto: quem tem se transformar em cidadãos, são as classes médias e as elites" (Florentino,2003).

Novas formas de participação política, denúncias de arbitrariedade e violência, protestos contra impunidade, políticas sociais que respeitam a individualidade indicam que poderá surgir um novo padrão de cidadania que reduze substancialmente as desigualdades e coloque um fim a separação pela renda, educação e cor. Será certamente ainda um caminho longo, mas desde já nossas escolhas atuais vão traçar as direções.

Referências Bibliográficas

CARVALHO, José Murilo de. *Cidadania no Brasil:* O longo caminho.Rio de Janeiro: Civilização Brasileira: 2001.

DAMATTA, Roberto. *Carnavais, Malandros e Heróis:* Para uma sociologia do dilema brasileiro.2ª. ed. Rio de Janeiro: Zahar Editores, 1980.

DAMATTA, Roberto. *A Casa & a rua:* espaço, cidadania, mulher e morte no Brasil. Rio de Janeiro: Ed. Guanabara, 1987.

FLORENTINO, Manolo. Fim da mobilidade social ajudou Lula. *Folha de São Paulo,* São Paulo, 30 dez. 2002. cad. A. p.6.

HANASHIRO, Olaya Sílvia Machado Portella. *O Sistema Interamericano de Proteção aos Direitos Humanos.* São Paulo: EDUSP, FAPESP, 2001 (Bibl. EDUSP de Direito,7)

MARSHALL, T.H. *Cidadania, classe social e status.* Rio de Janeiro: Zahar, 1967.

MENGOZZI, Paolo. Direitos Humanos. In: BOBBIO, Norberto; MATTEUCCI, Nicola; PASQUINO, Gianfranco. *Dicionário de Política.* Tradução de Varrialle, Carmen C. et.al. 2ª ed. Brasília: Ed UNB, 1986. p. 353-361.

OFFE, Claus; WIESENTHAL, Helmut. Duas lógicas da ação coletiva: anotações teóricas sobre classe social e forma organizacional. In: OFFE, Claus. *Problemas Estruturais do Estado Capitalista.* Tradução de Bárbara Freitas. Rio de Janeiro: Temp Brasileiro, 1984. p. 56-118.

REIS, Elisa P. Modernização, Cidadania e Estratificação. In: BETHELL, Leslie (org.). *Brasil: fardo do passado, promessa do futuro.* Tradução de Maria Beatriz Medina. Rio de Janeiro: Civilização Brasileira, 2002, p. 203-236.

REIS, Fábio Wanderley. Consolidação Democrática e Construção do Estado. In: REIS, Fábio Wanderly & O'DONNELL, Guillermo (org.). *A Democracia no Brasil: Dilemas e Perspectivas.* São Paulo: Vértice, 1988. p.13-40.

SANTOS, Wanderley Guilherme dos. *Cidadania e Justiça:* A política social na ordem brasileira. 2ª. ed. Revisada e atualizada. Rio de Janeiro: Campus, 1987

SANTOS, Wanderley Guilherme dos. Gênese e apocalipse. *Novos Estudos Cebrap.* São Paulo, no. 20, 110-118, mar. 1988.

Interfaces entre Psicologia e Direitos Humanos

Neuza Maria de Fátima Guareschi[1]

Pensar a Psicologia e a temática dos Direitos Humanos não pode e não deve ser considerada uma tarefa fácil nem tampouco como uma resposta única ou definitiva sobre o assunto. As razões para sustentar esta afirmação são diversas mas, no presente trabalho, me restringirei a duas questões que considero básicas e problematizáveis e que nos fazem pensar o quão "universais" são os Direitos Humanos e como a Psicologia pode intervir no sentido de promover a saúde junto a este tema.

A primeira questão refere-se ao caráter universal de como os Direitos Humanos tomam o ser humano e de como a Psicologia lida com as diferenças, ou diferenças culturais.

A segunda questão diz respeito aos Direitos Humanos, aqui tomados como estado e seu trato junto às políticas públicas e de como a Psicologia se insere nessas políticas, principalmente através daquilo que entende como sendo da esfera pública ou da esfera privada.

Primeiramente, considero importante realizarmos uma breve revisão do surgimento da declaração dos Direitos Humanos. Como sabemos, a Declaração Universal dos Direitos Humanos advém da ONU, de 1948, em resposta às atrocidades cometidas nos campos de concentração da Europa, sendo que a primeira Conferência Internacional de Direitos Humanos foi realizada no Teerã, em 1968, ou seja, vinte anos após sua aparição.

A essa época, nós aqui no Brasil estávamos imersos na ditadura, no desrespeito às instituições e à pessoa humana das maneiras mais diversas. Apesar deste desrespeito cruel, acabou criando as condições para o surgimento de movimentos da sociedade civil que tinham como objetivo buscar organizar formas de resistência e lutar contra regimes totalitários.

A importância de ressaltar este aspecto do período difícil do regime militar no país e a organização dos Direitos Humanos, nos encaminha para a discussão a respeito de qual concepção de ser humano os Direitos Humanos contemplam, fornecendo aspectos favoráveis mas também desfavoráveis ao trabalho da Psicologia como promotora de uma sociedade mais ética, solidária e saudável.

A questão inicial e mais problemática, diz respeito ao caráter universal de sujeito que a concepção dos Direitos Humanos possui. Não conseguimos ver com clareza a face, a cultura, as identidades mas,

---

[1] Professora Doutora do PPGP – Faculdade de Psicologia – PUCRS, Coordenadora do Grupo de Pesquisa: Estudos Culturais, Identidades/Diferenças e Teorias Contemporâneas.

principalmente, as diferenças desse ser humano, desse sujeito. Ao não termos claro seu semblante, seu lugar social, histórico e cultural, como nos organizarmos a lidar com situações como, por exemplo, de que esse sujeito possa não ser ocidental? Como pensar os Direitos Humanos em seu âmbito internacional, sem sermos prescritivos e invasivos. Não é uma questão de aceitar tudo, mas de compreender que nem todas as pessoas pensam do mesmo jeito. Aos nossos olhos determinadas culturas podem parecer bárbaras, e muitas vezes o são. Por exemplo, as mulheres de alguns países africanos que cortam o clitóris como ritual de iniciação à vida adulta. Assim, devemos ter cuidado, também, de não cairmos em um relativismo absoluto, pois certas práticas podem ser violentas ao ser humano em qualquer lugar do universo.

Este é um desafio que precisa ser pensado, pois lidar com a alteridade, com a diferença ou com o outro nunca é uma tarefa fácil. Além disso, ao não pensarmos a questão das diferenças culturais, sociais, econômicas, sexuais e geográficas, ou seja, a diversidade de possibilidades de expressão do sujeito, a tomamos numa perspectiva essencialista e biológica que pode ser perpetuada através dos tempos.

É devido a essa perspectiva de ser humano abstrato que a Psicologia já incorreu em diversas atrocidades na sua história como, por exemplo, os diversos sistemas classificatórios criados por algumas teorias da Psicologia. Um ser abstrato necessita ser substituído por diversas alteridades, ou seja, mulheres, gays, transegêneres, brancos, negros, indígenas, asiáticos podem ser esse sujeito, pois todas as pessoas possuem diferenças culturais que as identificam.

Quero chamar atenção aqui para a diferença conceitual feita por Homi Bhabha (1998) entre diferença cultural e diversidade cultural. Para este autor, a diversidade cultural é:

"Um objeto epistemológico – a cultura como objeto do conhecimento empírico – enquanto a diferença cultural é o processo da enunciação da cultura como 'conhecível', legítimo, adequado à construção de sistemas de identificação cultural. Se a diversidade é uma categoria ética, estética ou etnologia comparativas, a diferença cultural é um processo de significação através do qual afirmações da cultura ou sobre cultura diferenciam, discriminam e autorizam a produção de campos de força, referência, aplicabilidade e capacidade." (p. 63)

Skliar (2001) discute essa diferença que Bhabha faz entre diversidade e diferença cultural, colocando que Bhabha

Critica a noção de diversidade quando ela é utilizada no interior do discurso liberal para se referir à importância de sociedades plurais e democráticas. Afirma que junto com a diversidade, sobrevem uma "norma transparente", construída e administrada pela sociedade que hospeda e cria um falso consenso, uma falsa convivência, uma estrutura normativa que contém *a diferença cultural: a universalidade [e aqui podemos pensar no caráter universal que falo dos Direitos Humanos) que paradoxalmente permite a* diversidade, encobre as normas etnocêntricas.

Tomando como referência a discussão que Bhabha (1998) e Skliar (2001) fazem sobre diversidade e diferenças culturais, entendemos que as identidades são fabricadas através da marcação da diferença. Essa marcação da diferença ocorre tanto por meio de sistemas simbólicos de representação, quanto por meio de formas de exclusão social. A identidade, pois, não é o oposto da diferença: a identidade depende da diferença. Nas relações sociais, essas formas de diferenças – a simbólica e a social – são estabelecidas, ao menos em parte, por meio de sistemas classificatórios.

Um sistema classificatório aplica o princípio da diferença nas populações para poder dividi-la em várias características, ou seja, os sistemas classificatórios dão ordem à vida social. Entretanto, é também pela construção de sistemas classificatórios que a cultura nos propicia os meios pelos quais podemos dar sentido ao mundo social e construir significados (Woodward, 2000). As formas pelas quais a cultura estabelece fronteiras e distingue a diferença são cruciais para compreender as identidades.

Sendo assim, a diferença é aquilo que separa uma identidade da outra, estabelecendo distinções através dos marcadores culturais que são aqueles símbolos culturais que funcionam para diferenciar, agrupar, classificar e ordenar. Nesse contexto das identidades, esses marcadores culturais referem-se aos diversos grupos sociais em termos das diferenças de classe, raça, etnia, gênero, orientação sexual e nacionalidade.

Desta forma, no momento em que a Psicologia toma o sujeito com uma concepção essencialista, ela nega suas diferenças e o entende, o classifica de acordo com conceitos teóricos e normas sociais universais e, é assim, também, com essa concepção que ela se integra ao trabalho junto aos Direitos Humanos, aqui já não mais tão humano. Como exemplo dessas Práticas Psicológicas, podemos citar o trabalho da Psicologia na elaboração dos laudos periciais para a mudança de regime dentro do sistema penitenciário.

Conforme refere Hoenisch (2002), em recente pesquisa junto à perícia criminal no Rio Grande do Sul, as diretrizes presentes nos laudos da Psicologia se norteiam por um conjunto extremamente frágil de argumentos. Muitas vezes, os referidos argumentos situam-se entre o senso comum, com conceitos como "família desestruturada", "personalidade imatura" e "impulsividade"; algumas vezes, as linhas argumentativas são diretamente herdeiras das teorias da degenerescência do final do século XIX, quando não eugênicas e racistas. O autor conclui considerando ser urgente uma discussão ampla quanto às perspectivas de sujeito e sociedade que são empregadas com fins de perícia.

É tendo toda essa primeira questão em mente, que quero agora entrar na segunda questão, relacionando os Direitos Humanos e a Psicologia. Trata-se da situação em que a própria Psicologia e os Direitos Humanos são tratados como "Estado", na sua função de exercício e estabelecimento de políticas públicas. A mesma abstração, essencialismo e caráter universal de concepção de sujeito dos Direitos Humanos são usados também, na maioria das vezes, pelo Estado ao pensar ou criar políticas públicas. Primeiro, como sabemos, a construção do Estado moderno tem por base os princípios de igualdade de direitos para todos. Como se todos nós tivéssemos as mesmas chances, ou oportunidades, para a mobilidade social e como se todos nós fôssemos iguais, ou seja, como se entre nós, homens e mulheres, negros e brancos, não existisse nenhuma diferença social, cultural, econômica, racial ou sexual.

Como coloca Pinto (1999), "Se a democracia é reconhecida como um valor, seus princípios universalizantes passam a funcionar como um afronte à incorporação de novos direitos, de culturas diferenciadas, de necessidades alternativas" (p. 56-57). Assim pode-se pensar que o espaço público, ou o que é público, é para todos. Acontece que nós não somos todos iguais e, sendo assim, nunca podemos usufruir do público ou daquilo que é público da mesma forma. Aqui vale lembrar a crítica que as teóricas feministas e cientistas sociais Nancy Fraser e Iris Young fazem ao conceito de espaço público de Habermas. Segundo essas teóricas, conceito mencionado foi desenvolvido tendo como referência o homem/branco/classe média/heterossexual. Cada uma das autoras propõe uma diferente teoria para se pensar o espaço público. Nancy Fraser propõe uma transformação estrutural da esfera pública, para dar conta das exclusões e injustiças a partir da teoria do reconhecimento e distribuição que aponta uma crítica nos limites da proporção de esfera pública proposta por Habermas,

Criticando os princípios sobre os quais se organiza o modelo liberal de esfera pública, a autora, em primeiro lugar, aponta para o fato de que essa esfera foi construída em cima de exclusões, as quais a constituíram como branca, burguesa e masculina; em segundo, chama a atenção para o fato de que a esfera pública, quando inclui, coloca as diferenças entre parêntese e, tratando todos como se fossem iguais, discrimina os menos poderosos ou os diferentes (PINTO, 1999, p. 65).

Já Iris Young, ao propor o que denominou de teoria do Arco Íris, vem a discutir uma ruptura ao caráter universal em relação à cidadania e à democracia. Para superar essa situação, Young, conforme Pinto, coloca que "a proposta acena para a ruptura com a noção de universal: a existência da cidadania diferenciada constituindo um público heterogêneo contrapõe-se ao cidadão universal". (p. 60)

Se pensarmos como a Psicologia toma, trabalha ou se insere nessa relação entre o público e o privado para entender o sujeito, sua condição de cidadão e suas práticas, principalmente as clínicas, vimos que essas questões são tomadas como dicotomizadas, separando o que é do sujeito e para o sujeito no espaço privado e no espaço público, passando assim não só a adotar e a trabalhar somente dentro de uma perspectiva, de uma lógica do privado mas, sobretudo, entendendo o sujeito, ou melhor, tudo aquilo que é do sujeito e que este apresenta e produz, como tendo sua origem no privado, no individual, no familiar. Coimbra (2002), ao questionar as características que fundamentam as práticas psicológicas, principalmente no que diz respeito as relações com o público e o privado, diz que essas práticas.

Se voltam para o interior do sujeito, onde só interessa o que diz respeito ao seu auto-conhecimento. Isso traz efeitos políticos sérios, porque desqualifica os espaços públicos e salienta que as questões políticas não têm nada a ver com o psiquismo e o chamado interior do sujeito. A Psicologia volta-se para 'dentro' do indivíduo, reificando seu psiquismo como se fosse uma coisa em si, como se possuísse uma essência e não fosse atravessado e constituído por condições materiais, pela realidade na qual o sujeito se insere. Uma outra característica é o familiarismo, na qual o sujeito irá se preocupar consigo e com a sua família. Todas as explicações passam a ser dadas em função do triângulo mãe-pai-filho a partir das características individuais do sujeito ou das manifestações familiares. (p. 7)

Segundo essa autora, ao fazer isto, a Psicologia favorece uma perspectiva privatista que por muitos anos permeia sua forma de estudar e conceber o ser humano, principalmente no que diz respeito à prática clínica ou profissional que se encontra alijada no coletivo, em uma torre de marfim. Como pode um indivíduo se constituir unicamente em uma forma "individual"? Separado da cultura e da sociedade? Como podemos pensar o psiquismo a partir deste ser que se constrói exclusivamente no âmbito privado? Essas perguntas devem persistir dentro da Psicologia para que possamos trazê-la para a lógica de concepção de sujeito constituído no público, na cultura, no campo social. Assim, é com essa lógica, ou seja, a individual, e com esse entendimento de sujeito que a Psicologia se agrega aos trabalhos nas políticas públicas do Estado ou dos Direitos Humanos. Problemáticas trazidas pelas pessoas, como por exemplo a violência doméstica, são compreendidas e analisadas como sendo constituídas no individual, no familiar, no privado. Alguns trabalhos dentro de políticas públicas que lidam com a violência de homens, considerados agressores, além de demarcarem uma identidade agressiva, como característica da personalidade, desenvolvem atividades com esses homens dando-lhes um caráter anônimo[2].

Respostas parciais a isso, têm sido dadas por alguns dos movimentos da sociedade civil organizada, que buscam mecanismos de diminuição e problematização dessa dicotomia público x privado. Pensar as políticas, passa pela organização de políticas de geração de renda, de gestão de pessoal, de produção de estratégias de uma construção de uma clínica política e outros dispositivos de atendimento ao sofrimento psíquico. A Psicologia tem uma importância fundamental como problematizadora e instigadora da questão da não separação do público e do privado. Ao realizar este movimento junto com a sociedade civil, promove os direitos fundamentais do cidadão propostos

[2] Projeto de Pesquisa "Agressores Anônimos: um estudo a partir do ponto de vista de homens considerados agressores" que está sendo desenvolvido pelo grupo de pesquisa "Estudos Culturais, Identidades/Diferenças e Teorias Contemporâneas", com o apoio da FAPERGS e CNPQ, ocupa-se de problematizar o posicionamento de alguns enfoques teóricos da Psicologia e de políticas públicas em relação à violência.

na Constituição de 1988. Nesta, está colocado que saúde, educação, moradia, trabalho e segurança são direitos básicos para o desenvolvimento da cidadania e democracia.

Ao garantir estes direitos, evidentemente a Psicologia estará promovendo os Direitos Humanos fundamentais. As políticas de inclusão social, em qualquer âmbito de atuação da Psicologia, são promotoras dos Direitos Humanos. Uma questão importante, que está posta nos dias de hoje no campo da Psicologia, é a articulação dessa área de conhecimento com os Direitos Humanos no trabalho da saúde mental, fundamentalmente, nas diversas ações estratégicas que estão sendo estabelecidas para a desinstitucionalização da doença mental. Como exemplo, o Acompanhamento Terapêutico, trabalho que está começando a ser desenvolvido pela Secretaria de Saúde junto ao CAIS Mental (Centro de Atendimento Integral à Saúde). O trabalho do AT (Acompanhamento Terapêutico), neste contexto, é desenvolvido em grupo na rede de saúde pública, ou seja, o trabalho clínico como movimento social, visando a desinstitucionalização da saúde mental e o desenvolvimento da cidadania[3].

Os sentidos que a expressão "saúde mental" pode adquirir são muitos, dentre eles, uma face normativa, prescritiva que faz referência a uma espécie de conjunto de atributos para uma pessoa ser considerada saudável. É claro que não é neste sentido que estamos nos referindo. Aqui, estamos pensando a saúde mental como uma perspectiva que o conceito de saúde interpela, contempla estes direitos básicos do cidadão, como o direito à moradia, ao trabalho, à segurança e à saúde. Esfacelando com a perspectiva medicalizada que freqüentemente é utilizada na Psicologia, como se saúde fosse simplesmente ausência de doença, pensarmos a saúde mental como um conceito complexo, que passa por pensarmos nos modelos clínicos que promovem formas de vida e de ser e que englobem a dimensão do sujeito como cidadão na esfera pública e na esfera privada. Porém, não há porque pensarmos que os modelos clínicos utilizados em instituições psiquiátricas ou asilares estejam superados, que a partir da sanção da reforma psiquiátrica a questão esteja resolvida. Pelo contrário, estamos somente agora iniciando a discussão sobre o modelo clínico adotado nas políticas de saúde mental e buscando alternativas que possam contribuir para substituir esse modelo, como o caso do trabalho do AT em grupo citado anteriormente. Abrir as portas do asilo, "liberar" os institucionalizados não garante uma prática da Psicologia que promova Direitos Humanos fundamentais. Podemos estar com outros muros instituídos, com outras formas normativas de camisa de força, novas ortopedias da subjetividade.

A Psicologia tem, assim, como desafio para articular a questão dos

---

[3] Projeto de pesquisa "O Acompanhamento Terapêutico como uma nova Tecnologia Possível na Rede de Saúde Pública do município de Viamão", que está sendo desenvolvido pelo grupo de pesquisa "Estudos Culturais, Identidades/Diferenças e Teorias Contemporâneas", com o apoio da FAPERGS e PUCRS/BPA, tendo o objetivo de promover práticas psicológicas na rede pública de saúde.

Direitos Humanos em suas práticas de forma incisiva perguntar-se que concepção de sujeito e de sociedade está como pano de fundo para estas práticas psicológicas. Será que a prática da "adaptação" do ex-asilado é tranqüila? Adaptar a que? Tornar uma pessoa apta a fazer o "que todo mundo faz"? Esta não é uma resposta séria, nem refletida. A temática dos Direitos Humanos é complexa, merecendo como resposta uma abordagem também complexa que, no mínimo, consiga ser problematizadora de questões do contemporâneo que envolvem as práticas psicológicas sobre doença, saúde, violência, etc.

Entendermos que a promoção de saúde mental, neste enfoque integral, que aliás, é o que propõe a lei que regulamenta o Sistema Único de Saúde (SUS), e que o abandono da idéia ingênua de saúde como ausência de doença é mais um dos desafios para a Psicologia.

A Psicologia Social deve ser encarada como uma profissão difícil, pois sua pluralidade de campos de saber e abordagens é tão vasta que, talvez, nunca possamos e nem devamos almejar uma "identidade" para essa profissão.

Esta é a questão: entendermos que um trabalho de construção plural e promotor da inclusão social e dos direitos fundamentais do ser humano passa pelo reconhecimento das diferenças. Não se trata da busca de igualdades, mas do respeito e da inclusão das diferenças o que compete aos Direitos Humanos terem como proposta. Eis um dos nossos desafios éticos no trabalho de formação e, acima de tudo, do campo de intervenção e construção de conhecimento em Psicologia Social.

Referências Bibliográficas

BHABHA, Homi K., *O local da cultura*. Belo Horizonte: Ed. UFMG, 1998.

COIMBRA, Cecília. Por uma Psicologia Cidadã. *Entre Linhas*, Porto Alegre, n. 15, jul./ago. 2002. p. 6-7. Entrevista.

HOENISCH, Júlio. *Divã de Procusto:* Políticas de Perícia Criminal do Estado do Rio Grande do Sul. (Dissertação de Mestrado) Programa de Pós Graduação em Psicologia – Faculdade de Psicologia PUCRS. Porto Alegre, 2003.

PINTO, Céli Regina Jardim. A democracia desafiada: presença dos direitos multiculturais. *Revista USP,* São Paulo, n. 42, p. 56-69, jun./ago. 1999.

SKLIAR, Carlos (org.). *A Surdez:* um olhar sobre as diferenças. Belo Horizonte: Autêntica, 2001.

WOODWARD, Kathryn. Identidade e diferença: uma introdução teórica e conceitual. In: SILVA, Tomas Tadeu da (org.). *Identidade e diferença:* a perspectiva dos estudos culturais. Petrópolis: Vozes, 2000. p. 73-102.

Relações entre Psicologia e Direitos Humanos no Brasil: construindo a visibilidade

Marcus Vinícius de Oliveira Silva[1]

Existem certas conexões que são óbvias, mas, no entanto, essa obviedade, longe de facilitar a sua percepção, parece conspirar contra a sua visibilidade. Tal parece ser o caso da conexão existente entre a Psicologia e a questão dos Direitos Humanos. Inquestionável em sua aparência imediata, e, logicamente dedutível do próprio processo de construção do objeto de investigação e trabalho dessa disciplina, a certeza da existência de relações orgânicas entre estes dois campos de produção de significações sociais, longe de colaborar para a sua elucidação, parece turvar, sobremaneira, os liames que as fazem imbricadas.

Talvez pudesse ser essa ordem de obviedade, o que, até algum tempo atrás, fizesse com que, entre os psicólogos brasileiros, tal temática não encontrasse maiores significações ou não se expressasse em conseqüências práticas ou discursivas.

Sem pretender um diagnóstico exaustivo das várias razões responsáveis pelo fato de que a tematização das relações entre a Psicologia e os Direitos Humanos tenha infreqüentemente estado presente no campo psicológico brasileiro, pensamos que duas ordens de motivos deveriam ser destacadas de imediato, numa primeira tentativa de análise deste problema. Em primeiro lugar, num plano mais específico, ressaltaríamos a força da presença de uma certa perspectiva epistemológica acanhada, de corte positivista, que foi dominante no processo de constituição da ciência psicológica no nosso país. Insistente em seu projeto objetivista e neutralista da ciência, esta perspectiva epistemológica tem como um das suas características fundamentais a recusa de extrair da prática científica - e por decorrência, da prática profissional informada por essa ciência - quaisquer conseqüências de natureza política ou politizadora.

Segundo, num plano mais geral, mas que em tudo se combina com essa primeira questão, como se fosse uma espécie de marca forte e principal do desenvolvimento histórico da psicologia brasileira, o seu florescimento institucional, ao se dar incluído nos anos de chumbo, nos tempos sombrios da

---

[1] Psicólogo, Prof. Dept° de Psicologia-FFCH/UFBa. Mestre em Saúde Comunitária ISC/UFBa, Doutorando Saúde Coletiva-IMS/UERJ, Presidente da Comissão Nacional Direitos Humanos do Conselho Federal de Psicologia-CFP.
marcusvi@svn.com.br

repressão e da ditadura militar, a fizeram naquele momento, através do silenciamento e da omissão, (as exceções apenas confirmando a regra), cúmplice, na construção desta sociedade elitista e excludente, que temos hoje e que parece neste momento estar prestes a explodir como resultado de tanta violência e injustiças acumuladas.

Oferecer na atualidade, visibilidade a este nexo, torná-lo impositivo pela sua própria força - que é aquela que advém do clamor pela instauração da justiça social em nosso país – fazendo da temática dos Direitos Humanos uma presença na cotidianidade da intervenção dos profissionais da Psicologia, foi um dos desafios que se colocou o Conselho Federal de Psicologia-CFP ao instituir, em agosto de 1997, a sua Comissão Nacional de Direitos Humanos.

O seu ponto de partida para tal, foi a constatação de que, sobretudo nesta última década, entre nós, já se destacavam - além de algumas lideranças importantes na luta pelos Direitos Humanos - centenas de profissionais que, no seu trabalho do dia a dia, já fazem dos Direitos Humanos um poderoso operador analítico, balizador de suas intervenções técnicas. Além disso, tal iniciativa foi baseada numa análise da presença de um movimento, através do qual, a Psicologia e os psicólogos brasileiros vêm buscando se redimir daquelas omissões históricas, em relação à situação crítica expressa nesse terreno do elitismo, exclusão e das desigualdades sociais, características da sociedade brasileira.

E se o fazem hoje, não se movem apenas impulsionados por um moto próprio, de natureza ideológica, mas, principalmente, porque, coletivamente, eles estão sendo pressionados e obrigados a um repensar das dinâmicas do seu exercício profissional. Na medida em que, a crise neoliberal, que nos atingiu nos anos noventa, veio restringir socialmente os seus mercados tradicionais, impossibilitando-lhes de se manter no mesmo platô de uma prática liberal e elitista, com os olhos voltados exclusivamente para as classes dominantes, os psicólogos passam a incluir na sua agenda profissional, aqueles setores marginais e excluídos (dos benefícios da vida em sociedade), redefinido atuações e esboçando novos espaços de prática.

Achamos importante frisar que, no nosso entendimento, é como resultado da acelerada expansão numérica dos profissionais habilitados em psicologia[2], associada a essa restrição dos mercados reais/tradicionais de atuação profissional, que tem se produzido esse redirecionamento da prática profissional, em direção ao campo do "social", causando também um importante impacto, igualmente redirecionador, sobre o ensino de psicologia/formação de novos profissionais. Tal movimento é também extensivo e repete-se, ainda que de uma forma um pouco menos entusiasmada, no campo institucional da pesquisa psicológica.

[2] Resultante das sistemáticas políticas conservadoras de privatização da oferta de ensino superior no país, que incidiram sobremaneira na proliferação indiscriminada dos cursos de psicologia, nas ultimas décadas.

Indicamos aqui, a existência de um movimento de redirecionamento profissional que faz uso e reivindica essa temática da "atuação social" como seu mote, de uma forma bastante particular, já que busca exauri-la de seus adornos e contornos ideológicos mais evidentes, sem os quais ela se qualifica como uma mera intervenção técnica sobre um novo tipo de clientela, passando a incorporá-la como novos espaços de interesse para o desenvolvimento de práticas profissionais dos psicólogos. Foi por essa via, que nos últimos anos, aqueles espaços direcionados e incidentes sobre os contingentes mais pobres, que são alvo das políticas assistenciais e compensatórias do Estado, vêm sendo convertidos como campo de atração para a atuação dos psicólogos.

E é em razão desse interessante redirecionamento do "mercado", numa política que poderíamos chamar de "de resultados" ou de "ajustes para uma auto-preservação profissional", que a Psicologia vai ser colocada diante de um novo mundo, do qual ela se mantivera deliberadamente, até então, absolutamente afastada.

Nesta perspectiva, instituições, programas governamentais, movimentos sociais, organizações assistenciais, ONGs, etc., passam a constituir-se, não mais numa condição esporádica e exótica, mas agora como espaços regulares e comuns de atuação profissional dos psicólogos. Estou fazendo esta marcação porque tal postura, de considerar comum a presença e atuação profissional da psicologia nestes espaços, pode até estar em vias de normalização nas nossas percepções atuais, mas há poucos anos atrás, em meados dos anos 70, tais possibilidades eram marcadas claramente pela assinalação do exotismo e marginalidade, ainda que revestidos de um certo charme, em relação aos campos oficiais e reconhecidos nos quais os psicólogos "de verdade" atuavam.

Sem dúvida alguma, é essa aproximação com o mundo real da exclusão social, é esse contato com a crueza dos mecanismos institucionais de dominação e violência, que marcam a relação do Estado com os seus assistidos, é esse transitar nos campos da tragédia e da dor que perpassam a cotidianidade da vida das classes populares, é essa permanente violação dos mínimos direitos de cidadania destas clientelas, o que vai interpelar aos psicólogos e fazer-lhes exigências novas, para as quais eles vão se sentir despreparados e sem ferramentas adequadas de análise.

Pensamos que foi deste modo que a questão dos Direitos Humanos pode, no final dos anos 90, tornar-se possível para os psicólogos , enquanto uma questão política de importância e incorporável a agenda dos debates profissionais, a despeito do caracter um tanto acrítico e as vezes, inclusive, contraditório dessa assunção, em relação as teorizações e tecnologias de uso ainda tradicionais, no campo psicológico. Trabalhar com a questão dos Direitos Humanos passa a se constituir para os psicólogos que atuam nestas fronteiras da exclusão social, como uma possibilidade de enquadrar criticamente estes contextos sociais e institucionais onde os objetos de sua intervenção, constantemente, persistentemente, teimam em extrapolar os limites dos fatos técnicos desafiando as suas construções teóricas mais tradicionais.

Neste contexto, a criação da Comissão Nacional de Direitos Humanos do CFP veio representar um importante marco institucional muito importante, por oferecer ancoradouro para uma preocupação e interesse que já se encontrava presente mas de uma forma um tanto dispersa. Deste modo, a existência da comissão passou a viabilizar uma presença mais permanente e sistemática, desse campo de debates, fundado e tornado possível, graças a este avanço das relações sociais dos psicólogos e da psicologia em direção a estes espaços marcados pela violência e pela exclusão social que se multiplicam abundantemente na sociedade brasileira neste momento.

É obvio que ao fazer este tipo de análise, não pretendemos estar sendo simplistas em relação à importância que tem, nesta conjuntura, todo o avanço político, que constitui a mera existência de uma situação de normalidade institucional democrática no país e todo o avanço e as conquistas dos movimentos sociais. Pensamos, principalmente tomando como referência a nossa experiência de luta social e democrática no contexto do estado ditatorial, que é sempre importante assinalar, a despeito de todas as adversidades e dificuldades colocadas as lutas populares e sociais no país neste momento, que a garantia da normalidade democrática, com todas as restrições possíveis, ainda se constitui um patrimônio que deve ser defendido. De todo modo, essa aproximação dos psicólogos e da psicologia destes aspectos mais cruentos de nossa realidade social, certamente só foi tornada possível, por se inserir no contexto do avanço e ocupação de espaços pelos movimentos sociais, na luta pela ampliação da cidadania.

Para a direção do CFP, constituiu-se num elemento facilitador para a concretização dessa iniciativa, o fato poder identificar na categoria, a presença de um significativo grupo de companheiros psicólogos, que tinham e tem ainda, nas suas biografias pessoais e profissionais, um lugar de destaque na militância política, teórica e prática, em torno da questão da defesa dos direitos humanos. De certo modo, como afirmamos, esse fato por si só, constitui-se num indicador positivo de que essa iniciativa não estava marcada por um artificialismo de intenções, mas que, este debate, já se fazia possível. Que se tratava, então, de retirá-lo da obscuridade, à qual historicamente ele esteve submetido a trabalhar a partir das potencialidades emergentes, nesse novo patamar de relações sociais da psicologia brasileira, para garantir a sua visibilidade, organização e institucionalização.

É muito interessante perceber o conjunto de iniciativas que se desenvolveram a partir da formação dessa Comissão Nacional de Direitos Humanos. Como afirmamos, a primeira tarefa, a primeira causa militante a que nos propusemos trabalhar na Comissão, foi exatamente na ampliação da visibilidade deste nexo entre Psicologia e Direitos Humanos. Como trabalho inaugural editamos o livro Psicologia , Ética e Direitos Humanos, que foi muito bem recepcionado em todos as ambientes e agora teve a sua segunda edição pela Editora Casa do Psicólogo. Nossa preocupação foi produzir um primeiro titulo, de certo modo inaugural, que pudesse apoiar o nosso trabalho de ampliação das discussões. E também que pudesse se constituir num primeiro instrumento para introduzirmos essa discussão no processo de formação dos alunos de psicologia, problematizando e politizando os deontológicos, e às vezes estéreis, debates sobre a ética profissional. Modesto, ele nos abriu muitas portas.

Em seguida, a realização do I Seminário Nacional de Psicologia e Direitos Humanos, por exemplo, que teve como tema principal uma interrogação acerca das questões que envolvem os Direitos Humanos e a questão do Sofrimento Mental, somente veio confirmar essa suposição de que definitivamente já havíamos inaugurado um novo tempo em relação a esta temática. A qualidade das intervenções nas mesas redondas e conferências, mas, principalmente, a qualidade das dezenas de trabalhos apresentados nos grupos de discussão realizados durante o evento, apenas nos indicam as potencialidades inexploradas que esta articulação entre Psicologia e Direitos Humanos poderiam nos trazer para o enriquecimento do nosso campo.

Após estes disparadores, percebemos com grande satisfação uma resposta bastante positiva, que nos baliza para o caráter acertado dessa política. Hoje, existem, praticamente em todos os Conselhos Regionais, que são em número de quinze, Comissões de Direitos Humanos, coletivos de psicólogos, que surgiram, de certo modo estimulados e inspiradas na existência da nossa comissão nacional, mas principalmente como política própria das direções destes conselhos. O que estou dizendo, é que nos não dissemos a ninguém que eles deveriam criar comissões, mas que essa política teve uma repercussão espontânea e com uma interessante possibilidade de contágio. Por outro lado, nessa linha de ampliar a visibilidade deste nexo, entre Psicologia e Direitos Humanos, nós temos proposto mesas-redondas, nos principais eventos da psicologia brasileira, e elas tem sido sempre um grande sucesso de público e de crítica. Na ANPEP, na ABRAPSO, no Congresso Interamericano de Psicologia Jurídica, no Encontro sobre Violência e Segurança Pública, ocorrido em Juiz de Fora, etc. foi assim. E começamos a perceber a existência de outras iniciativas como a mesa no Seminário de Psicologia Política, onde percebemos um esforço de apropriação, por parte da psicologia acadêmica, desse importante debate político.

O II Seminário Nacional de Psicologia e Direitos Humanos, que teve como tema "Prática Psicológica e Direitos Humanos : compromissos e comprometimentos" e foi nitidamente perceptível, o crescimento, o avanço e a mudança na qualidade dos debates travados. Algo como se estivéssemos, coletivamente, aprendendo a trabalhar no plano do pensamento e da ação com esta correlação. O III Seminário, por sua vez, enfrentou o tema das relações entre Direitos Humanos e Psicologia na perspectiva da Epistemologia e da Ètica e em seguida enfrentaremos o tema da Subjetividade e Exclusão. De certa forma, essa seqüência de temas configura-se num programa, tal como a Comissão o têm entendido, de investigação teórico-prática dos nexos entre Psicologia e Direitos Humanos. Os relatórios deste eventos, com os textos das apresentações, tem, por outro lado, configurado uma primeira bibliografia exploratória e básica sobre os temas enfocados.

Quer dizer, sem dúvidas, é preciso continuar trabalhando. É preciso avançar no detalhamento de todas as implicações que esta questão dos Direitos Humanos nos traz para a Psicologia, enquanto ciência e profissão. É preciso cuidar para que as novas gerações profissionais possam construir, desde os seus estudos mais iniciais, uma compreensão, que não dissocie o objeto psicológico da realidade social no qual ele está inserido, se fazendo atenta ao clamor pela ampliação dos direitos da pessoa humana e da sua extensão a todos os membros da sociedade.

Feita essa espécie de prestação de contas institucional, dos caminhos que temos trilhado para a institucionalização do debate, "Direitos Humanos x Psicologia", no âmbito do trabalho da Comissão Nacional de Direitos Humanos do CFP, eu gostaria de trazer algumas das reflexões que tem nos desafiado no decorrer deste trabalho, e que, de certo modo, vão se constituindo uma espécie de primeira estocagem de problemas teórico-práticos, técnicos e políticos.

Nessa caminhada, além do trabalho reflexivo e de divulgação, nós temos feito algumas experiências práticas buscando concretizar uma militância em tornos de causas que tenham a potencialidade de evidenciar esse nexo entre psicologia e direitos humanos. O trabalho com direitos humanos exige-nos esse tipo de responsabilidade militante, onde cada um possa colocar um pouco o seu corpo a serviço de uma causa, dentre as centenas de violações dos direitos humanos que ocorrem no dia a dia. A nossa primeira campanha nacional realizada com o tema "Manicômio Judiciário: O Pior !" expressa esse tipo de tentativa[3].

Ora , como todos sabem, mas nunca sabem o bastante, o Manicômio Judiciário é um tipo de instituição onde essas relações entre o campo Psi e a Justiça, são definitivas para determinar um destino injusto e violador dos direitos humanos de milhares de pessoas no Brasil hoje. Para nós é uma forma de mostrar como é que um exercício, aparentemente técnico, desse campo Psi, pode estar concretamente vinculado e comprometido com a violação dos direitos humanos. A questão é que o Manicômio Judiciário é emblemático destas relações de violência, estabelecidas e justificadas, tecnicamente, pelas práticas periciais, entre as quais se inclui a Psicologia.

No contexto do estado racionalizado moderno, a gestão social dos grandes contigentes populacionais, das grandes massas, dos habitantes das metrópoles e dos imensos conglomerados urbanos, pressupõe a existência legitimadora das instituições normalizadoras e dessas práticas periciais, enquanto instrumentos de gestão político-social. É através delas que, esse Estado fundado e comprometido com a igualdade política, enquanto um valor

[3] As nossas campanhas nacionais funcionam como um dispositivo através do qual propomos uma mobilização e um debate sobre um determinado tema, com a categoria profissional dos psicólogos e com a sociedade ao mesmo tempo. Os temas são escolhidos entre os que revelam as implicações e ambigüidades da Psicologia~, como saber e pratica , na relação como os Direitos Humanos, na sociedade brasileira..

de extrema importância para a manutenção de todo o seu edifício político, maneja e produz as desigualizações e excepcionalidades entre os cidadãos, tão necessárias para os seus interesses de gerenciamento social, que passam a partir da intervenção dessa práticas periciais, informadas por um saber supostamente técnico científico - e em função disto supostamente neutro – serem admitidos como menos iguais do que os outros.

Desigualizações e excepcionalidades de tratamento estas, que raramente se direcionam a beneficiar estes sujeitos, e normalmente agem na direção contrária significando prejuízos e redução do seu capital de cidadania. Isso porque a igualdade sobre a qual se baseia a sociedade política diz respeito exclusivamente à representação do cidadão perante o Estado, deixando de lado a vida social concreta onde a predominância da desigualdade econômica, está posta como pressuposto mesmo da organização deste estado burguês e capitalista. Ocorre que essas instituições normalizadoras produzem sempre um contigente de sujeitos que são "irredutíveis" em algum grau, a estes projetos de normalização social. E a única possibilidade do estado abordá-los nessa condição diferenciada é fazendo recurso ao uso destes saberes e dessas tecnologias periciais.

De certa maneira, é como se esta "desigualização" de tratamento do cidadão, por parte do Estado, estivesse depositada e justificada alhures às razões políticas de estado. Assim os sujeitos são "desigualizados" a partir da caução destes saberes tecno-científicos que se oferecem ao manejo da sua condição de diferente. E os usos correntes da Psicologia, as direções que marcaram o seu surgimento enquanto prática técnica sempre estiveram acriticamente atrelada a essa perspectiva e a esse tipo de papel social adaptativo, segregativo e excludente. Sempre prometendo ingenuamente se compromissar com a saúde e o bem estar das pessoas , mas concretamente sempre se vinculando a estas esferas normalizadoras e periciais.

Mormente as tecnologias psicológicas , e os psicotécnicos são a melhor expressão disso, talvez a mais escancarada de todas elas, se direcionam a dizer a partir de uma vertente técnico-científica, que um cidadão pode coisas que o outro não pode. Dirigir um veículo por exemplo. Ou que um cidadão deve receber coisas que outros não – um benefício social por exemplo. Ou ainda que um cidadão deve ser tratado diferenciadamente pela lei – como no caso dos manicômios judiciários, mesmo que isso lhe custe a violação de todos os seus direitos de cidadania.

Como assinalamos, sem a produção destas diferenciações, sem o seu reconhecimento na vida prática a gestão da sociedade, enquanto formada exclusivamente por sujeitos de igual valor político, se tornaria impossível para o Estado. E como afirmamos também, raramente o assinalamento da condição diferenciada do cidadão por parte das práticas periciais resulta em algum tipo de benefício para os mesmos e quase sempre o efeito prático destas desigualizações resulta em desvalorização da diferença, em rebaixamento de sua posição social, em perda de direitos, em exclusão ou estigma social. Portanto nós temos uma flagrante contradição entre o caracter pericial da prática psicológica e a garantia dos direitos humanos. De modo geral a prática psicológica, tem estado comprometida, de uma forma um tanto acrítica com a produção da violação dos direitos humanos.

Essa discussão nos ajuda a introduzir uma outra, bem mais ampla, e também bastante prática que diz respeito ao lugar ocupado pelo Estado nessa luta pelos direitos humanos. Afinal pode o Estado patrocinar a luta pelos direitos humanos ? Pode ser parceiro ? E quando nós somos agentes técnicos desse Estado ? O que podemos e o que devemos ? Este debate diz respeito as ambigüidades, as vezes enfrentadas pelos profissionais que trabalham, que fazem prestações de serviço, que estão inseridos nas políticas públicas patrocinadas pelo Estado. Por definição, o Estado representa sempre alguma ordem de coerção, alguma ordem de limitação, de cerceamento à liberdade individual, supostamente em nome dos interesses coletivos.

Por outro lado, no quadro de uma sociedade burguesa e capitalista estes cerceamentos, estas limitações estão sempre direcionadas à garantia dos privilégios de um certo grupo social. Nós não temos a ilusão de que sob a égide do capitalismo possamos ter um estado que seja "o estado de todos nós". Mas o espaço do aparelho de Estado, e das suas influências sociais é um espaço contraditório, que comporta lutas, que é hegemônico mas comporta esforços contra hegemônicos. Então, muitos de nós psicólogos, hoje somos funcionários deste estado, somos agentes prestadores de serviços no âmbito de políticas públicas, as quais desejamos mormente fazer avançar, pois o oferecimento destas políticas significa a garantia de direitos sociais dos cidadãos e portanto a garantia dos seus direitos humanos.

Mas a nossa inserção nestas políticas públicas e a nossa adesão à luta pelos direitos humanos não pode nos levar a pretender um atrelamento da luta pelos direitos humanos à estas políticas de estado. Porque essas políticas são deveres do estado e na sua execução a ação do estado implica sempre de algum modo, em alguma ordem de cooptação do cidadão, às suas malhas.

Na dimensão de direito de cidadania, de direito humano, o acesso à educação por exemplo é uma exigência do cidadão, é uma reivindicação. Na sua dimensão de dever do estado, ela representará sempre a possibilidade de uma cooptação, de um coercimento, de uma investida do estado contra as liberdades individuais. A escola forma os sujeitos numa perspectiva de uma normalização dominadora, de sujeição dos mesmos ao status qüo. Tal ordem contraditória nos coloca um problema a mais para uma militância em torno da questão dos direitos humanos por parte daqueles que são funcionários do Estado. O trânsito entre uma Ética Política própria da política de estado ou mesmo de uma política de governo e aquela ética de natureza pessoal do servidor público, os conflitos de lealdade, os jogos táticos e estratégicos da sobrevivência pessoal e profissional, ganham neste contexto, o sabor de um problema adicional.

Como terceira questão eu queria traçar uma reflexão acerca do lugar dos direitos humanos na luta política mais ampla pela transformação das relações sociais injustas. Grosso modo essa questão poderia ser formulada assim : Seria a questão dos Direitos Humanos um fim em si mesmo, como pensava por exemplo Hannah Arendt, ou seriam os Direitos Humanos uma bandeira tática, aglutinativa, em direção a um projeto mais amplo.

Do ponto de vista do marxismo e Marx foi explícito neste tema no texto conhecido como 'A questão Judaica"(1978p40/45), a crítica aos Direitos Humanos está formulada pelo "quadro burguês" no âmbito da qual a questão esteve formulada. Neste texto, ele afirma constituir-se num enigma o fato de que o projeto de libertação pressuposto na Revolução Francesa, onde um povo começava "a libertar-se e a fazer tombar todas as diferenças entre os seus diferentes membros, a fundar uma comunidade política tenha proclamado solenemente o direito do homem egoísta, separado do seu semelhante e da comunidade". E mais enigmático ainda lhe parecia, "o fato de que essa emancipação política tenha feito da comunidade política, da comunidade cívica um simples meio que deve servir para a conservação desses chamados direitos do homem" e conclui afirmando que "deste modo o cidadão é declarado servidor do homem egoísta" , que há "uma depreciação da esfera em que o homem se comporta na qualidade de ser genérico em favor da esfera em que funciona na qualidade de ser parcial e que é o homem considerado como burguês, e não o homem enquanto cidadão, que é considerado o verdadeiro, o autêntico homem".

De algum modo, é importante retornarmos essa crítica marxista porque a política dos direitos humanos passa neste momento a tornar-se uma política quase consensual e mesmo o governo mais neoliberal do FHC é capaz de produzir uma política nacional de direitos humanos. E a pedra mais vulnerável destes Direitos Humanos nessa perspectiva burguesa da sua formulação, é o direito à propriedade e o direito à liberdade da iniciativa econômica. Pensamos que o quadro dos Direitos Humanos coloca-se de certo modo como um quadro conservador quando esgrimido pelas forças conservadoras, mas que ao encontrar eco nas forças progressistas, traz a ilusão da existência de um consenso acerca dos patamares éticos que deveria regular a convivência no âmbito da sociedade.

Por outro lado, não nos passa desapercebido e não podemos ser insensíveis ao fato de que, historicamente, a luta pelos direitos humanos tenha se convertido numa espécie de amplo guarda-chuva, debaixo do qual tem se abrigado um amplo conjunto de reivindicações moralizadoras ; num espaço de formulação dos valores éticos que devem regular a convivência entre os homens na sociedade. Portanto, se não são um objetivo em si mesmos, pensamos que os Direitos Humanos se constituem em um significativo e importante espaço de formulação política, permanentemente ampliado, onde vão se expressar um conjunto de reivindicações para a vida social e política, um reposicionamento dos valores que devem guiar a vida social e a produção de novas utopias que remetem a uma permanente superação das conquistas que vão se estabelecendo. Portanto, a luta pelos Direitos Humanos tem representado um espaço de intervenção e formulação prática dos novos patamares éticos para a sociabilidade, espaço de formatação dos ideais de regulação da convivência, de projeção do futuro ideal da sociedade que queremos e sonhamos. E isto faz da luta pelos Direitos Humanos um lugar muito especial, em que todos deveríamos estar envolvidos de alguma forma.

E, para concluir, eu queria apontar nessa direção da abertura, da permanente ampliação possibilitada pela questão dos direitos humanos. Quero apontar para algumas possibilidades que envolvem particularmente a psicologia e os psicólogos com as possibilidades e provocações que a contemporaneidade do debate sobre os DH, tem colocado para a Psicologia. Uma das leituras freqüentemente aceitas como referência para a questão dos Direitos Humanos (a de Marshall), apesar de trabalhar com a idéia da indivisibilidade, interdependência e universalidade, enquanto características básicas dos direitos humanos, traça um percurso histórico do seu desenvolvimento, que apesar de não ser "etapista", propõe enquadrá-los a partir do movimento de sua geração.

Assim, teríamos os Direitos Humanos de primeira geração, as liberdades civis e direitos políticos, seguidos dos direitos de segunda geração – direitos econômicos, direitos sociais e direitos culturais - e como os direitos de terceira geração se incluiriam os direitos dos povos, autodeterminação, desenvolvimento e solidariedade. Pois bem, após as rupturas políticas de maio de 68, - com o adento das novas formas da política - uma nova geração de direitos começa a emergir e ser estabelecida a partir das novas reivindicações culturais que vamos produzindo, e que tem tudo a ver, com esse quadro de pós-modernidade contemporâneo.

Nesta perspectiva, para alguns analistas nós estaríamos agora diante de uma quarta geração de direitos humanos, que seriam os direitos subjetivos, cuja natureza, ainda um tanto imprecisa, nos remeteria a temas tais como o direito à diferenças, direito as escolhas identitárias, direito à felicidade, direito ao meio ambiente humano e natural saudável etc... etc...

Aparentemente, esse campo seria um campo marcado pela crescente importância que os processos de subjetivação vem adquirindo em nossa sociedade. E, um campo fértil para o exercício de um pensamento e de uma militância derivada do nosso campo profissional. E com isso retornamos ao começo da minha intervenção, onde, de certo modo, eu advertia para o estado "em bruto" que marca essas conexões entre psicologia e direitos humanos.

Pensamos que o trabalho que temos pela frente, seja na militância teórica e intelectual, como na militância política institucional constitui-se num paciente trabalho de lapidação. É preciso lapidar, lapidar, revelar as facetas, trazer a luz, produzir a visibilidade. De certo modo, artesões da vida social é o que somos, todos nós que nos dedicamos, com muito prazer, a este artesanato.

Referências Bibliográficas

Comissão Nacional de Direitos Humanos do Conselho Federal de Psicologia , CFP, *Psicologia, Ética e Direitos Humanos* – 1988 – Brasília/DF.

MARX, Karl. *A questão judaica.* Cadernos Ulmeiro, n.º 10 , 1978, Lisboa.

Psicologia Política e Direitos Humanos: Tensões da Relação Indivíduo e Bem Comum

Marco Aurélio Máximo Prado[1]

1. A Construção de um recorte entre a Psicologia e os Direitos Humanos: a necessidade do político

As questões contemporâneas, elencadas entre os principais debates intelectuais nas Ciências Humanas, têm trazido, dentre outros, um intenso questionamento acerca do limite e da relação possível entre o direito individual e o bem comum, expresso, muitas vezes, no paradoxo da democracia moderna[2] (Mouffe, 2000), entre as noções, construídas historicamente, de liberdade e igualdade (Laclau, 1990; Santos, 1994; Sennet, 1994; Melucci, 1996; Heller, 1999; Walzer, 1999). Debate, este, que tem sido foco dos maiores diálogos entre intelectuais no mundo acadêmico e que pode ser apreendido através das reflexões sobre temáticas como: o delineamento do mundo público e do privado nas sociedades contemporâneas, a ocidentalização do mundo, a globalização dos mercados e das práticas culturais, o surgimento de identidades locais, os direitos humanos e os direitos universais, a inclusão x exclusão de diferentes grupos sociais minoritários, o multiculturalismo, o individualismo e as práticas comunitaristas e outras. É verdade que todo este debate efervescente tem um epicentro: as relações entre os indivíduos e as coletividades, sejam estas comunidades, países, nações, o globo, etc. Seguindo o sociólogo francês Alain Touraine (1999), poderíamos resumir muitas destas questões na ousada e simples pergunta: poderemos viver juntos? Será que a universalidade dos direitos poderia respeitar a contextualização das práticas culturais locais? A diferenciação dos contextos culturais e históricos poderia suportar a universalidade dos direitos humanos? Esta universalidade é suficientemente "universal" e "neutra" tal como aparenta? Será que este universal não é, em certa medida, uma face particular universalizada? Estas são, em síntese, algumas das questões que as reflexões e as práticas sociais sobre os direitos humanos não podem deixar

---

1 Doutor em Psicologia Social. Professor Fafich –UFMG (pradomam@fafich.ufmg.br)

2 O paradoxo da moderna democracia pode ser entendido, a partir de Mouffe (2000), como uma nova forma política de sociedade que busca articular duas tradições totalmente diferentes – a tradição liberal e a tradição democrática marcada pela identidade entre governantes e governados e pela noção de soberania popular.

de enfrentar e que parecem, nas sociedades contemporâneas, determinar possíveis considerações para a questão proposta por Alain Touraine.

Em um cenário de grandes transformações mundiais (Laclau, 1990; Santos, 1994; Touraine, 1995), a discussão política tem sido uma das grandes vedetes do momento, ao contrário do que alguns intelectuais imaginaram, o político e a história não encontraram seu destino final com o término da Guerra Fria e com o desabamento do bloco comunista no mundo após 1989. As questões políticas passaram a fazer eco dentro de todos os grupos sociais, e não somente elas, mas também as reflexões éticas invadiram o nosso cotidiano, especialmente o cotidiano de uma civilização que alcançou o controle sobre o sistema global, sobre a natureza e sobre a reprodução humana (Melucci, 1995).

Neste sentido, tanto a política como a ética ressuscitaram questões tão fundamentais para a humanidade como esta a que agora devemos no dedicar: é possível a vida em comunidade sem o risco de perdermos a liberdade individual? Como pensar a qualidade da participação social dos indivíduos no mundo público do campo decisório das relações de poder? É possível falarmos de uma construção de uma comunidade política sem negar a condição de sujeito? Como garantir o aprofundamento da igualdade sem ameaças às liberdades individuais? E, como aprofundar a condição de liberdade sem institucionalizar o individualismo acirrado que a ocidentalização do mundo parece estar condenada? Todas estas questões são, diretamente, constitutivas do que chamamos "Direitos Humanos"; já que neles estão embutidos os direitos civis, os direitos políticos e os sociais. Na prática cotidiana, quando falamos de Direitos Humanos, estamos buscando encontrar possíveis relações para estes paradoxos levantados acima. Mas se os "Direitos Humanos" podem significar a busca de alguma resposta, não é possível encontrá-la facilmente, pois o campo dos Direitos Humanos é, também, um campo de disputa política.

2. Direitos Humanos: entre o natural e o cultural, entre o individual e o bem coletivo

Não poderemos aqui aprofundar o debate sobre a complexidade da construção do campo dos Direitos Humanos, no século XX, sua história e suas contradições (Coimbra, 2001). Porém, vamos cotejar algumas questões que implicam em configurar um campo para o debate do paradoxo indicado: um campo político (Mouffe, 2000) sobre a relação entre liberdade e igualdade, palco no qual se insere a problemática dos direitos humanos hoje, buscando inserir neste cenário uma visão de sujeito, ou seja, uma possível relação com a Psicologia, sobretudo com a Psicologia Política e Social (Navarro, 1999).

Duas formas de compreensão dos direitos são bastante conhecidas a naturalista (noção de direito natural a qual toma Deus e, mais tarde, a idéia de natureza humana como fontes éticas) e a culturalista (noção positiva do direito que toma a história social, as consciências coletivas e o contexto como fontes éticas) e, elas indicam, segundo Camino (1998), o paradoxo essencial à noção de direitos humanos.

"Por um lado, na perspectiva da própria consciência do indivíduo, os direitos se apresentam como realidade evidentes a si mesmas. Pensamos, no que se refere à existência e à qualidade de nossos direitos, que não poderia ser de outra maneira, que sempre foi assim, que sempre será assim. Pensamos neles como coisas muito naturais, decorrentes do que nós mesmos somos. Veja-se a ênfase contida na afirmação 'É meu direito'. Por outro lado, numa perspectiva histórica, observa-se que a humanidade tem, progressivamente, construído ou tomado conhecimento do conjunto de direitos que hoje consideramos como próprios da natureza humana, mas que, em outros períodos, não eram tidos como tal" (p. 41).

Nestas duas compreensões, podemos observar que a relação entre indivíduos e coletividade volta a ser o epicentro da questão: o direito está estabelecido porque somos essencialmente humanos enquanto indivíduos ou porque processamos historicamente lutas e engajamentos que constroem nossas equivalências de direitos e nossa condição humana?

Tanto em uma concepção naturalista como em uma culturalista, podemos observar que o debate entre uma posição liberal e uma crítico-liberal (chamaremos de comunitarista para acompanhar o pensamento de Mouffe, 1993; 1996; 2000) tem se posicionado no centro do debate, não só político, mas também psicológico.

Podemos ter uma noção de direito cultural baseado na filosofia liberal, logo, para esta posição não há distância entre a justiça e a lei, porém as duas são construídas historicamente. Como podemos ter para a compreensão naturalista a mesma posição; o que resulta na idéia de que temos direitos enquanto indivíduos porque portamos como essência uma natureza humana, logo, uma natureza que nega o pluralismo cultural e social. Para esta posição naturalista tampouco há alguma distância entre justiça e lei porém as duas referências são dadas por um princípio que foge à ação humana. O que está em jogo, neste debate, é o caráter político dos direitos humanos, já que ele é por si um campo de disputas e lutas sociais por bens simbólicos e pelo manejo e controle daquilo que Touraine identificou como historicidade (Touraine, 1988). Tanto o liberalismo como o comunitarismo defendem os direitos humanos, porém ambos, segundo Mouffe (1993), negam o caráter radical do político.

A Psicologia, como prática e ciência, tem contribuído, em muito, para a negação deste caráter político da vida social coletiva, porém ela pode, em muito, colaborar para o reconhecimento da raiz política do debate e a partir daí, construir uma noção de sujeito capaz de articular as esferas individuais e coletivas sem necessariamente cobrir a vida coletiva de interesses individualistas e a vida individual de sujeição coletiva. Vamos aprofundar nossa reflexão sobre o caráter fundante do político no debate dos direitos humanos e, em seguida, aproximar as possibilidades da relação entre os campos dos Direitos Humanos e da Psicologia Política.

3. O político como Campo de Lutas Sociais: questões em torno da igualdade e liberdade

Assim como a relação entre os indivíduos e os coletivos, o político também pode ser apreendido de formas totalmente diferentes. Se pensarmos em apenas duas das mais importantes e atuais concepções sobre o político, podemos elencar a tradição liberal e a tradição comunitarista. Uma buscando defender a liberdade individual, portanto, a supremacia do direito individual, ao invés da noção de legitimidade coletiva do bem comum e a outra, respectivamente, apontando os perigos do acirramento e da supremacia dos direitos individuais em um individualismo excêntrico e a importância de uma definição de bem comum coletivo como parâmetro ético único para as posições individuais e para a vida institucional democrática. Portanto, nesta segunda posição, comunitarista, a supremacia se dá pela definição de bem comum, ou seja, pela igualdade, entendida, quase sempre, como homogeneização moral da vida social e individual.

Na posição liberal, o político promulga uma participação política, via de regra institucionalizada de controle sobre ações institucionais e/ou de grupos. O que vale ressaltar, neste caso, é o que foi discutido por Mouffe (1993), de que o político, na visão liberal, reduz-se a uma participação racional, como em um mercado de interesses e negociações. O que se retira do político, além de uma noção de sujeito, é o processo de constituição dos antagonismos sociais, ou seja, a capacidade de grupos e coletivos constituir-se em sujeitos coletivos na configuração de uma arena pública, onde, se debatem e tematizam questões que, pouco a pouco, vão sendo politizadas.

O pensamento liberal, segundo Mouffe (1993), baseado em uma liberalização da ética para o campo da troca de interesses e lobbies, traduz o político como o mundo institucional e racional que se subordina ao mercado e sua lógica. O indivíduo racional, não por acaso, atende a um modelo de organização civil, própria de um grupo social. O modelo de racionalidade, neste projeto, permite considerar que o político pode ser constituído abstraindo e/ou remetendo para o mundo privado, todas as paixões e emoções humanas; o que na Psicologia, por muito tempo e as vezes até hoje, se expressa nas qualificações da irracionalidade.

Reconhecer que na posição liberal o político é tido como um tribunal de barganhas, é reconhecer sua institucionalização e regulação enquanto prática. O conflito, nesta visão, só é reconhecido enquanto um conflito com traços de uma racionalidade tipicamente liberal (discurso competente) e uma institucionalização promovida pela idéia de que ordenar e instrumentalizar é o melhor remédio. O aspecto normativo do político é tomado, segundo Piven & Cloward (1992) como algo tautológico, deixando de lado, o reconhecimento das relações de opressão e de submissão de uns sobre outros. Os discursos que não se colocam como racionais, por exemplo, neste modelo no interior da Psicologia, são relegados à erupção do irracional e a noção de "pouco organizados" ou "não legítimos". É óbvio, neste modelo, que a definição do político como um sistema moral (portanto não necessariamente ético) propõe a institucionalização e a lei como lugar de tematização da vida em sociedade, garantindo uma tecnicização da prática política (os lobbies ou como quer o mundo corporativo: os consumidores com direitos), com o objetivo de criar a ilusão de um consenso na lei, como se a lei e a justiça estivesse no mesmo âmbito. Logo, o político não poderia ser tão diferente de como se caracterizam as trocas de interesses, mesmo que reguladas por alguns princípios éticos, como tem sido o caso das propostas dos liberais contemporâneos, que remetem todas as diferenças humanas ao mundo privado, e não ao debate político e público.

> "*Todas as questões controversas estão fora da agenda (dos liberais) na tentativa de criar as condições para um consenso racional. Como resultado, o campo da política torna-se meramente o terreno onde indivíduos, desvestidos de suas paixões e crenças, que rompem a ordem, e entendido como agentes racionais na busca de vantagens próprias ¾ dentro das coesões morais, é lógico ¾ se submetem aos métodos de advogar suas reivindicações, que eles consideram justas. Esta é uma concepção de político na qual reconhece-se prontamente um caso típico de negação liberal do político*" (Mouffe, 1993:140).

Aparentemente oposto, o pensamento comunitarista também tem, sensivelmente negado, o caráter político dos direitos sociais, pois se a comunidade pode alcançar o lugar do consenso humanizado, libertador e de relações face-a-face que definem a essência do bem comum, ela se contrapõe totalmente a seu "inimigo": a sociedade liberal, nesta visão, impeditiva da autenticidade identitária, da expressão do humano no próprio humano, logo, o político reduz-se a uma etapa da transparência social (Prado, 2002).

A ilusão de um consenso comunitário, sustentado pelas noções de identidade autêntica e de consciência semitransitiva (Góis, 1994), se aprimora ao propor que é possível o desenvolvimento de uma comunidade ou de relações comunitárias como inclusão, sem evidenciar, no entanto, que qualquer processo de criação de um consenso implica necessariamente um processo de exclusão, e é, segundo Mouffe (1993), esta relação entre a afirmação da igualdade e da diferença que garante que a inclusão não se transforme em uma totalização da vida do sujeito e, ao mesmo tempo, garante a radicalização e a sobrevivência do político como o lugar, por princípio, de radicalização dos princípios democráticos.

Esta ilusão da conciliação pela redenção do político, está dada na aniquilação do espaço do político como espaço de conflito não reduzido a uma posição identitária, pois tem sido entendido, nestas perspectivas comunitárias mais essencialistas, que o fim dos antagonismos seria responsável pelo alcance da identidade autêntica do EU, como se fosse possível suplantar relações de poder e como se a superação destas relações fosse um sinônimo de evolução social e individual (Prado, 2001).

Temos visto então que o político estaria liqüidado, tanto em uma concepção liberal como comunitária dos direitos sociais. Porém, as duas devem nos fazer compreender tanto a importância do direito individual como da construção coletiva do bem comum. Pois, é exatamente aí, como vimos, que reside o campo dos Direitos Humanos e as lutas pelo manejo destas significações.

A radicalidade dos valores democráticos pode ser pensada somente com a garantia da sobrevivência da tensão entre a lógica da identidade e a lógica da diferença, e nos parece que os dois projetos, tanto do liberalismo como do comunitarismo, têm buscado romper esta tensão.

"*É está tensão, de fato, que também aparece como a tensão entre nossas identidades como indivíduos e como cidadãos ou entre os princípios de liberdade e igualdade, que constituem a melhor garantia de que o projeto da democracia moderna está vivo e habitado pelo pluralismo. O desejo de resolver esta tensão poderá favorecer somente a eliminação do político e a destruição da democracia*"(Mouffe, 1993:133).

Portanto, chegamos no ponto de nos perguntar: como podemos pensar a Psicologia como um conjunto de práticas e discursos que tenham o objetivo de radicalizar os valores democráticos da igualdade e da liberdade? Ou seja, participar o campo de lutas sociais e disputas pelo manejo da historicidade no que diz respeito aos Direitos Humanos.

4. Psicologia, Política e Radicalização da Democracia: os direitos humanos em questão

A Psicologia, recentemente, tem enfrentado este debate. Isto se deve a uma audácia da Psicologia no Brasil e em alguns poucos países, que não se conformaram com os modelos teóricos explicativos de realidades tidas como universais e abstratas. Há inúmeros exemplos atuais do quanto a Psicologia tem buscado se politizar, ou seja, reconhecer-se como parte da "arena onde se desenvolvem as lutas sociais" (Camino, 1998).

A idéia de que este, como qualquer outro conhecimento científico, é socialmente construído e historicamente determinado, precisa ser assumida de forma mais radical por nós, psicólogos. Porém, contextualizar social e historicamente uma teoria ou uma prática não basta para que tenhamos, de fato, uma Psicologia que se coloque ao lado da construção e da radicalização dos valores democráticos e participe conscientemente do campo de disputas identificado.

Faz-se necessário ir além do reconhecimento do caráter ideológico da ciência, pois, ao menos, nos mais importantes grupos científicos da Psicologia hoje, já é palatável a idéia de que esta ciência é tão contingente quanto à própria história e a sociedade.

Mas como pensar então uma possível relação entre a Psicologia e a Política, de forma que as práticas psicológicas constituam o debate da radicalização dos valores democráticos?

Levantaremos quatro elementos que poderiam alimentar este debate. São elementos que podem fortalecer a relação entre Psicologia e Política, como também, colocar em nossa agenda o debate dos direitos sociais e humanos:

1. O estudo criterioso da expulsão da política de dentro da Psicologia. Por que na prática, os fenômenos que aparecem para ser compreendidos pela Psicologia, nos vem complexos, implicados, porém, a Psicologia, em sua história, tem feito uma verdadeira lavagem expulsiva dos dilemas políticos que constituem os fenômenos psicológicos. Neste sentido, deveríamos tomar o poder não como algo que podemos ultrapassar, transpor, mas sim como constituintes de nossas práticas e discursos, logo de nossa subjetividade. A análise histórica desta expulsão faz-se absolutamente necessária para que novas gerações de psicólogos reconheçam na história da Psicologia, além da construção do pensamento científico, a participação no campo de gerenciamento dos modelos culturais e das orientações morais;
2. A necessidade de referência a uma forma de cidadania, que a Psicologia Social tem já enfrentado. No entanto, esta referência não poderá tomar a cidadania como uma identidade dominante que se

sobreponha a outras, nem como apenas uma entre outras (Mouffe, 1996), mas, pelo contrário, compreender a questão dos direitos humanos do cidadão como um "(...) princípio articulador que afeta as diferentes posições de sujeito do agente social (...)"(Mouffe, 1996:96). A cidadania pode, nesta visão, ser pensada como uma questão de identificação política, ou seja, como uma das articulações entre as distintas lutas de diferentes grupos, visando a construção de um nós, "(...) uma cadeia de equivalências entre as suas exigências, de forma a articulá-las pelo princípio da equivalência democrática"(Mouffe, 1996:96). Cidadania, nesta visão, não é a extensão da esfera dos direitos somente ¾ o que se chama inclusão nos dias de hoje mas a decomposição de identidades anteriores e a constituição de uma cadeia de equivalências que subverta as lógicas identitárias excluído/incluído. Os direitos humanos, assim, são tomados como princípios articuladores que informam nossas práticas sociais em diferentes contextos;

3. Importância de construção dos problemas a serem estudados a partir da lógica histórica, tanto a da continuidade histórica, que revela o caráter da extensão dos direitos, no sentido da expansão das ideologias, como a da descontinuidade histórica que revela as mutações nas formas de opressão e organização social e o surgimento de novos sujeitos políticos. Desta forma, o estudo dos processos articulatórios da criação de identidades coletivas, através do caráter coletivo da vida social se apresenta como fundamental. Fundamentando, assim, a importância dos estudos de uma Psicologia Política;
4. E, por último, sem esgotar outras possibilidades, compreender que as características do contexto social, histórico e cultural não são somente uma espécie de "caldo" onde estamos submersos e, por isso, exigem algumas relativizações no uso de instrumentos e práticas psicológicas, mas pelo contrário, tomar estas características como constituintes de nós mesmos, portanto capazes de exigir outras práticas e instrumentos que talvez precisem ser criados e reinventados. Tomar o contexto social e cultural não como uma variável a mais determinando nossas práticas e discursos científicos, mas compreender que estes elementos históricos, culturais, sociais e político devem colaborar na reconsideração do próprio fazer psicológico e da própria identidade da Psicologia.

O enfrentamento destes elementos pode favorecer a compreensão de que a união e a relação das duas tradições do paradoxo da democracia moderna (Mouffe, 2000), longe de ser uma relação dada e naturalizada, tem sido uma relação construída por lutas sociais, disputas de poder e formas distintas de identificação coletiva.

Esta possível relação, que não poderá ser perfeitamente conciliada, como vimos as tradições são completamente antagônicas, será sempre construída nos processos de construção das identificações políticas e coletivas. O próprio processo de tentar compatibilizá-las, ou seja, relacionar as formas de liberdade individual ao compromisso da existência de uma comunidade política, poderá ser entendido como o caminho que fazemos para nos tornar sujeitos coletivos. A emergência de novas identidades coletivas denuncia o esforço de conciliação destas tradições no campo dos direitos e da vida humana. Nos resta, a partir da Psicologia Social e Política, compreender as condições desta emergência, a qualidade do esforço e as formas de conciliação, ainda que temporária, que estão sendo articuladas pelos agentes sociais.

A Psicologia Política, historicamente, se preocupou com a emergência de sujeitos políticos; preocupação esta que marcou uma busca intensa entre os séculos XIX e XX de formas explicativas para as (não) legitimidades das ações coletivas. Pode-se ver esta busca claramente em autores como Le Bon, Freud, Reich, Mead, Cantril, Smelser, Adorno e outros. Mesmo assim, o político, para o discurso da Psicologia, tem sido condenado à extinção, seja pela lógica da falta, quando o político se torna patológico (Le Bon, 1922) ou pela lógica do excesso, quando tudo se torna política (Coimbra, 2001), e isto tem trazido conseqüências fundamentais para o estado de uma Psicologia Política contemporânea, para os estudos sobre a continuidade das lutas que redefinem o campo dos Direitos Humanos e para a compreensão da emergência de sujeitos políticos para além das identidades institucionais.

Referências Bibliográficas

CAMINO, L. (1998) Direitos Humanos e Psicologia. In: Comissão Nacional de Direitos Humanos do Conselho Federal de Psicologia. *Psicologia, Ética e Direitos Humanos.* Brasília: CFP.

COIMBRA, C. (2001) Psicologia, Direitos Humanos e Neo-Liberalismo. *Revista Psicologia Política.* Vol. 1, Nº1, 139-148.

GÓIS, C.W.L. (1994) *Noções de Psicologia Comunitária.* Fortaleza: Edições UFC. 2ª edição.

HELLER, A. (1999) Uma crise global da civilização: os desafios futuros. In: Heller, A. (Org.) *A Crise dos Paradigmas em Ciências Sociais e os Desafios para o Século XXI.* Rio de Janeiro: Contraponto – Corecon.

LACLAU, E. (1990) *New Reflections on the Revolution of Our Time.* New York:Verso.

LE BON, G. (1922) *Psychologia dos Novos Tempos.* Rio de Janeiro: Livraria Garnier.

MELUCCI, A. (1995) Individualization and Globalization: new frontiers for collective action and personal identity. *Hitotsubashi Journal of Social Studies.* Vol. 27, Special Issue, August. Tokyo: Hitotsubashi University.

MELUCCI, A. (1996) *Challenging Codes – Collective action in the information age.* Cambridge: Cambridge University Press.

MOUFFE, C. (1993) *The Return of the Political.* London: Verso.

______. (1996) Democracy, Power, and the Political. In Benhabib, S. (Ed.) *Democracy and Difference – contesting the boundaries of the Political.* Princeton: Princeton University Press.

______. (2000) *The Democratic Paradox.* London: Verso

NAVARRO, M. G. (1999) El Desarrollo de la Psicología Política. In: Botello, G. (Comp.) *Psicología Política del nuevo siglo: uma ventana a la ciudadanía.* México: SOMEPSO e SEP

PIVEN, F. & CLOWARD, R. (1992) Normalizing Collective Protest. In: Morris, A & Mueller,C. (Eds.) *Frontiers in Social Movement Theory.* New Haven: Yale University Press.

PRADO, M. A. (2001) Psicologia Política e Ação Coletiva. *Revista Psicologia Política.* Vol I, n°1, 138-152.

______. (2002) A Psicologia Comunitária nas Américas: o individualismo, o comunitarismo e a exclusão do político. *Psicologia: Reflexão & Crítica,* 15, (1), 201-210.

SANTOS, B. S. (1994) *Pela Mão de Alice – o social e o político na pós-modernidade*. Porto: Edições Afrontamento.

SENNET, R. (1993) *O Declínio do Homem Público – as tiranias da intimidade*. São Paulo: Cia das Letras

TOURAINE, A. (1988) *Return of the Actor – Social Theory in Postindustrial Society*. Minneapolis: University of Minnesota Press.

______. (1995) *Crítica da Modernidade*. Petrópolis: Vozes.

______. (1999) *Poderemos Viver Juntos? Iguais e Diferentes*. Petrópolis: Vozes

WALZER, M. (1999) *Da Tolerância*. São Paulo: Martins Fontes.

Psicologia e Direitos Humanos - as relações entre ciência e ética na perspectiva do Instituto Rousseau, em Genebra (1920-1940)

Regina Helena de Freitas Campos[1]

Em 26 de novembro de 1934, em palestra proferida para membros da Sociedade Pestalozzi de Belo Horizonte, recém-criada, Helena Antipoff então presidente da Sociedade, relatou aos presentes o conteúdo da "Declaração de Genebra", proposta pela União Internacional de Socorro às Crianças (*Union Internationale de Sécours aux Enfants*) e adotada pela Sociedade das Nações. O conteúdo da Declaração é o seguinte:

"Pela presente declaração de Direitos da Criança, os homens e as mulheres de todas as nações, reconhecendo que a humanidade deve dar à criança o que ela tem de melhor, afirmam os seus deveres fora de toda a consideração de raça, de nacionalidade de crença.

I - A criança deve ser tratada de maneira a poder desenvolver-se normalmente, tanto material quanto espiritualmente.

II - A criança que tem fome deve ser alimentada; a criança doente deve ser tratada; a criança atrasada deve ser animada; a criança desmoralizada deve ser trazida de novo ao bom caminho; a órfã e a abandonada devem ser recolhidas e socorridas.

III - A criança deve ser a primeira a receber socorro em tempo de miséria.

IV - A criança deve ser educada de maneira a poder ganhar a sua vida e ser protegida contra toda a exploração.

V - A criança deve ser educada na idéia de que as suas melhores qualidades devem ser postas ao dispor de seus irmãos." (Société des Nations, 1924)

A referência à Declaração foi feita no contexto de um esforço da Sociedade Pestalozzi, liderada por Antipoff, no sentido de despertar na audiência a preocupação com os pequenos vendedores de jornais que viviam

[1] Professora da Universidade Federal de Minas Gerais

nas ruas de Belo Horizonte. Para a conferencista, o espetáculo dessas crianças vivendo em condições precárias, dormindo nas ruas, "no chão ou em catres bastante imundos, sem cobertores, sem colchas, sem nunca tirar a roupa, quer ela esteja seca ou ensopada de chuva, protegidas do frio por papéis - estas crianças fazem lembrar fatos da miséria por que passam os países em tempo de calamidades, estremecimentos da natureza ou agitações" (Antipoff, 1992(1934), p. 120).

Lembravam, por certo, cenas por ela observadas na Europa, durante a primeira grande guerra, ou na Rússia, onde ela havia vivido entre 1916 e 1924, período conturbado tanto pelos efeitos da guerra quanto da Revolução de Outubro de 1917. Segundo seu próprio relato, em outro texto, era grande, naquela época, o número de crianças que perambulavam pelas ruas das grandes cidades russas:

> *"a grande guerra, as epidemias, a fome de 1921, a revolução devastaram uma infinidade de lares russos, matando os chefes de família, deportando-os, expulsando as famílias de seus lares, dispersando seus membros para todas as direções do imenso território russo. Foi assim que se formou um grupo considerável de indivíduos, menores, sem família, sem domicílio, sem ocupação, vivendo ao léu, de esmola ou de rapina, passando a noite ao abrigo de uma casa em ruínas, de uma ponte, de um esconderijo qualquer... A proporção dessas crianças abandonadas foi tal que o governo russo teve que organizar postos para albergar esses bandos de nômades. Foi em dois desses postos, ou estações médico-pedagógicas, que tivemos ensejo de conhecê-las" (Antipoff, 1992 (1931), p. 77-8).*

Ao comentar a situação das crianças de rua em Belo Horizonte, no início dos anos 30, Antipoff observou, contudo, que, no caso, não havia a situação de convulsão social que ocorrera na Europa. E perguntava, então:

"Como admitir este espetáculo aqui, em Belo Horizonte, em noites de plena calma, sem terremotos ou revoluções? Porque será que este punhado de menores têm de passar tamanhos aperto e degradações?" (Antipoff, 1992(1934), p. 120).

Mais à frente, na mesma fala, e para justificar a apresentação de um programa de assistência aos pequenos jornaleiros, obedecendo assim aos princípios da Declaração de Genebra no que refere ao amparo de crianças abandonadas, e ao próprio Código de Menores brasileiro, editado em 1927, Antipoff comenta a contradição entre a miséria e falta de higiene em que viviam aquelas crianças, que lhe pareciam "mais imundos ainda em contraste com tanto luxo, de um lado, e de outro tanta beleza natural que Belo Horizonte apresenta", para em seguida afirmar que a situação dos "pequenos vendedores de jornais da capital mineira são uma chaga aberta e purulenta, (...) estado de coisas que fere tanto os preceitos da higiene e da moral como os da estética". Faz então um apelo à população de Belo Horizonte:

"movido pelo simples sentimento de compaixão, como pela convicção mais radical, o povo de Belo Horizonte tem de se decidir a melhorar a sorte desta infância, hoje apenas miserável, amanhã, talvez, miserável , revoltada e perigosa" (Antipoff, 1992(1934), p. 122).

Essas considerações revelam algumas das características da formação de Antipoff como psicóloga e educadora, obtida especialmente em Genebra, no Instituto Jean-Jacques Rousseau, entre 1912 e 1916, a experiência na orientação de crianças na Rússia, entre 1916 e 1924, e mais tarde novamente em Genebra, como assistente de Claparède no Instituto Rousseau, entre 1927 e 1929: a preocupação com o estudo científico da criança associada à ação informada em benefício de seu bem-estar, à luz dos princípios da própria Declaração de Genebra, de 1923. Destacam-se também as preocupações com o desequilíbrio social que poderia resultar de equívocos na orientação da infância, e com o despertar na sociedade civil - cujos representantes estavam ali reunidos, a convite da Sociedade Pestalozzi - a motivação para colaborar em campanha de melhoria das condições de vida dos menores de rua, incentivando assim o poder público a tomar iniciativas nessa direção.

Preocupações semelhantes, voltadas para a realização dos ideais relacionados aos direitos humanos e à paz social e internacional encontramos na obra de Édouard Claparède, professor e orientador intelectual de Antipoff durante os anos passados em Genebra; na obra de Jean Piaget, que foi diretor de pesquisa no Instituto Rousseau entre 1921 e 1932, ano em que assumiu a direção do Instituto, e na obra de outros pesquisadores do Instituto Rousseau, como Pierre Bovet, um dos fundadores do Instituto e inspirador do movimento da educação para a paz que se desenvolveu em Genebra, no período imediatamente posterior à I Guerra Mundial. Em todos esses autores, colaboradores na construção da abordagem à psicologia da criança desenvolvida em Genebra nesse período, observa-se a busca de relações entre a atividade científica e os fundamentos éticos e morais da vida social, além da opção pela solução pacífica dos conflitos, e de uma grande rejeição pela agressividade e pelas guerras (Claparède, 1926; Piaget, 1952; Vidal, 1987, 1998).

Essas associações evidenciam a interação entre os pesquisadores do Instituto Rousseau e os movimentos de defesa dos direitos humanos e da paz internacional que se organizaram em Genebra durante os anos de 1920. Evidenciam também as conexões entre o desenvolvimento da psicologia científica, nesse período conturbado da história humana, e os valores da solidariedade e do humanismo.

1. Psicologia, ética e direitos humanos

As tentativas de aplicação dos conhecimentos gerados pela psicologia na resolução de problemas sociais têm sido uma constante em sua evolução, gerando inclusive o fenômeno do chamado "presentismo" das teorias psicológicas, ou seja, a excessiva imersão dessas teorias na cultura de época, que faz com que muitas vezes percam de vista a perspectiva histórica, e tomem os fenômenos psicológicos observados como fatos universais, e não como o produto de construções socioculturais. A contrapartida desse fenômeno tem sido associada a um certo "psicologismo", ou seja, à atribuição de causas psicológicas a fenômenos socioculturais (Brozek e Pongratz, 1980).

Por outro lado, vários estudos sobre o desenvolvimento da psicologia científica têm procurado demonstrar a contribuição dessa disciplina à reprodução de relações de dominação, a partir das práticas institucionais e das mentalidades que vieram a engendrar. Sabemos, no entanto, que a toda corrente hegemônica, na história, corresponde uma corrente contra-hegemônica. Assim, a observação da contribuição de psicólogos na formulação de propostas de definição de direitos humanos traz à luz esse outro lado do desenvolvimento da psicologia.

A questão da participação dos especialistas em psicologia vinculados ao Instituto Rousseau está relacionada à criação em Genebra, em 1919, da União Internacional de Socorro às Crianças (*Union Internationale de Sécours aux Enfants*), a partir da iniciativa de duas sociedades que visavam socorrer crianças vítimas da guerra – o Save the Children Fund, de Londres, e o Comitê Suíço de Socorro às Crianças, de Berna, com o apoio do Comitê Internacional da Cruz Vermelha, de Genebra. A União tinha por objetivos "coletar e distribuir fundos destinados a ajudar crianças dos países atingidos pela Grande Guerra, bem como interessar-se por toda atividade a favor da infância infeliz ou abandonada" (UISE, 1923). A União adotou a expressão Salvate Parvulus como emblema, e passou a funcionar em Genebra. Mantinha um Comitê de Honra internacional, do qual participavam autoridades reconhecidas na Europa, um Conselho Geral, que reunia, a cada início de ano, os delegados dos comitês nacionais afiliados (que, em 1923, chegavam a 17, na Europa, estando em formação os Comitês da Argentina, Áustria, Chile, Grécia e Japão). A parte operacional da UISE era comandada por um Comitê Executivo composto de 18 membros, e secretariado por Suzanne Ferrière, sobrinha de Adolphe Ferrière, na época professor de Sociologia da Educação no Instituto Rousseau e importante líder escolanovista em

Genebra. Através de Suzanne, realizavam-se as trocas entre o Instituto Rousseau e a UISE[2].

O espírito de Genebra se fez presente na União também a partir da Sociedade das Nações, que mantinha delegados nos congressos por ela promovidos. Em setembro de 1921, o delegado da Sociedade das Nações ao III Congresso da UISE, realizado em Estocolmo, saudou o ideal que a conduzia: "criar um sentimento de grande solidariedade internacional, base fecunda de aproximação entre os homens, base real de toda sociedade de nações" (UISE, 1923). Essa afirmação da necessidade da paz internacional assentada sobre a idéia do respeito aos direitos humanos individuais era parte do próprio espírito de Genebra, cidade que se tornou uma espécie de símbolo da democracia e da compreensão internacional a partir de sua própria história. Traz define o "espírito de Genebra" como "un humanisme en fonction du malheur", um humanismo preocupado com o sofrimento humano individual, e não com as ideologias ou conveniências políticas. Considerado às vezes utópico, esse ideal, que parecia ser assumido pela própria cidade de Genebra, era, na opinião de Traz, uma forma de aproximar-se da realidade. Nas palavras do autor, tratava-se de não estar impassível diante da dor, da fome, do frio:

"posso ficar impassível diante do sofrimento humano ilimitado? Não se trata aqui do ser humano abstrato (...) mas de seres que têm fome e sede, que gemem, que se revoltam, e que não são inventados para as necessidades políticas, mas que pedem socorro concreto" (Traz, 1929, citado por Vidal, 1998).

Em 1921, a partir de resolução aprovada durante o Segundo Congresso das Obras de Proteção às Crianças nos Países Atingidos pela Guerra, realizado em Bruxelas, entre 8 e 9 de abril, a União sugeriu à Sociedade das Nações a instalação de um escritório internacional de proteção à infância. O Secretário Geral da Sociedade, em "Mémoire" datado de 26.6.1921, informava que a preocupação com a proteção das crianças já faz parte do programa da entidade. Do Comitê Executivo do Congresso participavam Suzanne Ferrière, e o próprio Adolphe Ferrière, como representante do Bureau International des Écoles Nouvelles. Durante o congresso, foram discutidos vários temas relacionados à infância, como a preservação moral das crianças, infância anormal, higiene, puericultura, órfãos da guerra. Foi ainda um dos resultados das relações entre a UISE e a Assembléia da Sociedade das Nações a proposição e aprovação, em 26 de setembro de 1924, da Declaração de Genebra, primeira declaração

[2] A autora agradece as informações verbais fornecidas por Ariane Ferrière e Laetitia Ratzuto acerca da participação de Suzanne Ferrière nas atividades da UISE.

internacional de direitos humanos, e que trata especificamente dos direitos das crianças, com os cinco princípios relatados por Antipoff (McDougall, 1985, Société des Nations, 1924, United Nations Archives).

A definição da criança como um sujeito de direitos revela uma diferença em relação à idéia da infância e seu estatuto jurídico como um ser diferenciado do adulto, em desenvolvimento e necessitado de proteção por sua incapacidade. A idéia de um sujeito de direitos pressupõe uma maior autonomia, e portanto menor incapacidade. A evolução do tratamento legal da criança, desde o século XIX, vinha se fazendo a partir dessa idéia de incapacidade, e portanto, subordinação da criança ao interesse do adulto, e da medicalização dos desvios de conduta, sobretudo a partir da contribuição da psiquiatria na análise da problemática psico-social da delinqüência e da exclusão social.

A concepção dos direitos da criança busca superar tanto a visão da incapacidade quanto a medicalização dos desvios. Nesse caso, a criança é representada em duas categorias: a da inclusão e a da exclusão social. A inclusão significa que a criança tem acesso aos bens sociais aos quais tem direito. A exclusão significa a privação desses direitos. Ou seja, é a sociedade que tem certas obrigações em relação à criança como um sujeito de direitos: proteção, educação, saúde. São os chamados direitos positivos, categorizados por Bobbio como os direitos de segunda geração, os direitos que supõem uma ação do estado em relação ao indivíduo, para a garantia dos direitos individuais (Bobbio, 1992).

Aqui nos interessa especialmente a afirmação da autonomia e da auto-regulação individual, que caracterizam ao mesmo tempo a definição do sujeito de direitos e a teoria psicológica desenvolvida pela Escola de Genebra. São as coincidências entre ambas as formulações que evidenciam as relações entre elas.

2. Moralidade, ciência e educação para a paz

Se Jean Piaget (1896-1980) buscava fundamentar a moralidade na ciência (Vidal, 1987), Édouard Claparède (1873-1940) parece ter feito o caminho inverso, buscando fundamentar a atividade científica na consciência moral. Definindo-se como "um clássico apesar de si mesmo (un classique malgré lui)", Claparède relata o conflito que acompanhou sua formação intelectual, conflito entre as aspirações à atitude dita clássica, em ciência, ou seja, a busca do rigor metodológico, e a atitude romântica, ou a busca de um significado mais amplo para a atividade científica (Claparède, 1941: 175).

Com formação médica e psiquiátrica, Claparède debruçou-se sobre o estudo da criança sobretudo a partir de 1912, ano em que fundou, juntamente com Pierre Bovet, o Institut Jean-Jacques Rousseau, em Genebra, com o objetivo de contribuir para a formação de educadores e a difusão das novas pedagogias, baseadas no conhecimento científico da criança. Rousseau foi escolhido como referência do Instituto por sua defesa da necessidade de se conhecer a criança para melhor educá-la. Claparède defende o estudo da criança como fundamento da educação, e a escola sob medida, isto é, dirigida a cada criança em particular, em suas características próprias.

O interesse de Claparède pela psicologia da educação tem origem em três preocupações: a idéia de que é na aplicação da ciência que se podem corrigir as teorias; a idéia de que mais vale prevenir que remediar (a observação de doentes mentais vinha revelando as relações entre a doença mental e severos erros educacionais); em terceiro lugar, a influência do pensamento de Freud, que vinha demonstrar a importância da infância na formação da personalidade. Claparède era um atento leitor de Freud, e seu conceito de interesse aproxima-se do conceito de desejo desenvolvido pelo mestre vienense.

Em 1912, por ocasião da criação do Instituto Jean-Jacques Rousseau - destinado a se tornar um centro de estudos das ciências da educação posteriormente incorporado à Universidade de Genebra - Claparède justifica a iniciativa em artigo publicado nos Archives de Psychologie (Claparède, 1912). Neste artigo, indica a necessidade de proporcionar uma preparação psicológica e pedológica aos educadores:

"Ensina-se aos educadores o que devem ensinar, às vezes como devem ensinar, mas nada acerca do terreno destinado a receber esse ensino " (Claparède, 1912: 21-2).

Neste texto, o autor compara a atividade educativa ao ofício do agricultor, que deve conhecer o solo que receberá a semente; no caso da educação, o solo seria a criança. Refere-se à crise da escola popular de então, na qual a tensão entre o espírito escolástico e o espírito científico estaria provocando um profundo mal-estar. Cita, para fundamentar seu argumento, manifestações dos próprios educadores, reunidos na Société Pédagogique Neuchâteloise, clamando por uma reforma da educação tradicional.

O ideal de basear a educação na observação da natureza, cultivando ao mesmo tempo uma relação de camaradagem para com a criança, está presente no próprio emblema escolhido para o novo Instituto: a figura de um educador sentado ao lado de uma criança de pé, dirigindo-se a ela em atitude igualitária (as duas figuras têm a mesma altura), a criança apontando para algo que se encontra do lado de fora do local onde se encontram, através da janela. Na mesa em frente do educador vê-se um livro, mas ele observa atentamente o que lhe é mostrado pela criança.

Neste emblema está resumida, de maneira iconográfica, a filosofia do Instituto: cultivar o espírito científico através da observação da natureza, com o auxílio do conhecimento acumulado nos livros; encarar a criança como um igual; deixar que a criança tome a iniciativa do processo educativo, e guiá-la afetuosamente em seu processo de investigação e de descoberta.

A escola deveria se organizar, portanto, para a criança, e não buscar adaptar a criança a sua estrutura e organização. Os programas escolares deveriam obedecer às necessidades infantis, seguindo os ensinamentos já estabelecidos por Rousseau ou Montaigne no século XVIII, e reafirmados por Pestalozzi, Herbart e Froebel. Claparède enumera assim os precursores que elegeu para fundamentar o projeto do Instituto a ser instalado em Genebra, e o próprio projeto de construção de uma psicologia científica da criança.

A proposta de centrar o ensino escolar no conhecimento acerca do desenvolvimento e das necessidades da criança estaria sustentada na própria idéia dos direitos da criança (Claparède, 1912: 30), freqüentemente prejudicados em instituições que desconheciam as etapas evolutivas da infância. Assim, segundo Claparède:

> *"o edifício pedagógico deve ser todo ele reconstruído sobre uma nova base, e essa base deve ser o conhecimento da criança e o respeito a seus direitos" (Claparède, 1912: 32).*

Visando convencer seus interlocutores - e certamente seu projeto despertava a oposição dos defensores do regime tradicional - Claparède insiste sobre o caráter científico de sua proposta: são os conhecimentos - já disponíveis ou ainda a serem elaborados - sobre a criança e as leis que regem seu desenvolvimento que deveriam servir de guia para o organização das atividades educativas de acordo com essa nova abordagem, por ele denominada a concepção funcional da educação.

Para a realização do projeto, seria pois necessário que o Instituto Rousseau operasse ao mesmo tempo em quatro grandes linhas de atuação: como escola, onde os novos conhecimentos seriam transmitidos aos educadores: a psicologia e a higiene da criança, a didática, a puericultura, a reforma pedagógica; como centro de pesquisas, já que grande parte do conhecimento científico sobre o educando estaria ainda por ser construído; como centro de informações, de referência, ao qual pudessem se dirigir os interessados no conhecimento ali produzido; e como centro de propaganda, visando divulgar para a opinião pública a sua abordagem à educação da criança:

> *"É preciso, de uma maneira geral, na família, no comércio e na indústria, na vida pública, fazer respeitar os direitos da criança: direito à*

alimentação saudável, direito à limpeza, direito ao sono, direito à liberdade indispensável a seu desenvolvimento físico e moral, direito ao jogo, direito à saúde...Eis uma questão de ordem humanitária e social que é de uma importância imensa, e que um Instituto de Ciências da Educação não pode negligenciar" (Claparède, 1912: 51).

Para a realização desses ideais, era preciso fazer chegar até ao público, às famílias, às instituições de saúde e educação, e ao próprio governo, as novas propostas educativas, visando uma verdadeira mudança de mentalidade. Trata-se de romper com a concepção tradicional - considerar a criança como ser incompleto, a ser moldado pelo adulto à sua própria imagem e semelhança - e passar a compreender a criança ao mesmo tempo como um ser específico, cujas peculiaridades fazem parte de seu próprio processo de desenvolvimento, e como um sujeito de direitos. Para isso, era preciso:

"Estudar as maneiras de convencer o público, iniciá-lo por meio de conferência, etc.; em caso de dúvidas, chamar a atenção dos poderes públicos sobre as medidas necessárias, ajudá-los em sua tarefa, eis aí todo um programa de ação que o Instituto deve propor, mesmo que não estejamos certos de ter de imediato os meios de cumpri-lo" (Claparède, 1912: 51).

Está aí, de maneira clara, a defesa de um programa de proteção à criança que, alguns anos depois, ganhará expressão através da colaboração entre o Instituto Rousseau e a *Union Internationale de Sécours aux Enfants*.

Durante os anos da Primeira Grande Guerra (1914-1918), o Instituto funcionou como instituição privada, recebendo alunos de várias partes do mundo, orientados para as carreiras pedagógicas. A ênfase da instituição era o ensino de métodos científicos visando o progresso da psicologia da educação e da didática. Visava-se "menos dotar os alunos de conhecimentos prontos que armá-los de métodos que lhes permitam adquirir aqueles conhecimentos dos quais necessitam" (Journal de Genève, 1937). Ao mesmo tempo, enfatizava-se o desenvolvimento moral e a proteção da infância. O Programa do semestre do inverno de 1914-15 previa cursos de psicologia experimental, psicologia da criança, psicologia e pedagogia das crianças anormais, assim como a proteção da infância (o curso consistia de palestras e visitas a instituições), e educação moral. Este último curso, ministrado por Adolphe Ferrière, incluía tópicos sobre autonomia dos escolares, a escola do trabalho, a coeducação dos sexos, a organização das escolas novas. No semestre do inverno 1912-1913, constavam do programa cursos de psicologia da criança, psicologia e pedagogia experimental, psicologia e pedagogia dos anormais, educação moral (também com Ferrière, incluindo estudos sobre sanções, emulações e o *self-government*), enquetes sociais sobre a infância (curso prático), e o estudo dos tribunais de crianças e o lugar da criança no código penal suíço (Programa de Cursos do Instituto Jean-Jacques Rousseau, 1912-1915).

Com o final da guerra, em 1918, o Instituto se engajou no movimento pela manutenção da paz, tendo participado da promoção, em Genebra, em 1922, do Terceiro Congresso de Educação Moral. Faziam parte do Comitê de organização Adolphe Ferrière, Pierre Bovet, Édouard Claparède, Alice Descoeudres, todos membros do corpo docente do Instituto, ao lado de cerca de trinta membros, entre professores da Universidade de Genebra, professores de ensino primário ou médio, representantes de diversas organizações genebrinas ligadas à educação. O programa do congresso foi dividido em três seções relacionadas à educação moral: a primeira, pedagógica e escolar, a segunda sobre aspectos filosóficos e morais, e a terceira sobre aspectos jurídicos e sociais da educação moral. Os trabalhos apresentados e as seções plenárias dedicaram-se especialmente aos temas das relações entre o ensino, sobretudo de história, e a educação moral; sobre o desenvolvimento da solidariedade e do espírito internacional; sobre a democracia como expressão de princípios morais. Na Seção que tratou dos aspectos jurídicos da educação moral, houve uma exposição sobre os direitos da criança. Havia toda uma seção especialmente dedicada à Sociedade das Nações.

A primeira guerra, e o estabelecimento da Liga das Nações em Genebra, a partir de 1920, foram responsáveis por um aprofundamento das contradições no espírito de Claparède - o lado clássico do pesquisador versus o lado romântico do ativista político - pois trouxeram uma preocupação maior com a política internacional, ao mesmo tempo "um enriquecimento e um obstáculo à concentração indispensável ao trabalho científico" (Claparède, 1941, p. 177). Foi no período posterior à guerra que Claparède abraçou mais fortemente as duas causas que o apaixonavam: a busca da compreensão internacional, e a da liberdade da ciência (Bovet, 1941, p. 185).

Na abertura do IX Congresso Internacional de Psicologia, em New Haven, Connecticut, 1929, Claparède afirmou: "Os psicólogos podem fazer muito para esclarecer a opinião pública, para curá-la dessa perigosa cegueira psíquica, para mostrar-lhe a origem do mal estar de que sofre nossa geração, e indicar-lhe o meio de combatê-lo. Esse meio, é a criação de sentimentos de solidariedade mundial de um tipo absolutamente novo" (Claparède, 1929, citado por Bovet, 1941, p. 185). No encerramento do XI Congresso Internacional de Psicologia, em Paris, Claparède comenta: "se o objetivo que a humanidade deve buscar é uma questão que escapa à ciência, os cientistas têm não somente o direito mas até mesmo o dever de trabalhar pela paz e pelo estabelecimento de relações internacionais fundadas sobre o respeito mútuo" (Claparède, 1938, citado por Bovet, 1941, p. 186).

No final dos anos de 1920, o pessoal do Instituto Rousseau, já na época incorporado à Universidade de Genebra, participou ativamente no estabelecimento de outra instituição que viria a trabalhar efetivamente pela realização dos direitos humanos e da paz internacional. Trata-se do *Bureau Internacional de Educação*, instalado em 1925. O Bureau foi criado com o objetivo de se tornar uma espécie de seção política do Instituto Rousseau, e entre as suas iniciativas, durante a década de 1920, encontra-se a organização de uma *Conferência Internacional "La Paix par l'École"* (A Paz através da Escola), em 1927, e de vários cursos visando fornecer a professores de escolas primárias e secundárias conhecimentos sobre a organização da Sociedade das Nações e sobre como desenvolver o espírito de cooperação internacional. Na base desses trabalhos observa-se um certo otimismo em relação às possibilidades de evitar o sofrimento humano trazido pela guerra, pelo conflito, pelos problemas sociais em escala internacional, pelo preconceito e pela intolerância que então cresciam na Europa.

Durante a Conferência "A Paz através da Escola", realizada em Praga, em 1927, (Bovet, 1927) Pierre Bovet apresentou um trabalho sobre os aspectos psicológicos da educação para a paz, falando em esperanto, a língua que os participantes do movimento esperavam que se tornasse o código de comunicação internacional. No texto, o autor busca, entre as tendências espontâneas da criança, aquelas que pudessem contribuir para a realização do ideal da paz entre as nações. Reconhecendo que "longe de serem imutáveis, cada uma dessas tendências tem sua história", o autor começa por propor a existência, nas crianças, de um "instinto de luta", que se manifestaria nos jogos de combate. Essas brincadeiras proporcionariam à criança um prazer intrínseco, fazendo crer que essa tendência teria uma explicação psicobiológica, associada ao instinto sexual masculino. A energia do instinto de luta, sujeita seja ao recalcamento, seja à repressão social, poderia passar por dois tipos de canalização: a guerra ou o esporte. Como proposição educativa, Bovet pensa que, do ponto de vista psicológico, seria mais prudente lutar contra os perigos dessas tendências arcaicas canalizando-as para atividades socialmente produtivas, e estabelecendo regras éticas de conduta. Seria uma contribuição dos educadores à regulação entre nações a recomendação do uso de regras morais simples, como por exemplo: *nunca lutar contra alguém mais fraco, nunca lutar por um interesse pessoal*. Seriam regras que, aplicadas às relações entre estados, serviriam de base ao espírito internacionalista que o autor gostaria de ver predominar. Outras derivações do espírito de combate poderiam ser sugeridas, seja o desvio para atividades físicas exigentes, como o alpinismo, para atividades intelectuais como os debates em tribunais de justiça, através do desenvolvimento de interesses por lutas de outros, como na organização de torcidas esportivas ou na leitura de romances de capa e espada, ou na sublimação das energias para lutas mais nobres, como as lutas por direitos ou liberdades. É neste ponto que Bovet indica uma contradição presente nessa tendência brutal do instinto combativo: é que ele pode se aliar às mais altas aspirações da alma humana, embora guardando suas características primitivas.

Mas há uma outra tendência espontânea da criança que, segundo Bovet, poderia ser utilizada no desenvolvimento de uma cultura da paz: a tendência à solidariedade. Para ele, o próprio exército moderno seria um exemplo da existência dessa tendência, ou seja, um exemplo da manifestação do instinto social a serviço do instinto de luta, canalizado na defesa da solidariedade nacional. A propósito da gênese da solidariedade, o autor adota também uma hipótese evolutiva: em primeiro lugar surge o instinto gregário, o prazer de não estar só; em seguida o prazer derivado da conformidade, de ser como os outros; em um nível mais avançado de desenvolvimento, aparece a noção de solidariedade, derivada já de um pensamento racional. Esse sentimento de solidariedade estaria presente também na experiência religiosa, a comunhão espiritual seria sua manifestação mais elevada. No final do texto, Bovet apresenta as similaridades entre o sentimento religioso e o sentimento patriótico, os dois sentimentos comportando uma parte de medo e uma parte de admiração. Na origem do patriotismo Bovet localiza o sentimento filial, voltado em primeiro lugar para o pai, em seguida para o chefe do clã e enfim para a idéia de nação. No caso do internacionalismo, essa idéia de nação seria substituída pela identificação com a própria humanidade. O sentimento de pertencer a uma comunidade humana supranacional, no entanto, não seria espontâneo, mas resultando de uma educação dirigida a este objetivo. Mas mesmo esse cosmopolitismo comportaria um lado negativo, presente no pensamento dos críticos da comunidade local e dos costumes tradicionais, vistos como limitados. Bovet deseja um cosmopolitismo positivo, que ele designa pela palavra criada em esperanto - *homaranismo* - designando o amor pela humanidade. Assim, para o autor, a educação moral no espírito internacionalista deveria se basear tanto em uma educação para a solidariedade quanto no espírito religioso.

Entre as recomendações da Conferência, aparecem as contribuições dos psicólogos de Genebra: que o amor pela pátria seja substituído pelo amor pela humanidade; que a educação para a paz se faça através de métodos ativos, visando o desenvolvimento de personalidade autônomas; e que os estudos comparativos sobre as capacidades cognitivas de diferentes povos sejam interpretados com cuidado, para evitar equívocos devidos a diferenças lingüísticas ou sociais.

Na mesma Conferência, Claparède lembrava a contribuição da psicologia à compreensão entre os povos: compreender a existência de manifestações diferenciadas do espírito humano, outros interesses, outros pontos de vista, sentimentos diferentes dos que nos são próprios. Dessa maneira, essa ciência poderia concorrer para a grande obra da colaboração internacional.

Sobre o mesmo tema, Piaget apontava as dificuldades psicológicas da educação internacional, derivadas do egocentrismo intelectual e moral, e propunha que, para se libertar dos constrangimentos impostos pelo conformismo, pela tradição, o sujeito deve aprender que seu ponto de vista não é o único possível, o que implicaria um grande esforço intelectual de descentração. Para ele, a principal dificuldade para a educação para a paz estava na expansão dos nacionalismos, como o nazismo. A educação para a paz dependeria de uma adaptação do espírito às relações internacionais, levando à compreensão de pontos de vista diferentes do próprio e a penetrar no espírito de outros povos. Para Piaget, a lógica seria a moral do pensamento, que tornaria possível a libertação da ilusão egocêntrica.

3. Entre otimismo e pessimismo, a fé na ciência permanece como referência

Esse otimismo dos anos 20 cederia lugar, ao longo da década de 1930, a um crescente pessimismo. A ascensão do nazismo - e seu impacto no próprio BIE, utilizado pelos representantes da Alemanha, a partir de 1933, como veículo de propaganda - fez calar o grupo de psicólogos pacifistas de Genebra. Em 1939, Claparède faz uma série de conferências na Sociedade dos Amigos do Pensamento Protestante, em Genebra, publicadas depois de sua morte no livro intitulado Moral e Política, ou as férias da probidade (Claparède, 1940). O livro discute as relações entre o espírito e a força. O tom é de profunda decepção. Para o autor, os acontecimentos da época evidenciavam não só o abandono de regras morais, mas também a falta de compromissos intelectuais: para ele, a decadência moral derivava de uma decadência da inteligência. Claparède analisa o que ele chamava "as ideologias da força", ancoradas em disposições agressivas da espécie humana, e que seduziam por suas demonstrações de poder, e por seu caráter heróico, espetacular. As "ideologias do espírito", ao contrário, estariam longe de ser espetaculares, pois que baseadas em limitações ao poder, de ordem intelectual: a noção de direito, que seduz por seu caráter estético, racional. Mas o jogo do espírito seria muito mais difícil que o jogo da força, embora mais elegante, mais econômico.

O livro é um elogio do pensamento. Claparède, um apaixonado do pensamento claro, lógico, da razão e do espírito, quer que a educação seja um exercício de aprender a pensar, para proporcionar a formação para a probidade. Para ele, pensar bem é pensar cientificamente, observando os fatos objetivamente, corajosamente, desejando ver a verdade. A ciência seria a atividade que permitiria o acesso ao raciocínio crítico, não conformista, evidenciando com clareza as relações entre inteligência e moralidade, entre psicologia e direitos humanos.

Referências bibliográficas

1. Fontes não publicadas:

ANTIPOFF, H. *Manuscritos inéditos.* Fundo Helena Antipoff, Arquivos UFMG de História da Psicologia no Brasil, Universidade Federal de Minas Gerais, Belo Horizonte.

JOURNAL DE GENÈVE, 23.7.1937. Archives de l'Institut Jean Jacques Rousseau, Faculté de Psychologie et Sciences de l'Éducation, Université de Genève, Genebra, Suíça.

PROGRAMMES DES COURS DE L'INSTITUT JEAN-JACQUES ROUSSEAU (1912-1915). Archives de l'Institut Jean Jacques Rousseau, Faculté de Psychologie et Sciences de l'Éducation, Université de Genève, Genebra, Suíça.

SOCIÉTÉ DES NATIONS, Cinquième Assemblée. *Protection de l'enfance* – Résolutions adoptées par l'Assemblée dans la séance du vendredi 26 septembre 1924 (après-midi). Genève, le 26 septembre 1924. Archives de la Société des Nations A.127.1924.IV.

UNION INTERNATIONALE DE SÉCOURS AUX ENFANTS. *Annuaire 1923.* Genève, 1923.

UNION INTERNATIONALE DE SÉCOURS AUX ENFANTS. *Statuts de l'UISE* (Adoptés par le Conseil Général extraordinaire les 19-20 février 1925).

UNITED NATIONS ARCHIVES. League of Nations Registry Files 1919-1927, 12/4976/4976 a 12/52262/10632, R. 642, Genebra, Palais de Nations.

2. Fontes publicadas:

ANTIPOFF, H. "O desenvolvimento mental das crianças de Belo Horizonte". Boletim 7, Secretaria de Educação e Saúde Pública de Minas Gerais, 1931 (reproduzido em Centro de Documentação e Pesquisa Helena Antipoff (CDPHA). *Coletânea das Obras Escritas de Helena Antipoff* (Vol. I - Psicologia Experimental), Belo Horizonte: Imprensa Oficial, 1992).

ANTIPOFF, Helena. "Os direitos da criança". *Boletim* 16, Secretaria de Educação e Saúde Pública de Minas Gerais, dezembro de 1934 (reproduzido em Centro de Documentação e Pesquisa Helena Antipoff (CDPHA). *Coletânea das Obras Escritas de Helena Antipoff* (Vol. II - Fundamentos da Educação), Belo Horizonte: Imprensa Oficial, 1992).

BOBBIO, Norberto. *A Era dos Direitos*. Rio de Janeiro: Campus, 1992.

BOVET, Pierre (Org.) *La Paix par l'École - Travaux de la conférence internationale tenue à Prague du 16 au 20 avril 1927*. Genebra: Bureau International d'Éducation; Praga: Société Pédagogique Comenius, 1927.

BOVET, Pierre. "La psychologie d'Édouard Claparède". *Archives de Psychologie* 28(111), Juin 1941.

BROZEK, Josef & Pongratz, Ludwig (Eds.) *Historiography of Modern Psychology*. Toronto: C.J.Hogrefe, Inc., 1980.

CLAPARÈDE, Édouard. "Un Institut des Sciences de l'Éducation et les besoins auxquels il répond". *Archives de Psychologie* 12(45-8), 1912.

CLAPARÈDE, Édouard. *Psychologie de l'enfant et pédagogie expérimentale.* Génève: Librairie Kundig, 1926.

CLAPARÈDE, Édouard. *Morale et politique, ou les vacances de la probité.* Neuchâtel: Éditions de la Baconnière, 1940.

CLAPARÈDE, Édouard. "Autobiographie". *Archives de Psychologie* 28(111), Juin 1941.

MCDOUGALL, James F. "The United Nations and Children's Rights". In Greaney, Vincent (Ed.) *Children: Needs and Rights*. New York: Irvington Publ., 1985.

VIDAL, Fernando. *"Jean Piaget and the Liberal Protestant Tradition"*. In Ash, M. &

WOODWARD, W.R. (Eds.) *Psychology in Twentieth Century Thought and Society*. Cambridge: Cambridge University Press, 1987.

VIDAL, Fernando. "A "escola nova" e o espírito de Genebra: uma utopia político-pedagógica dos anos 20". In Guedes, Maria do Carmo (Org.) *História e historiografia da psicologia: revisões e novas pesquisas*. São Paulo: EDUC, 1998.

Interface entre a Psicologia Social e a Educação Infantil: as contribuições do interacionismo de G. H. Mead

SANT'ANA, Ruth Bernardes de[1]

1. Introdução

Defendi, recentemente, minha tese de doutorado[2] em Psicologia Social na PUC-SP, utilizando um referencial teórico que, ao meu ver, favorece a interface entre a psicologia social e a Educação Infantil. Durante o processo de construção desse trabalho, refleti que essa interface exige uma perspectiva teórico-metodológica que dê conta de uma dupla exigência:

a) uma abordagem voltada para a análise das práticas educativas a envolver a professora e a criança no aqui e agora do estabelecimento educativo;
b) uma abordagem que permitisse compreender o papel que as instituições educativas jogam no processo de formação da criança como sujeito.

Buscando a literatura sobre o assunto percebi que Vygotsky e Wallon têm sido os principais autores na construção de interfaces entre a psicologia e a educação infantil. Porém, encontrei um outro autor, pouco conhecido no Brasil, que reflete um lugar para a psicologia na escola e na educação infantil. Esse autor é George Herbert Mead (1863-1931), um teórico pragmatista que, como Vygotsky, empreendeu um esforço de integração das duas dimensões que compuseram a psicologia de Wundt: a psicologia fisiológica e a psicologia dos povos. Assim, nasceu uma psicologia social que se interessa pela maneira pela qual o psiquismo é formado e modificado pela interação com os outros, pois ambos os autores consideram

---

[1] *Doutora em Psicologia Social – PUC-SP – e professora do Departamento das Psicologias – UFJF*

[2] Cujo título é o seguinte: *Experiências formativas em pré-escola:* sob a perspectiva da psicologia social de G. H. Mead. São Paulo: Pontifícia Universidade Católica, 2002.

importante entender como os indivíduos constituem suas significações da realidade para a compreensão da formação do psiquismo e de suas manifestações na vida social. Assim, buscam os liames entre as relações sociais e a formação do psiquismo, procurando, inclusive, compreender os elementos distintivos da mente humana mais importantes na sua articulação com as relações sociais.

Mead (1934/1967) supõe um movimento de oposição entre uma certa potência ativa do indivíduo e injunções sociais, em que um pode transformar o outro, sem que seja possível prever um resultado absoluto no final do processo. Daí a importância de uma educação democrática para a democratização da sociedade, pois isso estimularia a formação de um indivíduo mais autônomo, menos tolhido na sua potência ativa e mais aberto à participação social, necessária à renovação da sociedade e de suas instituições. Em outras palavras, para que as pessoas tratem de assuntos sociais e pessoais sob a ótica dos direitos e das normas democráticas, faz-se necessário que desenvolvam as competências para tal prática social, cultivadas desde criança, por meio de interações proporcionadas por seu mundo social. Nessa perspectiva, uma socialização mais aberta ao novo favoreceria a criatividade individual e grupal, de modo a possibilitar a criação de instituições sociais mais democráticas. É aí que reside a importância da educação infantil. Para Mead a educação, enquanto instituição social, tem uma função social que a distingue de outras. Ela tem um papel formativo tanto no sentido de ampliar as competências comunicativas do indivíduo quanto no sentido de formar cidadãos para uma sociedade democrática. Por isso, ela não pode se ater apenas ao desenvolvimento do intelecto, devendo se voltar também para a formação pessoal e social do sujeito.

A pesquisa sobre a interação social na educação infantil recebeu um impulso significativo com a introdução de autores, até então pouco conhecidos entre nós, como Vygotsky, Leontiev, Bakhtin, Mead, trazendo inovações à reflexão sobre a criança como sujeito. Isso fez com que diferentes análises de interações sociais fossem impulsionadas produzindo avanços na teorização sobre as instituições de educação infantil, a creche e a pré-escola, vistas como espaços a favorecer o desenvolvimento da criança como sujeito.

2. Buscando as origens

A teoria social de Mead é precursora da corrente denominada interacionismo simbólico. Bronkart (2000, p. 1) é um autor que percebe tanto na teoria sócio-histórica quanto no interacionismo simbólico uma origem comum, ambos oriundos de uma mesma matriz de pensamento em ciências humanas, ligada a uma forte tradição materialista, que analisava a construção do pensamento consciente humano como um fenômeno paralelo (ou estreitamente articulado) à construção de um mundo sociocultural e que considerava os processos de socialização e os processos de individuação (formação de pessoas individuais) como duas vertentes complementares e indissociáveis do desenvolvimento humano; integrava, numa mesma abordagem, as questões propriamente psicológicas e as questões de educação e de formação; essencialmente por essa razão, sem dúvida, tal corrente foi, em seguida, minimizada e, depois, quase esquecida, por meio século.

Essa matriz de pensamento, esquecida por aproximadamente meio século, tem sido retomada nas últimas décadas. Bronkart (2000) entende que esse esquecimento não ocorreu acidentalmente, sendo o fruto de um contexto social que, entre outras coisas, favoreceu as diversas formas de construção do conhecimento, próprias ao positivismo, que se tornou paulatinamente dominante. Ao discutir o contexto em que a psicologia nasceu, Bronkart (2000, p. 2) identifica, na forma pela qual se buscou a afirmação da cientificidade desse campo de conhecimento, os motivos da exclusão dessa forma integradora de pensar a formação do sujeito, ao dizer que

> *em numerosos casos, foi conseqüência da vontade dos psicólogos de abandonar as problemáticas de socialização e de educação para ingressarem na ciência verdadeira (leia-se: na psicologia como ciência natural). Foi o caso em Genebra, onde Piaget, em condições eminentemente conflituosas, pôs termo à tradição de Claparède, continuada por A. Rey. Foi o caso, nos Estados Unidos, do desaparecimento da corrente behaviorista social encarnada por Mead, em favor do behaviorismo fisicalista radical de Weiss, Watson e, depois, Skinner. Foi o caso um pouco diferente, na Rússia, do manto sobre o pensamento vygotskiano, em função de oportunismo político e científico.*

Tal matriz de pensamento traz em seu bojo uma lógica dialética para suas reflexões sobre a relação do homem com a sociedade, contrapondo-se a uma visão essencialista do homem que defende que a consciência precede a experiência. Com sua ênfase na ação do mundo sociocultural no processo de formação do sujeito, esse pensamento reconhece a importância das bases sociais para a compreensão da educação e de suas práticas. Esse é um ponto fundamental a aproximar as teorias de Mead e Vygotsky, autores que têm sido retomados em um esforço de renovação da reflexão sobre a formação do sujeito. Diferentemente da fragmentação do sujeito produzido por uma psicologia que deixa escapar o social dos processos psíquicos formadores do sujeito, essa matriz de pensamento integra o social à analise de tais processos psíquicos em uma perspectiva dialética que supera a idéia de uma oposição voluntarismo-determinismo. Conforme Bronkart (2000, p. 2).

Só é possível compreender essas correntes a partir de sua ancoragem na filosofia pós-hegeliana do século XIX, particularmente nos escritos de Marx e Engels de antes de 1850 e na Dialética da natureza (fim do século XIX). Referências explícitas em Wallon e Vygotsky, implícitas, dadas as circunstâncias, em Mead, mas, entretanto, claras.

Tanto em Mead quanto em Vygotsky, a relação do sujeito com o mundo se dá mediada pela linguagem, nascida e aperfeiçoada na e pela interação social. É no interior desse processo que o sujeito se constitui e é constituído, pois a linguagem cumpre o papel de intermediária do encontro do indivíduo com o mundo de relações sociais que o circunda e o envolve, produzindo uma teia de significações orientadora de suas condutas.

A perspectiva adotada pelos autores nos permite pensar a educação infantil como espaço interacional por excelência e também a socialização intragerações e intergerações, em um processo constante de circulação de significações sociais, impregnadas de elementos cognitivos, afetivos e emocionais, afetando, desse modo, o desenvolvimento humano, em maior ou menor grau.

Mead é um autor, como bem lembrou Bronkart ao se referir às bases do interacionismo simbólico, que refletiu os processos de formação do indivíduo, e de seu psiquismo, no interior de um processo de desenvolvimento humano intimamente articulado à instituição do mundo sociocultural. Procurando compreender a experiência humana em uma perspectiva ampla, Mead articula em uma mesma reflexão teórica uma concepção de formação do *self*, em que a educação assume um papel imprescindível, o que compreende uma abordagem capaz de buscar uma articulação complexa entre o processo de formação do psiquismo, a vida social e a educação. É um caminho oposto àquele escolhido pela jovem ciência psicológica, que adotou para si o modelo de objetividade científica próprio às ciências naturais, vigente na época, cuja investigação impede a compreensão do sujeito no interior de um todo mais amplo, o mundo sociocultural.

A retomada de autores ligados a essa matriz de pensamento tem contribuído para a renovação do debate sobre a questão da formação do sujeito no campo da educação, mostrando-se uma abordagem fecunda para uma interface entre psicologia social e educação. Sass (1992) nos lembra que no Brasil, em fins da década de 70, a procura de uma teoria psicológica crítica conduziu ao retorno aos estudos dos autores da psicologia, enquanto

um retorno consciente das determinações que configuram o indivíduo e a sociedade, dos seus condicionamentos históricos e do campo de possibilidades que é a história do indivíduo em sociedade (vi).

Na verdade, tratou-se de um retorno seletivo, na medida em que se procurou autores que permitissem pensar o indivíduo em sua historicidade, enquanto sujeito sociocultural (Sass, 1992). Foi assim que foram redescobertos autores como Henri Wallon, Lev Vygotsky e George Herbert Mead, esquecidos por um longo tempo.

Mead é um autor que, embora influenciado pela epistemologia dominante em sua época – pensamento naturalista, evolucionista e positivista, não se afastou da reflexão filosófica, o que impediu que deslizasse para o behaviorismo mecanicista. Seu esforço foi de esquiva do subjetivismo e do idealismo, sem cair no reducionismo das psicologias objetivistas mecanicistas. Distinguindo sua concepção de ciência daquela ligada ao pensamento de Watson, Mead se esforça para formular uma orientação não reducionista em psicologia voltada a uma teoria da ação social (Joas, 1985, p. 5) que oferece espaço para a reflexão sobre o processo de formação do sujeito.

3. A abordagem sócio-histórica e o interacionismo simbólico na educação infantil brasileira

No Brasil, a retomada dos autores ligados à abordagem sócio-histórica e ao interacionismo simbólico, no campo da educação infantil, levou à produção de trabalhos que chamam a atenção para o papel e o significado das interações ocorridas na primeira fase do desenvolvimento infantil. Apresento aqui alguns desses trabalhos, com maior destaque para o trabalho de Oliveira (1998) por ser um dos pioneiros sobre o assunto e por dialogar com Mead, o autor que é a principal referência deste trabalho.

O enfoque na interação aparece no trabalho de Oliveira (1998), que pesquisou uma creche pública da cidade de São Paulo, com o objetivo de compreender os "processos integrados de diferenciação eu-outro e da ontogênese da representação", com vistas a compreender o desenvolvimento da criança. No resumo da sua tese (p. 1), a autora nos informa que o seu trabalho foi assim construído.

Tomando um referencial sócio-interacionista-construtivista, derivado das idéias de Mead, Moreno, Wallon, Vygotsky e Piaget, elaborou-se uma perspectiva teórico-metodológica para investigar interações entre crianças e entre crianças e adulto, usando a noção de "jogo de papéis" como foco de análise.

Oliveira adotou tais autores como interlocutores privilegiados por considerar que os mesmos permitem tratar do papel da atividade e da interação no desenvolvimento da criança pequena, envolvendo uma discussão sobre a função do outro (o adulto ou a criança) e do jogo no interior desse processo.

A autora fez observações de crianças de zero a quatro anos, em situações de jogo livre, em creche pública da cidade de São Paulo, o que lhe permitiu ampliar a compreensão do processo de aquisição de papéis,

... como um processo dialógico presente nas interações humanas, no qual, ao mesmo tempo em que os indivíduos recortam seu movimento segundo matizes histórico-culturais específicas, apresentam-se como agentes ativos construindo-se como sujeitos (p. 102).

Todos os autores acima elencados pela autora são trazidos para o seu trabalho de investigação, com vistas a levar mais longe a reflexão sobre a brincadeira e os jogos, especialmente quanto à assunção de papéis sociais como atividades interacionais fundamentais para a formação da criança como sujeito. O que unifica teoricamente tais autores é uma concepção de criança ativa, valorizando-se a interação dessa com o outro (a outra criança, o adulto e os objetos), em situações de jogos e brincadeiras, como imprescindíveis ao seu desenvolvimento como indivíduo. Nessa linha de raciocínio, Oliveira (p. 109) enfatiza que

... A criança parte, inicialmente, de situações reais, plenas de formas de relacionamento interpessoal, socialmente constituídas. Contudo, tais situações são plenas de estados afetivos que ligam crianças e adultos. Elas envolvem, pois, sujeitos agindo entre si, mediados por gestos e palavras, utilizando ou não determinados objetos, em determinados contextos. Em outras palavras, elas envolvem papéis.

É possível pensar, a partir dessa afirmação da autora, que, na interação social entre as crianças, gestos e palavras ocorrem envolvidos em uma trama de expressões de desejos, afetos e sentimentos. Desse modo, a construção do sujeito se dá no interior de um complexo processo de relação humana, de difícil compreensão da sua totalidade; razão pela qual o estudo da interação pode permitir a ampliação da compreensão da formação da criança como sujeito, pois, conforme Oliveira (p. 110), uma oportunidade privilegiada para isso é oferecida pela brincadeira infantil, pois esta

constitui uma situação social onde, ao mesmo tempo em que há representações e explorações de outras situações sociais, há formas de relacionamento interpessoal das crianças, ou eventualmente entre elas e um adulto na situação, formas estas que também se sujeitam a modelos, a regulações e onde também está presente a afetividade: desejos satisfações, frustrações, alegria, dor.

Além disso, cada situação ocorre envolvendo um conjunto de participantes, as crianças, os adultos, os objetos, em um espaço físico e social delimitado, a compor uma situação global que demarca os limites em que se inscrevem as interações, definindo, mesmo que de modo flexível, as possibilidades em jogo. Para Oliveira (p. 198), o contexto em que se circunscreve a interação social é importante, pois

> *não se pode entender o comportamento de uma criança, ou de uma díade, ou trio, como independente da situação global que os torna significativos, ou seja, que os caracteriza como papéis.*

Isso significa que o assumir papéis, para a criança pequena, é importante na medida em que cria referências socioculturais através do processo de negociação de significados ocorrido em cada situação. Assim, a criança assume papéis já estabelecidos, modificando-os, cria novos personagens e faz alternância simultânea de papéis. Com isso, são construídos, no jogo interacional, modos de interação que vão compondo as referências para a formação da criança. No estudo de Oliveira (p. 198-199),

> *as interações de crianças foram concebidas como cadeias de ações construídas a partir da negociação dos significados que cada criança atribui a cada momento à situação. Tais ações constituem papéis assumidos pelas crianças e levam ao estabelecimento de uma história interpessoal, de um drama já inserido em outros dramas criados no todo social. A criança, portanto, joga papéis mesmo antes daquilo que tem sido estudado como jogo simbólico. O jogo de papéis está sendo apontado como um processo que se dá toda a vida e em todas as situações em que o ser humano se envolve.*

Um resumo de algumas contribuições significativas trazidas pelo trabalho de investigação da autora pode ser visto como se segue:

a) no faz-de-conta as crianças assumem papéis usando tanto a linguagem falada quanto apenas a linguagem de gestos, em situações imaginárias. Assumem tais papéis criando situações em que "pesquisam ou modificam suas concepções sobre os mesmos" (p. 199).
b) O jogo de papéis é uma das possibilidades interacionais para a criança. Além dele, as crianças se envolvem em explorações conjuntas de objetos e situações, bem como em disputas de diversas ordens. Essas várias possibilidades se encontram, mesclam-se e se "contagiam".
c) Não há preocupação de adaptação à realidade no momento em que os papéis são assumidos. A criança participa e vive determinados papéis em um jogo que envolve a imaginação, sem a preocupação com a sua adequação à realidade, pois como nos diz Oliveira (p. 200), os papéis,

são veículos de trabalho da criança sobre a realidade que lhe é ao mesmo tempo externa e interna. Permitem-lhe explorar possibilidades, assegurar constâncias, atualizar significados anteriormente atribuídos. Assim, podemos dizer que, ao brincar, as crianças interagem coordenando seus papéis e criam situações imaginárias nas quais assumem outros papéis para os explorar melhor.

Como Mead (1934), a autora constatou que, na medida em que avança o desenvolvimento da criança, a linguagem falada, envolvendo também a entonação e o ritmo da fala, passa a assumir um papel imprescindível na regulação da interação, representando "um substrato material necessário à representação e à troca de mensagens", (p. 200) .

A investigação de Oliveira apresenta uma análise do jogo de papéis muito próxima àquela formulada por Mead, inscrevendo-se no interior do recente movimento de reflexão que pensa a formação da criança no interior da psicologia do desenvolvimento, porém se esquivando de conceber o desenvolvimento a partir de um padrão exclusivamente cognitivista. Além disso, a busca da conjugação desse conjunto de autores, na análise, parece ser um esforço de tratar a interação em todas as suas dimensões, inclusive a afetiva, em uma perspectiva mais abrangente.

O trabalho de Oliveira é pioneiro na afirmação da importância da interação social como recurso teórico e metodológico para a investigação de processos formativos em crianças pequenas. Ele nasce no interior de um movimento de reflexão da psicologia do desenvolvimento que compreende o social como o agente que gera o indivíduo humano. Davis, Silva e Espósito (1989) nos oferecem uma cartografia do início dos trabalhos nesta linha, ao afirmarem que:

Sob orientação de Maria Clotilde T. Rossetti- Ferreira, da Faculdade de Filosofia, Ciências e Letras da Universidade de São Paulo, campus de Ribeirão Preto, vêm se desenvolvendo trabalhos sobre interação criança-criança guiado pela perspectiva sócio-interacionista cognitiva (ver, por exemplo, Oliveira, 1988). Sob orientação de Thereza P. Lemos de Mettel, do Instituto de Psicologia da Universidade de Brasília, a interação criança-criança é focalizada em uma abordagem ecológica (Branco, 1989). Paralelamente, o ingresso de novos orientadores oriundos do programa de PSE/PUC (Emma Otta e Vera S. R. Bussab) vêm dando continuidade ao trabalho num enfoque psicoetológico iniciado por Ana M. A. Carvalho. Pesquisadores formados nesse programa começam, atualmente, a desenvolver linhas de pesquisa relacionadas ao mesmo tema em suas instituições de origem.

Isso nos mostra a existência de grupos de pesquisa trabalhando com a interação social, no Brasil, com vistas à compreensão do desenvolvimento da criança pequena, o que tem produzido um número expressivo de trabalhos. Nessa linha de trabalhos de investigação, são apresentados, em seguida, alguns deles, considerados os mais pertinentes a este trabalho, em função da proximidade metodológica ou temática.

Gonçalves (1996) fez um estudo sobre a brincadeira de faz-de-conta. A partir das idéias de Vygotsky e Wallon, a autora desenvolveu uma análise microgenética de sessões de brincadeira de faz-de-conta, em creches públicas, que atendem população de baixa renda para compreender a dinâmica interacional entre as crianças e o seu papel no desenvolvimento humano.

A análise microgenética é defendida por Góes (2000) por se constituir em uma perspectiva para o estudo da subjetividade, ao permitir a vinculação das minúcias e indícios presentes na interação social com as condições situadas no plano macrossocial, relativas a práticas sociais. A autora recorta detalhadamente episódios de interação em que os sujeitos focalizados aparecem em suas relações intersubjetivas e em determinadas situações sociais, criando um relato minucioso de acontecimentos, esforçando-se para articulá-los com um quadro analítico ligado à matriz histórico-cultural de análise.

Pedrosa (1989) investigou a interação criança-criança para refleti-la no processo de construção de sujeito. Utilizando-se das "teorias construtivistas sócio-interacionistas", a autora observou e analisou episódios de interação entre crianças pequenas (um a três anos), destacando as formas de regulações recíprocas ligadas a diferentes aspectos do processo interacional.

Santos Oliveira e Bussbab (1996) estudaram a comunicação do bebê e nele identificaram um parceiro ativo na interação. Com base em estudos internacionais e nas pesquisas desenvolvidas pelas autoras (p. 38), concluem a existência

> *desde o nascimento, de modelos comportamentais pré-adaptados à instauração de um sistema de comunicação equilibrado entre a mãe e a criança. Os comportamentos organizados do bebê orientam e facilitam a intervenção da mãe sobre ele, facilitando a formação do vínculo, que vai se solidificando no desenrolar da situação.*

A idéia de que o bebê é um ser ativo, apresentado com capacidade ativa de ajustamento às interações das quais participa é o que estimula novas modalidades de pesquisa sobre a interação social de bebês humanos, que deixam de se ater ao binômio estímulo-resposta na interação diádica, para se voltar a estudos de relações interpessoais como comunicação social em que os parceiros da interação compartilham experiências significativas entre si.

As investigações sobre processos comunicativos envolvendo bebês humanos concluem que estes manifestam na interação social uma capacidade de ajustamento recíproco, manifestada em trocas ajustadas pela linguagem gestual, sugerindo até a ocorrência de regras de comunicação reveladas na consideração dos sinais emitidos pelo parceiro. Tal idéia está bem presente na teoria meadiana (1934/1967) de desenvolvimento do ser humano, em sua valorização da capacidade de ajustamento da criança às situações de interação das quais participa.

Recorrendo a Vygotsky, Leontiev e Elkonin, Rocha (2000) estudou o brincar em uma pré-escola pública, questionando o "adultocentrismo" em que se baseia a interação em sala de aula. A investigação lhe permitiu refletir sobre o declínio do jogo de faz-de-conta na educação infantil defendendo a autora a importância da atividade lúdica.

Valorizando as trocas sociais criança-criança e adulto-criança, tais investigações estão voltadas para os processos de troca entre parceiros para a compreensão da dimensão social nas manifestações cognitivas, afetivas e sociais da criança. São estudos construtivistas bem ricos ao refletir a interação social das crianças entre si e com os adultos como uma fonte contínua de ampliação das competências relacionais infantis.

4. O interacionismo de Mead

A teoria social de Mead (1934/1967) defende que, das experiências humanas emerge uma organização cognitiva: o *self*. O autor coloca em evidência o processo de desenvolvimento do *self* com base nas interações sociais[3] das quais as pessoas participam, o que lhes permite viver um processo de renovação permanente capaz de pôr em relação elementos heterogêneos. São relações cognitivas não totalmente previsíveis, pois os elementos não necessariamente formam um sistema fechado, sendo abertos e temporais, pois se inscrevem na vida social, sujeita a transformações.

Distanciando-se das noções de indivíduo oriundas das filosofias

[3] A leitura de Sass (1992) nos sugere que em *Mind, Self e Society* (1934/1957). o termo interação não apresenta o mesmo peso teórico que os intérpretes do autor lhe ofereceram. Falar em interação, interação social ou interacionismo simbólico significa extrair da teoria meadiana, através da interpretação de seus escritos, elementos considerados como subjacentes à sua construção teórica para melhor inseri-la em uma cartografia do campo do conhecimento, construída pelo intérprete de sua obra. Aqui preferimos utilizar o termo interação social por ser mais inclusivo do que interacionismo simbólico, pois, para Mead, o simbolismo requer a consciência, o que não ocorre com a interação social. A extrapolação dessa discussão para a investigação sobre a formação da criança é evidente, pois quando falamos de interação social, somos capazes de entender a comunicação social em bebês, quando a consciência ainda não se constituiu.

da consciência, reflete o sujeito por uma teoria social que contempla as experiências subjetivas em uma perspectiva objetivante, na medida em que privilegia as ações dos sujeitos na instituição sucessiva do social. Mead faz um esforço de construção de uma concepção relacional entre indivíduo e sociedade, tratando-os como interdependentes e como constituídos mutuamente no mesmo movimento dialético, que tem a linguagem como instância mediadora entre ambos. A linguagem cumpre esse papel por ser uma forma de ação social condensada em gestos e em símbolos, condensadora, portanto, de experiências sociais construídas pelos homens enquanto sujeitos socioculturais.

A formação do *self* depende, portanto, de uma cognição criada e criadora na e pelas relações sociais nascidas das diferentes experiências vividas pela criança. Desse modo, os esquemas afetivos e intelectuais se formam e são formados pela experiência social, visto que não se originam nem do sujeito cognoscente nem dos objetos com os quais este se relaciona, sendo resultado das interações sociais das quais ambos participam.

Na medida em que o *self* não é tratado como estático ou essencializado, é possível refletir a formação do indivíduo em qualquer contexto social e no interior de qualquer sociedade, não havendo um modelo único de inscrição do social no indivíduo. Nessa perspectiva, a cognição decorre da ação do sujeito no mundo, tendo um caráter experiencial e emergente das interações sociais.

Para o autor, as significações são construídas no interior de diferentes situações de interação entre os indivíduos, o mesmo ocorrendo com as regras que governam a vida social. E uma vez instituídas tais significações e tais regras, estas tendem a preceder a dinâmica interacional oferecendo representações antecipadas das situações.

O progressivo processo de formação do *self* aparece intimamente ligado à ampliação das competências comunicativas da criança, razão pela qual o processo de aquisição da linguagem é um aspecto dele indissociável. Para Sass (1992), a linguagem é uma condição imprescindível para o indivíduo "controlar a sua ação em relação ao mundo, constituindo-se, nesse sentido, em componente fundamental da individuação" (p. 142).

5. A educação infantil e a formação do sujeito

A idéia do jogo e da brincadeira como atividade que favorece a experimentação está presente na maior parte dos estudos sobre o assunto. No Brasil, as investigações centradas exclusivamente no brincar e no jogar, produzidas principalmente por Wajskop (1997), Kishimoto (1994, 1998) e Rocha (2000) se baseiam neste pressuposto. Os trabalhos das autoras enfatizam o processo histórico-cultural em que o jogo e a brincadeira se inserem como elemento fundamental no processo de formação do sujeito "sócio-histórico". Suas pesquisas apontam para um tratamento inovador do lúdico ao atualizarem o debate sobre o assunto, incorporando estudos históricos, antropológicos e sociais recentes em suas análises, a refletirem o jogo e a brincadeira como atividades situadas histórica e socialmente.

Para Mead (1896, 1898, 1934/1967), o jogo e a brincadeira[4] exercem um papel muito significativo no percurso de desenvolvimento e humanização dos indivíduos, na medida em que favorecem a ação reflexiva sobre a realidade, condição imprescindível para a formação do *self*. A criança pequena tende a exteriorizar na brincadeira o que supõe que o adulto pensa interiormente, e a compreensão mais objetiva do mundo desenvolve-se a partir dessas experiências cada vez mais verbalizadas e extensas. A ação experimental promovida pelo jogo e pela brincadeira é a verdadeira elaboradora do desenvolvimento humano, e o papel das instituições educativas é facilitá-la.

As atividades envolvidas no jogo e na brincadeira, em Mead, não são puramente cognitivas; oferecem vazão para sentimentos, meios de digerir conflitos e possibilidades de lidar com o imprevisto, com vivências desagradáveis e ameaçadoras. A mistura da imaginação com ações e palavras desmonta e remonta significações no processo de elaboração cognitiva e afetiva do real.

O autor reflete que a gênese do *self* não se resume à capacidade de simbolização oferecida pela fala significativa, pois, ao lado da experiência da linguagem, o jogo aparece como um instrumento fundamental na formação humana, participando da formação do *self*, conforme é enfatizado na afirmação seguinte (Mead, 1934/1967, p. 152).

> *Falávamos das condições sociais sob as quais o self aparece como um objeto. Além da linguagem, encontramos duas outras ilustrações, uma na brincadeira e outra no jogo.*

Valorizar a atividade lúdica, a ponto de colocá-la ao lado da fala significativa no desenvolvimento do *self*, distingue e demarca a sua importância no processo de formação do indivíduo. Para Mead, o jogo e a brincadeira, como a linguagem, apresentam-se como formas privilegiadas de apreensão e manipulação de significações sociais, razão pela qual são componentes imprescindíveis no desenvolvimento da consciência pessoal e social em vários domínios da vida coletiva.

Embora o autor não tenha oferecido uma teoria acabada e sistemática sobre os liames entre a educação e os elementos citados, não

---

[4] Mead usa os termos ingleses play ("brincadeira", "jogo sem regras") e games ("jogos regrados") para a distinção de fases da formação do *self*, razão pela qual mantenho os termos jogo e brincadeira no texto.

deixa de ter importância a sua reflexão, na medida em que insere o debate no interior de uma teoria psicossocial que lhe dá sustentação, o que nos permite ir além de seus escritos específicos sobre educação.

A atual reflexão sobre a educação infantil proclama a importância das interações sociais para os estudos da competência comunicativa da criança pequena mais do que supunham as tradicionais teorias do desenvolvimento. Por isso, houve um questionamento da teoria de Piaget, em nome da teoria sócio-histórica de Vygotsky, do interacionismo simbólico e da reflexão acerca das relações sociais na formação da criança como sujeito. Defendendo que a relação comunicativa entre os indivíduos é a base na qual se assenta a formação da criança, tanto para Mead quanto para Vygotsky, Sass (1992) entende que a teoria piagetiana não compreende adequadamente o papel das interações sociais no desenvolvimento cognitivo, na medida em que valoriza sobremaneira a ação da criança sobre o objeto, desprezando a ação sobre as relações sociais, o que faz com que o diálogo com o outro não seja visto como fundamental para a formação das estruturas cognitivas. Ao destacar as ações da criança sobre os objetos e aquilo que ela consegue fazer por si mesma sem a interferência dos outros, todo o contexto social da experiência assume um papel menor na teoria piagetiana (Sass, 1992).

Essa crítica à psicologia genética de Piaget tem ganhado espaço na reflexão acadêmica. Na acepção de Freitag (1993), a ênfase na dimensão social abala o pensamento piagetiano, produzindo um esforço do campo da psicologia do desenvolvimento construtivista para incorporar essas novas reflexões, dando luz ao construtivismo pós-piagetiano. Freitag (1993, p. 31) desenvolve essa idéia dizendo que

> *o construtivismo pós-piagetiano, apesar de uma certa aversão à fundamentação sociológica, acaba incluindo a dimensão social, a dimensão do outro, a dimensão dialógica, na própria construção do pensamento. Não haveria pensamento sem diálogo, não haveria possibilidade de conhecimento do mundo, da natureza e do mundo social sem essa relação dialógica com outros, inclusive com as contradições, com os conflitos que os outros nos impõem, vendo o mundo diferentemente, contrapondo outras orientações.*

Desse modo, a teoria piagetiana, embora também valorize a experimentação no desenvolvimento cognitivo da criança, não valoriza adequadamente o papel dos parceiros (crianças e adultos) na formação das competências cognitivas infantis. Para Mead, as experiências mais significativas da criança são construídas na relação com o outro, pois este pode provocar perturbações que desafiam a criança a respostas novas e mais abrangentes.

Essa reflexão é importante para a educação infantil. Ela nos permite buscar na rotina da educação infantil elementos para análise dos métodos de construção de experiência oferecidos às crianças, ou seja, a) se eles se assentam ou não na experimentação; b) se valorizam sobremaneira a relação da criança com o seu material em detrimento das interações sociais na organização cotidiana das experiências infantis. Assim, torna-se possível compreender se a crítica de Mead à escola se aplica à pré-escola.

A preocupação com a experiência e com a oferta de atividades de interesse da criança, em Mead, reside em uma reação contra o academicismo intelectualista que destitui de sentido as experiências por ela vivida na medida em que não relaciona os conteúdos apresentados aos processos vitais do existir humano.

Pensando a relação entre o jogo e a aquisição de regras, Mead oferece uma resposta convincente para a significação do jogo e da brincadeira para a criança. Para ele, a brincadeira e o jogo permitem à criança ir adentrando paulatinamente nas redes de significações constituídas pela sociedade. Modos de interação privilegiados na socialização permitem à criança entrar em contacto com os códigos normativos reguladores da vida social, tornando-os seus, ao seu modo.

Em meio às ricas possibilidades de interação propiciadas pelas situações de jogo e de brincadeira, a criança se apropria e maneja os códigos que perpassam as relações sociais em um processo em que os conflitos pessoais e sociais podem ser vivenciados e elaborados através da comunicação desenvolvida com os parceiros envolvidos no processo.

De acordo com a teoria meadiana, o *self* é capaz de extrair das experiências de jogos e brincadeiras na infância os conteúdos mais significativos, articulando passado e presente, ressignificando, portanto, tais experiências. Trata-se de uma operação cognitiva muito complexa, com inúmeras possibilidades de organização dos conteúdos, o que impede o controle de processo e a previsão de resultados por parte de quem quer que seja. Essa idéia de indeterminação também se apresenta em Brougère (1998, p. 194) quando reflete que:

Se a liberdade faz o valor das aprendizagens efetuadas pelo jogo, também produz a incerteza quanto aos resultados, de onde a impossibilidade de definir de modo preciso as aprendizagens sobre o jogo. Esse é o paradoxo do jogo, espaço de aprendizagem cultural fabuloso e incerto, às vezes aberto, mas também fechado em outras situações: sua indeterminação é seu interesse e, ao mesmo tempo, seu limite. Com efeito, ele testemunha a aventura, a invenção do possível do qual é o lugar potencial de emergência. O jogo que, por vezes, pode ser uma escola de conformismo social, de estrita adaptação a situações dadas, pode se tornar igualmente um espaço de invenção, de curiosidade e de experiências diversificadas, por menos que a sociedade ofereça os meios à criança. Ao acaso do jogo corresponde estreitamente a imprevisibilidade de um futuro aberto...

Isso me leva a refletir que, provavelmente, essa tal indeterminação seja o fator que leve alguns a acreditarem no jogo e na brincadeira como um mecanismo interacional fundamental para a formação do sujeito e, outros, a rechaçá-lo. Na pré-escola, quando se busca a certeza de que certos resultados são mais claramente garantidos, o processo tende a ser marcado pelo controle de cada passo em direção a dado fim, privilegiando as situações de aprendizagem extremamente estruturadas pelos adultos, de modo a ter um controle quase absoluto das interações sociais e dos conteúdos programáticos.

Encontro, em Mead, a importância de uma certa indeterminação como necessária para a formação de um sujeito autônomo. A minha leitura do autor permite ver que na educação infantil, a exposição constante a situações rigidamente estruturadas, próprias ao modelo fabril, fragmentárias e sem ligação clara com a vida em sua plenitude, tolhe a capacidade criativa da criança, dificultando a formação de um indivíduo autônomo. Para ele, a escola, do modo como estava organizada em sua época, tolhia a capacidade reflexiva e transformadora da criança, na medida em que restringia as suas possibilidades de expressão e participação em experiências grupais enriquecedoras do convívio social. Ao contrário, a lógica da brincadeira e do jogo é uma aposta em situações mais abertas, menos estruturadas, que fazem apelo a várias possibilidades de soluções cognitivas e afetivas em relação aos dilemas colocados pela vida social.

Considerações finais

Encontrei no interacionismo de Mead uma perspectiva teórica e metodológica capaz de atender às exigências da interface entre a psicologia social e educação infantil. Ela nos permite retratar do dinamismo da educação infantil em uma forma muito próxima do acontecer cotidiano, localizando o processo de formação do sujeito no interior das práticas educativas.

As interações sociais têm se afirmado enquanto um dos terrenos mais profícuos da psicologia social contemporânea. Ao deslocar o plano de investigação e análise para a interação entre indivíduos e grupos, o interacionismo simbólico abre espaço tanto para uma microssociologia quanto para uma psicologia social voltada para os "processos práticos de instituição contínua do social" (Queiroz e Ziolkowski, 1997, p. 11). O interacionismo simbólico concebe que a ordem social depende de uma rede de interações complexa envolvendo o "aqui e agora" das situações sociais. Concebe que em uma escala microssocial definições das situações são aprendidas através do processo interativo de socialização, em que os sujeitos entram em contato com os códigos reguladores das atividades grupais. A ordem social se manifesta na interação face-a-face entre os indivíduos, supondo um jogo de interpretação recíproco e contínuo, sujeito à negociação entre interesses diferentes.

Para Mead, a educação infantil deve ser analisada à luz de uma psicologia social voltada para a reflexão do indivíduo enquanto cidadão crítico em todo as esferas da vida social. A sua reflexão sobre o papel da educação no processo de constituição do sujeito permanece atual, ao trazer a dimensão do vivido para o entendimento do fenômeno psicológico.

Ao introduzir na investigação psicológica a interação social, Mead constrói uma rica teorização que caminha do social ao sujeito, buscando identificar as possibilidades de constituição, nesse último, de um *self* ativo e reflexivo, necessário à democratização social.

Referências bibliográficas

BRONKART, J.-P. (2000). *Os processos de socialização.* Ultrapassando o determinismo cultural. In: CONFERÊNCIA INTERNACIONAL DE PESQUISA SOCIOCULTURAL, 3, Campinas, p. 1.

BROUGÈRE, Gilles. (1998). *Jogo e educação.* Porto Alegre: Artes Médicas.

______ (2000). *Brinquedo e cultura.* São Paulo: Cortez.

DAVIS, Claudia.; SILVA, Maria Alice S. S.; SPÓSITO, Yara. (1989). Papel e valor das interações sociais em sala de aula. *Caderno Pesquisa,* São Paulo, n. 71, p. 49-54, nov.

FREITAG, Bárbara (1993). Aspectos filosóficos e sócio-antropológicos do construtivismo pós-piagetiano. In: GROSSI, E.; BORDIN, J. *Construtivismo pós-piagetiano.* Petrópolis: Vozes.

GÓES, Maria Cecília R. de (2000). A abordagem microgenética na matriz histórico-cultural: uma perspectiva para o estudo da constituição da subjetividade. *Cadernos Cedes*, Campinas, n. 50, p. 9-25.

GONÇALVES, M. F. C (1996). *Brincar de escolinha*: a construção da representação na interação de crianças em creche. Tese (Doutoramento em Educação). São Paulo: FEUSP.

JOAS, Hans (1985). G. H. Mead. A contemporary re-examination of this thought. Cambridge, Massachusetts: The MIT Press.

KISHIMOTO, Tizuko M. (1994). O jogo e a educação infantil. *Perspectiva,* Florianópolis, n. 22, ago./dez.

______ (1998). *O jogo e a educação infantil.* São Paulo: Pioncira.

MEAD, George H. (1934/1967). *Mind, self and society.* Chicago: The University of Chicago Press. Disponível em http://www.spartan.ac.brocku.ca/~lward/

______ (1898). *The child and his environment.* Transaction of the Illinois Society for Child-Study 3, p. 1-11. Disponível em http://www.spartan.ac.brocku.ca/~lward/

______ (1910). *The psychology of social consciousness implied in Instruction.* Science 31, p. 688-693. Disponível em ______ (1896). *The relation of Play to Education.* University Record 1, n. 8, p. 141-145. Disponível em http://www.spartan.ac.brocku.ca/~lward/

OLIVEIRA, Zilma de M. R. de. (1988). *Jogo de papéis*: uma perspectiva para análise do desenvolvimento humano. Tese (Doutorado em Psicologia Experimental). São Paulo: IPUSP.

PEDROSA, Maria Isabel P. de C. (1989). *Interação criança-criança*: um lugar de construção do sujeito. Tese (Doutoramento em Psicologia Experimental) São Paulo: IPUSP.

ROCHA, Maria Silva P. de M. L da (2000). *Não brinco mais*: a (des)construção do brincar no cotidiano educacional. Rio Grande do Sul: UNIJUÍ.

SASS, Odair (1992). Psicologia social y educación: la perspectiva pragmática de George Herbert Mead. *Revista Educación y pedagogía*, v. 12, n. 26-27.

______. (1992). *Crítica da razão solitária*: a psicologia social de George Herbert Mead. São Paulo: Pontifícia Universidade Católica (Tese de doutoramento).

SIROTA, Règine (1994). *A escola primária no cotidiano*. Porto Alegre: Artes Médicas.

WAJSKOP, Gisela. *Brincar na pré-escola*. São Paulo: Cortez, 1997.

WOODS, Peter (1989). *La escuela por dentro. La etnografia en la investigación educativa*. Buenos Aires/Madrid: Paidos.

ZIOLKOWSKI, J. M. de Queiroz Marek (1997). *L'interactionnisme symbolique*. Rennes: Presses Univ. de Rennes.

Psicologia, Direito e Direitos Humanos: perspectiva transdisciplinar

Braulio de Magalhães Santos[1]

"O respeito aos Direitos Humanos deve ser algo que surge do interior de cada pessoa e se converte em uma forma de vida, produto da interação e das experiências compartilhadas entre professores e alunos, pais e filhos, amigos e a sociedade em geral.

É necessário que este problema seja colocado com a maior seriedade e consciência possíveis, bem como se criem textos, guias, confeccionados por aqueles que assumiram desde o início um compromisso pela defesa dos Direitos Humanos e pela construção de uma sociedade livre de dominações."

(Adolfo Pérez Esquivel)
Prêmio Nobel da Paz

Torna-se desafiadora, mas imprescindível, a tarefa de romper com a tendência fragmentada e desarticulada das várias áreas absorverem o conhecimento e aplicá-lo. Desafiador, também, um profissional do Direito expor suas experiências e perspectivas num evento direcionado aos profissionais da Psicologia. Especialmente num contexto, ainda, de fragmentação do conhecimento e excessiva predominância das especializações, esta ruptura é de extrema relevância.

Para desenvolvimento da presente análise, evidencio um princípio comum a todas as disciplinas, neste caso, especificamente, o Direito e Psicologia, qual seja o *princípio da unidade humana e sua dignidade intrínseca.*

Para melhor compreensão da interface possível entre as disciplinas, convêm algumas prévias considerações conceituais, inicialmente, quanto à forma e nível de articulação entre as mesmas. Senão vejamos.

A *multidisciplinaridade* ocorre quando para a solução de um problema busca-se obter informações de duas ou mais disciplinas ou setores de conhecimento, mas sem que as mesmas sejam modificadas ou enriquecidas.

Na *pluridisciplinaridade,* a conjunção de disciplinas se dá objetivando construir um sistema de determinado nível comum e com objetivos

[1] Advogado, Pós-Graduando em Direitos Humanos, Servidor Público.

distintos, ou seja, há justaposição de disciplinas num mesmo nível hierárquico, entre as quais se estabelecem relações.

A *interdisciplinaridade* designa uma relação de reciprocidade; de mutualidade; um regime de co-propriedade que possibilita a interação entre várias disciplinas ou setores heterogêneos de uma mesma ciência. Impõe-se, a cada disciplina, a transcedência à sua especialidade formando consciência de seus limites para acolher contribuições de outras disciplinas.

A *transdisciplinaridade* consiste no reconhecimento de todos os aspectos da realidade. Diz respeito ao que está, simultaneamente, entre as disciplinas através das diferentes disciplinas e além de todas as disciplinas. Prevê uma etapa superior que elimina os limites rígidos entre as disciplinas dentro de um sistema total sem, obviamente, eliminar as especificidades necessárias de cada uma.

Embora as distinções acima expostas pareçam exclusivas das ciências da Educação, saliento que esta análise já se dá de forma transdisciplinar, objetivando a compreensão do mundo presente e com o imperativo do princípio da unidade do conhecimento.

Nessa perspectiva transdisciplinar, feitas estas considerações iniciais, o Direito e a Psicologia seguem a mesma tônica, pois reconhecem a interdependência de todos os aspectos da realidade focando a condição humana.

Observando os aspectos históricos, teóricos e práticos dos Direitos Humanos vê-se que tal temática foi abordada sob perspectivas as mais diversas, partindo de campos do saber diferentes. Tais abordagens geraram muitas informações confusas, contrastantes e ambíguas sobre o tema. Daí, importante avançar no conceito e concepção de Direitos Humanos de forma a contemplar sua fundamentação, positivação, historicidade, eficácia e concretização. É o que se segue.

Uma análise da evolução histórica dos Direitos Humanos mostra processos complexos marcados por avanços e regressos oriundos de (des)construções de toda ordem, sobretudo quanto ao conceito de direitos humanos e demais aspectos da sua afirmação histórica. Não raro, encontra-se delimitações aos aspectos de direitos humanos que acabam por reduzir sua concepção e abrangência social, como por exemplo, as gerações de direitos; a recepção nas constituições dos países; a nomenclatura utilizada – *direitos fundamentais, liberdades civis, liberdades públicas, direitos humanos* – nos textos constitucionais.

Do mesmo modo, contribuindo para concepções reducionistas dos direitos humanos, vê-se a busca para determinação de quais são os responsáveis pela garantia e prática destes direitos; *tais* direitos cumprem ao Estado, *tais* cabem à sociedade, *tais* cabem a ambos. Afinal, o que é *direitos humanos*? A quem cabe a efetivação dos *direitos humanos*? Qual a concepção contemporânea de *direitos humanos*?

Sucintamente, convêm algumas incursões acerca da expressão "direitos humanos" bem como da sua afirmação histórico-social.

Com o surgimento da ONU (Organização das Nações Unidas) e dos sistemas internacionais de proteção dos direitos humanos, especialmente a Declaração Universal dos Direitos Humanos, após a Segunda Guerra Mundial (1945), procurou-se a convalidação e compreensão integral dos direitos humanos, sejam eles civis, políticos, econômicos, sociais, culturais. Não obstante, a divisão do mundo em dois blocos político-econômicos: *capitalista e socialista* também dividiu a compreensão dos direitos humanos. Os movimentos liberais-capitalistas afirmavam que os **direitos humanos** *econômicos, sociais e culturais* eram direitos "comunistas", enquanto os movimentos de esquerda afirmavam que os **direitos humanos** *civis e políticos* eram direitos "burgueses"; afirmações estas que desacreditavam a concepção e ideologia dos direitos humanos e esta segmentação impedia o exercício racional para o entendimento da dimensão transcendental destes direitos.

Passada a Guerra Fria, abriu-se nova perspectiva para compreensão de que os seres humanos têm necessidades políticas, civis, econômicas, sociais e culturais que se constituem como orientadores construídos histórica e socialmente para a definição de Direitos.

Notável, portanto, que a Declaração Universal dos Direitos Humanos (1948) nasce como resposta às barbaridades cometidas pelo nazismo na II Guerra Mundial. Não obstante, se reafirma continuamente e é, como afirma o Prof. Dalmo de Abreu Dallari, um marco na construção do direito internacional dos direitos humanos que fomentou a elaboração de outros diversos instrumentos. Demonstra-se, assim, uma das principais condicionantes dos direitos humanos: a sua construção histórica.

Outro importante evento que reafirma os direitos humanos como universais, interdependentes e inter-relacionais, foi a Declaração de Viena (1993), a qual contou com a participação de 180 (cento e oitenta) representações nacionais. Além dessas características, estabelece-se que toda a comunidade internacional deve tratar tais direitos globalmente, de forma justa, eqüitativa e igualitária.

Isso demonstra uma concepção contemplativa dos direitos humanos, contendo os direitos civis, políticos, sociais, econômicos, culturais, bem como de uma compreensão do homem como foco desses direitos e seus correspondentes deveres. Apresenta um elenco de direitos relativos à igualdade, solidariedade, dignidade humana em todas as relações e seus desdobramentos.

Os direitos humanos nascem da superação contínua em torno e em busca da dignidade humana; estabelecem-se como direitos, pois possuem normatividade e sujeitos jurídicos.

O que se vê, também, é que os direitos humanos se abrem continuamente para novos conteúdos e novos sujeitos, expandindo em objeto e titularidade adquirindo uma noção de *todos os direitos para todos*, global e universalmente garantidos.

Hodiernamente, quando se fala em conceito de direitos humanos nota-se a idéia de direitos inalienáveis ao ser humano na medida em que são direitos devidos à luz da razão. Autores modernos e racionalistas fundaram tais idéias embasados no princípio de que os direitos dos cidadãos são um elemento essencial ao Estado e que são determinados pela razão e pela própria natureza humana. Embora as teorias jusnaturalistas e antijusnaturalistas apresentem pontos divergentes ou algumas complexidades, é consenso que se busca uma definição conceitual de direitos humanos que assambarque suas características históricas e racionalistas que permitam uma compreensão prática e uma apreensão teórica condizente com o processo lógico e realisticamente fundamentado.

Outro aspecto observado e com o qual também se deve romper é a segmentação dada aos direitos humanos na explicação sobre as gerações dos direitos. Muitos autores se remetem aos direitos humanos de maneira fragmentada descontextualizando tais direitos do seu processo histórico e social de aquisição. Desse modo, nesse tipo de análise, perde-se o argumento da sua fundamentação, da sua indivisibilidade e da sua interdependência. Como se deram por gerações e por momentos históricos diferentes, há uma redução desses direitos como não necessários ou viáveis conjuntamente.

Faz-se inelutável a concepção moderna de que tais direitos são, a partir de sua *aquisição,* indivisíveis e interdependentes não importando as gerações nas quais se deram e sim a sua incorporação às pessoas. Relevante apenas para explicação histórica, mas naturalmente incorporados socialmente; absorvidos com toda a carga histórica de sua conquista.

Tem-se, portanto, que os direitos humanos são gerados, renovados, reiterados sempre historicamente, sobretudo quando se trata da sua positivação. Daí, modernamente, não se admitir quaisquer tipos de análise dissociadas ou segmentadas, sob pena de individualização de direitos considerando certos aspectos subjetivos ou excludentes. A atual concepção de direitos humanos não admite quaisquer diferenciadores que impliquem em reduzir ou prescindir de um ou de outro direito. Não se admite hierarquização haja vista serem todos os direitos humanos eqüitativamente importantes.

Dadas estas sucintas explicações sobre a evolução histórica das concepções dos direitos humanos, cabe algumas incursões sob a ótica prática da modernidade.

Modernamente, tem-se que a compreensão da cidadania, que é a qualificação política da população e, por conseguinte, base para exercitar seus direitos humanos, passa por um processo de reconhecimento do cidadão e determinação do Estado haja vista a co-responsabilidade de todos os envolvidos na definição dos rumos da vida em sociedade. Isto rompe com doutrinas e práticas despotistas, veja a universalização, indivisibilidade e inalienabilidade dos direitos humanos.

Afinal, quais são os autores dos direitos humanos? De quem é a obrigação de efetivar os direitos humanos? Qual é o conceito de direitos humanos?

Tais questões, embora direitos humanos já sejam um assunto relativamente difundido na sociedade e em processo crescente, ainda não se mostram como consenso social. Os *direitos civis* pressupõem uma omissão do Estado no sentido de não impedir o exercício de tais direitos; *liberdade em relação ao Estado.* Os *direitos políticos* que tratam da participação do cidadão na vida política; *liberdade no Estado* e os direitos sociais que consistem numa prestação de serviços e ações pelo Estado; *liberdade por meio do Estado.*

Entretanto, pouco se faz de forma concatenada desses direitos, isto é, não se articula e não se cria um fluxo (mecanismo) entre estes direitos. Pois sendo interdependentes e indivisíveis, não se pode garanti-los, isolada ou individualmente, sob pena de reduzi-los e de não se estabelecer referências na sua prática. Quando se busca estabelecer que é obrigação do Estado garantir tal direito, prejudica-se, no mínimo, os direitos políticos de participação e autonomia popular. A mobilização para efetivação do que se diz obrigação do Estado já se constitui numa prática de direitos humanos, pois há uma cultura de conscientização de direitos, participação e controle social. A prática pode ser tanto do Estado na efetivação quanto da população na exigência; mais importante é o fim para sua *efetivação.* Constitui violação dos direitos humanos a omissão ou do Estado ou da sociedade civil; são apenas instâncias diversas para consecução dos direitos.

Quanto à autoria de direitos humanos, conforme já afirmado que todos são co-responsáveis nas práticas efetivas de direitos, mostra-se ampla e inespecífica. Estado e sociedade civil são autores de direitos humanos com especificidades diferentes dada sua instância de poder e atuação.

Para conceituar direitos humanos não se deve ater de onde se parte e sim onde-se chega. Os direitos humanos referem-se a diversos direitos que envolvem diversas temáticas, mas, sobretudo, convergem para a *pessoa humana.* Ou seja, cada vez mais se amplia o foco dos direitos humanos, se é que existe um foco específico, entretanto, sempre visam ao bem social e à dignidade humana. Assim, o termo mais importante da expressão *direitos humanos* é "humanos" que implica o ponto de convergência de todos os "direitos", os mais diversos. Quaisquer conceitos devem partir desta premissa.

Feitas estas necessárias abordagens, apresento a seguir constatações da minha experiência com o trabalho transdisciplinar.

Encontra-se a humanidade, em pleno século XXI, ainda sob incertezas e reservas quanto ao futuro, sobretudo quando se observa o processo evolutivo humano e das instituições existentes ao seu redor. A realidade vivida não permite prognósticos ou conclusões tão otimistas visto que as mudanças geradas pelos avanços em todos os setores da sociedade ainda padecem de maior maturação quando se vislumbra o cenário atual.

Não pretendo discorrer sobre os fatores que provocam ou contribuem para o surgimento de transtornos mais diversos que assolam a sociedade, posto que acredito que tais transtornos têm *geradores* diversificados, sobretudo de origem sócio-econômica. Numa sociedade tão diversa, marcada por segmentos também diversificados (afrodescendentes, crianças e adolescentes, idosos, mulheres, povos indígenas, gays-lésbicas-travestistransexuais-bissexuais, pessoas com deficiência, portadores de sofrimento mental, possuidores e despossuídos, dentre outros), a ineficiência e ineficácia do Estado exacerbam o individualismo, as diferenças e o descompromisso social em geral. Quando se analisa o fenômeno mundial de globalização e seus desdobramentos mais nefastos, socialmente verificados, há que se otimizar todos os recursos possíveis para amenizar ou extinguir estes fatores maléficos que afetam os seres humanos individualmente e em sua convivência social.

Também a Psicologia e o Direito e outras áreas de atuação profissional, prescindem de uma interface transdisciplinar coordenada que atenda às demandas correntes. Os trabalhos transdisciplinares têm mostrado na prática que esta via não é opção, mas realmente, uma necessidade laboral de todos e quaisquer profissionais que lidam com o ser humano. Sendo este ser humano originariamente marcado por incompletudes, todo trabalho deve direcionar para a *unidade do ser* e as várias temáticas necessárias a este.

Daí, a *escuta* diferenciada, mas articulada; o *acolhimento* com olhar específico de cada profissional, mas sempre associado; o *encaminhamento* construído por todos os atores envolvidos, não um *dado* isolado e provisório; o *acompanhamento* marcado pela busca de alternativas pela autonomia, mas plausíveis e efetivas. Permeia tal *atendimento transdisciplinar* não a criação ou transformação de demandas, tampouco a fuga ou negação das mesmas, mas uma articulação capaz de responder eficazmente a estas demandas como um processo dinâmico. Neste sentido, a conjugação de saberes articulados pelas visões e especificidades profissionais fomenta novas perspectivas e soluções oriundas da transdisciplinaridade, não característica de uma ou outra área, mas construída a partir de contribuições de cada uma e compartilhada por todas, sobretudo, necessariamente, geradas por esta interface.

Referências Bibliográficas

CANÇADO TRINDADE, Antônio Augusto. *A Proteção Internacional dos Direitos Humanos e Brasil.* Fundação Universidade de Brasília. Brasília: Ed. Humanidades, 1998

________________________________. A Proteção Internacional dos Direitos Econômicos, Sociais e Culturais: Evolução, Estado Atual e Perspectivas. *In: Tratado de Direito Internacional dos Direitos Humanos.*

COMPARATO, Fábio Konder. *A Afirmação Histórica dos Direitos Humanos,* 2. ed. São Paulo: Saraiva, 2001.

D'AMBRÓSIO, Ubiratan.*Transdisciplinaridade,* São Paulo: Palas Athena,1997.

FREIRE, Paulo.*Pedagogia da Autonomia: saberes necessários à prática educativa,* 12ª ed. São Paulo: Paz e Terra, 1999.

MAGALHÃES, José Luiz Quadros de. *Direito Constitucional – Tomo I.* Rio de Janeiro: Ed. Mandamentos, 2000.

PARTE II

Práticas para uma reflexão

Direitos Humanos e a Loucura entre a Cidade e seus Estigmas: uma visita ao processo de desospitalização psiquiátrica no município de Belo Horizonte*

Andréa Máris Campos Guerra (Professora Coordenadora)[1], Eduardo Campos (Professor Pesquisador), Jaqueline Morelo (Professora Pesquisadora), Maria Alice Arcebispo (Professora Pesquisadora), Francisco de Salles Almeida Mafra Filho (Professor Colaborador), Christiano Melo Pacheco de Medeiros (Aluno Bolsista), Dayse Soraya Rodrigues (Aluna Bolsista), Fábio Ananias Maia (Aluno Bolsista), Giselle Batista (Aluna Bolsista), Mônica Moreira (Aluna Bolsista), Renata Neris de Andrade (Aluna Bolsista).

O texto que se segue é fruto de projeto de iniciação científica organizado em torno do tema da inserção social de pacientes cronificados por anos de internação em hospitais psiquiátricos, a partir de três aspectos fundamentais: direitos humanos, qualidade de vida e imagem social da loucura.

Trata-se de um tema complexo que se insere numa discussão mais ampla acerca do atual modelo de assistência no campo da Saúde Mental, em reforma no Brasil desde as últimas décadas. Superando o modelo hospitalocêntrico, a assistência em Saúde Mental hoje é claramente pensada a partir da idéia de inclusão e do respeito à diferença do portador de transtorno mental, operada através de serviços abertos e substitutivos ao manicômio. Assumida como política nacional pelo Ministério da Saúde e amparada por Lei Federal (Lei Paulo Delgado) e leis estaduais, a proposta antimanicomial investe na superação das teorias e práticas de tratamento segregacionistas, buscando estratégias inclusivas a partir de uma concepção ampla de assistência que ultrapassa seu domínio clínico, incluindo as dimensões sócio-econômicas e políticas

* Agradecimentos a Virgílio Mattos, Ana Marta Lobosque, Adélia Barroso, Lúcia Lamounier Sena, Cláudio de Salvo, Renato Reis, Clareci Silva Cardoso, Musso Greco, Programa de Desospitalização Psiquiátrica e Prefeitura Municipal de Belo Horizonte, Astréia Soares, usuários dos serviços de Saúde Mental e população belorizontina entrevistada, e Unicentro Newton Paiva pelo apoio constante e financiamento da pesquisa.

1 Unicentro Newton Paiva, MG.

do portador de transtorno mental. Nesse sentido, surgem novos elementos teóricos e operativos na consolidação de uma rede aberta, desierarquizada e substitutiva ao manicômio que, funcionando dentro dos preceitos do Sistema Único de Saúde, concebem o portador de transtorno mental como sujeito e cidadão.

Entretanto, apesar de estabelecida pelas Conferências de Saúde Mental, apoiada pela gestão pública e pelos movimentos sociais, e acordada em lei, essa concepção nem sempre é partilhada pela população em geral. A importância central da comunidade mais próxima e da sociedade em geral acolher a diferença em que consistem algumas manifestações da loucura, sem estigmatizá-la de maneira pejorativa e preconceituosa, é fundamental na consolidação dessa proposta de assistência que não se resume mais definitivamente aos pátios internos dos hospitais psiquiátricos. A desconstrução da lógica social que legitimou a exclusão da loucura pelo saber "psi" é também necessária. É preciso, porém, conhecer como se sustenta a imagem social da loucura para que possamos articular maneiras de desfazer seus estigmas. Será que a população ainda concebe a loucura de maneira estigmatizada? A secular associação entre loucura e periculosidade ainda persiste? O louco ainda é visto como incapaz para a vida pública e civil, como deficiente? Essas questões, principalmente, orientaram nosso levantamento de dados, através do qual buscamos identificar a imagem social constituída em torno da figura do louco.

Já no campo dos direitos humanos fundamentais do portador de transtorno mental, tínhamos duas questões. A primeira dizia respeito sobre a forma como a sociedade apreende a concepção de loucura no que diz respeito aos direitos de cidadania. Buscamos saber como se pensa o louco enquanto sujeito de direitos e obrigações, mas, sobretudo se há incongruências entre um discurso contemporâneo da defesa aos direitos fundamentais e uma posição de desconfiança em relação à possibilidade real de uma cidadania possível do portador de transtorno mental. Além desse, havia outro aspecto que nos interrogava. Efetivamente, concretamente, a defesa desses direitos de cidadania, prevista em lei, é respeitada? Os portadores de transtorno mental têm seus direitos respeitados cotidianamente?

Nosso objetivo geral também previa uma investigação exploratória do processo de desospitalização psiquiátrica, a partir do modelo belorizontino, dada sua posição matricial para a discussão da inserção social de portadores de transtorno mental e do modelo aberto da assistência, que, entretanto, não trataremos aqui. Esse programa dá continuidade ao Projeto de Assistência à Saúde Mental no município que aposta no modelo substitutivo ao manicômio, introduzindo uma nova modalidade de intervenção direcionada a portadores de transtorno mental internados há longa duração em hospitais psiquiátricos e com condições de alta, mas com carência de recursos materiais e/ou abandono familiar. Fruto das seqüelas das internações prolongadas, o que deveria ser o tratamento transforma-se, no interior dos nosocômios, em nova fonte de adoecimento, gerando efeitos iatrogênicos como o "institucionalismo" - síndrome própria desenvolvida pela longa permanência nos hospitais e que *"produz uma série de efeitos peculiares: isolamento social, massificação, indiferenciação entre a própria clientela e o estigma social que marca os usuários do sistema"* (BELO HORIZONTE, 2000). Além disso, a permanência no ambiente hospitalar importa em restrição indevida de liberdade, trazendo graves prejuízos ao exercício da cidadania e ao respeito aos direitos fundamentais do internado. Essa grave situação, entretanto parece ser legitimada pela sociedade que, estigmatizando a figura do louco, criaria com a loucura uma relação mistificada e distorcida.

Por fim, para que pudéssemos discutir o processo de inserção social, foi preciso compreendê-lo numa proposta mais ampla de *desinstitucionalização* da loucura. Mais do que o processo objetivo de desospitalização de internos, a *desinstitucionalização* implica numa desconstrução da lógica manicomial da psiquiatria clássica e também da fundamentação, construída sócio-historicamente, dos estigmas sobre os quais se assentam os preconceitos em relação à figura do louco (BARROS, 1990).

Nesse sentido, a análise interdisciplinar do processo de inserção social de portadores de transtorno mental, a partir da análise da experiência do Projeto de Desospitalização Psiquiátrica de Belo Horizonte, apresentou-se como imprescindível para uma avaliação mais ampla e fecunda acerca dos pressupostos da reforma psiquiátrica no Brasil e, em particular, no estado de Minas Gerais, trazendo contribuições para seu avanço crítico.

1. Discussão Teórica

a) A reforma psiquiátrica, a desospitalização e a inserção social no contexto brasileiro e mineiro

A reforma psiquiátrica brasileira, iniciada nos idos dos anos oitenta, depara-se com uma tradição psiquiátrica de exclusão social na ausência de uma política pública para a assistência psiquiátrica (RESENDE, 1994). Destaca-se nesse cenário a década de 60, quando a privatização da assistência tornou a loucura um objeto lucrativo, deteriorando as condições de tratamento hospitalar. Após o período de redemocratização, a década de 90 e seguinte se caracterizam por experiências de desinstitucionalização ou desconstrução da assistência centrada no manicômio, surgindo os serviços abertos e substitutivos[2], bem como projetos de desospitalização. Firma-se, com decisão, uma política nacional anti-manicomial e, aos poucos, o financiamento da

[2] Tais como: CAPS (Centro de Atenção Psicossocial), NAPS (Núcleo de Atenção Psicossocial), Centro de Convivência, CERSAM (Centro de Referência em Saúde Mental), oficinas, cooperativas ou empresas sociais, lares abrigados ou serviços residenciais terapêuticos.

saúde mental vai se deslocando do setor hospitalar para a rede aberta. Essa mudança no cenário do tratamento – do hospital para a rede substitutiva – é defendida por SARACENO (1999), que destaca, na reconquista do espaço público pelo portador de transtorno mental, o *lugar* como variável decisiva nos resultados da reabilitação. Para ele, três eixos são fundamentais nesse processo: a moradia, a rede social e o trabalho.

Na Itália, Trieste apontou a possibilidade de um "circuito" de atenção, oferecendo e produzindo cuidados e novas formas de sociabilidade e de subjetividade. O que torna singular a experiência de Trieste é o fato de explorar, para além de novas formas terapêuticas, novas formas sócio-políticas de lidar e conceber a loucura, através, por exemplo, da implantação de cooperativas e empresas sociais para reabilitação social e grupos-apartamento para moradia.

No campo psiquiátrico brasileiro, destaca-se a experiência pioneira de Santos que ensinou, com ousadia, como reinventar a assistência. Lá, a Saúde Mental torna-se um território da cidadania, emancipação e produção social de novas formas de apreensão da loucura. A experiência nasceu de uma intervenção pública realizada junto ao hospital psiquiátrico local, a Casa de Saúde Anchieta. "A transformação se realizou a partir da negação ativa, do interior da instituição, ativando em primeiro lugar os atores e os recursos da própria instituição com todo seu poder cultural e material" (NICÁCIO, 1994: 45). O manicômio passou a entrar na cidade e esta nele, inaugurando-se uma nova relação entre eles concretizada em eventos e ações construídas em parceria. Tomavam como necessário encarar não o doente, mas o cidadão, configurando as transformações terapêuticas em projetos concretos de vida. Assim, os atores dessa transformação agiam nas dimensões da subjetividade, do trabalho, das relações, da família, nas questões econômicas, civis, jurídicas, e da moradia. Santos configurou-se como a primeira cidade do Brasil a desenvolver um processo efetivo de substituição ao manicômio com um processo social complexo de substituição da lógica manicomial.

Em Belo Horizonte, o projeto de reforma na assistência psiquiátrica é efetivamente implantado a partir de 1993 (LOBOSQUE e ABOUYD, 1998), apoiado nos princípios do Sistema Único de Saúde, na assistência prioritária a psicóticos e na lógica antimanicomial, contando com Centros de Referência em Saúde Mental, Centros de Convivência, Centros de Saúde e Programa de Desospitalização Psiquiátrica.

Destacamos o Programa de Desospitalização Psiquiátrica de Belo Horizonte, instituído pela Portaria SMSA/SUS-BH nº 004/2000, como campo de análise para nossa pesquisa na medida em que esse projeto efetiva a possibilidade real de inserção social dos portadores de transtorno mental através da desativação de leitos de internação em hospitais psiquiátricos.

Não basta, porém, projetos assistenciais para garantir-se a inserção de portadores de transtorno mental, o efetivo exercício dos direitos básicos é também condição *sine qua non* para qualquer homem circular em sua cidade.

b) Direitos humanos e cidadania

Mas o que são esses direitos básicos? Podemos dizer que direitos humanos são aqueles indispensáveis à pessoa humana, necessários para assegurar a todos uma existência digna, livre e igual. Não basta ao Estado reconhecê-los formalmente; deve o mesmo incorporá-los ao dia-a-dia dos seus cidadãos e agentes. As Declarações de Direitos surgiram com a Magna Charta da Inglaterra (1215), a *Petition of Rights* (1628), o *Habeas Corpus Amendment* (1679) e o *Bill of Rights* (1688). Seguiram-se os documentos datados da época da Revolução Francesa, da Independência dos Estados Unidos da América e do pós-guerra, em 1948, na ONU.

No Brasil, a Constituição da República de 1988, sob a denominação "Direitos e Garantias Fundamentais", trouxe em seu Título II, os direitos fundamentais dos homens, abrangendo os direitos individuais, coletivos, políticos, sociais e de nacionalidade.

Os direitos fundamentais do homem servem como um limite à ação do Estado. Eles representam os direitos de quem está naquele Estado e que devem ser respeitados pelo Poder Público do mesmo. Os direitos e as garantias fundamentais são elementos essenciais ao exercício da cidadania. Os direitos individuais são entendidos como as normas que tratam da vida em sociedade. Aqui há o respeito aos cidadãos reunidos em sociedade por parte do Estado que encontra limites à sua atuação indiscriminada, devendo esta última estar subordinada aos ditames legais.

Os direitos políticos são nascidos do fato de pertencer o sujeito a um determinado Estado nacional e estar apto a exprimir sua vontade no interesse da nação. São os direitos de participar da formação da estrutura e das vontades públicas. São concretizados na participação das eleições democráticas no sistema representativo por parte de seus cidadãos. Aqui temos o conceito de cidadania que exprime a condição de participante de uma sociedade politicamente organizada. Em outras palavras, cidadão é o indivíduo nacional de um determinado Estado, portanto, possuidor de título eleitoral e dotado de direitos políticos.

A cidadania também pode ser entendida como uma virtude de poder um indivíduo desfrutar de direitos que são de todos os que fazem parte de uma sociedade determinada. Quando se qualifica alguém de "cidadão", costuma-se entender que a pessoa é responsável, cumpre as suas obrigações e exige o respeito aos seus direitos.

Os direitos sociais, também conhecidos como direitos constitucionais de segunda geração, nasceram de lenta evolução dos Estados nacionais após o império das idéias liberais políticas e principalmente econômicas que permitiram o crescimento das grandes corporações e relegaram os trabalhadores das fábricas às piores condições de miséria jamais existentes. Do movimento contrário a essa situação, nasceram os direitos sociais como ações concretas do Estado no sentido de fornecer a sua população os direitos de saúde, educação, trabalho, previdência e outros.

c) A legislação psiquiátrica no contexto brasileiro

No que toca especificamente aos portadores de transtorno mental, a legislação psiquiátrica no Brasil trata, em geral, de questões administrativas e estruturais dos serviços, de regras para admissão, alta e outros procedimentos hospitalares, e da proteção legal dos direitos dos usuários. A superada legislação brasileira, em 1934, era um exemplo. Embora a questão dos direitos civis do paciente fosse constantemente mencionada e discutida, tais projetos e documentos legislativos em geral se restringiam ao específico dos serviços e sua regulamentação.

Como visto, com o objetivo de ressocializar os portadores de transtorno mental, a partir da década de 90, o processo de Reforma Psiquiátrica tomou vigor no Brasil. O principal documento norteador das políticas adotadas nesta área pelos governos dos países da América Latina foi a Declaração de Caracas. Nas experiências de reforma psiquiátrica de diferentes países, a via escolhida foi a legislativa, a administrativa, ou ambas simultaneamente. No Brasil, o processo legislativo tem tido grande influência na implementação das políticas públicas nesse campo, tanto que atualmente temos uma lei federal (Lei nº 10.216/2001) a respeito da reforma e oito leis estaduais em vigência.

A legislação atual permite o desenvolvimento de programas de suporte para os pacientes psiquiátricos em acompanhamento nos serviços comunitários. É também um valioso instrumento para viabilizar os programas de trabalho assistido e incluí-los na dinâmica da vida diária, em seus aspectos econômicos e sociais, e que protegem os direitos da pessoa portadora de transtornos mentais, além de redirecionar o modelo assistencial.

Já sob a ótica do Direito Civil, o portador de sofrimento mental ainda é previsto como absolutamente incapaz. O texto do Código Civil brasileiro de 1916 (Lei 3071/1916) em seu art. 5º, II, diz expressamente que estes são: "loucos de todo o gênero". No novo Código Civil - Lei. 10.406/2002 - que entrou em vigor em Janeiro de 2003, ocorreu modificação do tratamento dos outrora "loucos de todo o gênero", para "aqueles que por enfermidade ou deficiência mental, não tiverem o discernimento necessário para a prática dos atos da vida civil". Além do mais, a sentença judicial, uma vez declarada, tornava os pacientes absolutamente incapazes por força legal. Agora, na vigência do novo código - *vacatio legis* -, há tanto os absolutamente como os relativamente incapazes, ampliando o campo do exercício de direitos civis.

Sob a ótica do novo Código Civil, é atribuída a incapacidade aos que não tiverem o discernimento para a prática de seus atos. Ressaltando que isso ainda só ocorrerá mediante processo judicial, com necessidade de laudos, como também era antes, comprovando e atestando a inimputabilidade e sentença declaratória de incapacidade, para que o indivíduo seja declarado incapaz.

A lentidão do processo legislativo de criação do novo Código Civil - que durou de 1971 até 2001 - resultou no nascimento de uma legislação atrasada se compararmos com as leis específicas sobre Saúde Mental em vigor no país.

No que toca ao Direito Penal, sabemos que a inimputabilidade é um dos elementos da tipicidade do fato considerado criminoso. Para configurar crime e ser punível um ato são necessários, além da *tipicidade*, a *antijuridicidade* e a *culpabilidade*. Em breves palavras, o tipo penal é o modelo proibido de comportamento previsto pela lei. O elemento da antijuridicidade surge como a contrariedade entre um comportamento humano e o direito. A culpabilidade é o juízo de reprovação que incide sobre a pessoa do agente que, tendo ou podendo ter a consciência da antijuridicidade de sua conduta, ainda assim a pratica contrariando o direito.

A partir da culpabilidade e de seus elementos básicos[3], optou o legislador, dentre outros fatores, a também questionar o crime praticado pelo portador de sofrimento mental. Assim, o art. 26 do Código Penal prevê que a saúde das faculdades mentais é indispensável para o agente maior de dezoito anos ser considerado imputável. Como a imputabilidade é um pressuposto da culpabilidade e a aptidão para o agente ser culpável, conclui-se que o portador de sofrimento mental é inimputável, isto é, quando pratica uma conduta típica e antijurídica não é punível, por lhe faltar capacidade de entender o caráter ilícito do fato ou determinar-se de acordo com este entendimento; isto porque faltará um dos elementos caracterizadores do crime. A inimputabilidade não é presumida e para ser acolhida deve ser provada em condições de certeza.

[3] Um desses elementos centrais é a imputabilidade, entendida enquanto resultado da soma das condições pessoais que dão ao agente capacidade para lhe ser juridicamente imputada a prática de um fato punível.

Excluída a imputabilidade por incapacidade total de entendimento da ilicitude do fato ou de autodeterminação, o autor do fato é absolvido e aplicar-se-á obrigatoriamente a medida de segurança de internação em hospital de custódia e tratamento psiquiátrico ou, à falta, em outro estabelecimento adequado. Tratando-se, porém, de crime apenado com detenção, o juiz poderá submeter o agente a tratamento ambulatorial. (BRASIL, Código Penal, art. 97)

Segundo MIRABETE (2001: 213), a comprovação da inimputabilidade do agente não dispensa o juiz de analisar, na sentença, a existência ou não do delito apontado na denúncia e os argumentos do acusado quanto à inexistência de tipicidade e/ou antijuridicidade. Inexistindo tipicidade e/ou antijuridicidade, o réu, embora inimputável, deve ser absolvido pela excludente do dolo ou da ilicitude, não se impondo, portanto, a medida de segurança.

Conclui-se, pois, que os portadores de transtorno mental não cometem crime e sim ato infracional, como os menores de idade. O que vem acontecendo com os "loucos" infratores é a aplicação da Medida de Segurança como forma de proteção. Porém, na verdade, o que se percebe é uma espécie de prisão perpétua, ou seja, o portador de transtorno mental passa o resto de sua vida sem ser submetido ao devido processo legal. Em relação ao louco infrator, deve o Estado urgentemente, reavaliar e analisar o modelo de Medida de Segurança que se vem aplicando no país.

2. Metodologia

A fim de contemplarmos a complexidade do objeto pesquisado, a metodologia se construiu a partir de uma perspectiva interdisciplinar, entendida enquanto análise com diferentes olhares sobre *um mesmo objeto*, interpretado a partir do entrecruzamento dos saberes envolvidos – Comunicação Social, Psicologia e Direito. Assim, ao tomar a *inserção social* como objeto de estudo e considerar que inserir implica num diálogo entre sujeito e campo social, recortamos a investigação a partir de três principais aspectos. Quanto ao campo social, investigamos a imagem associada popularmente à loucura pela opinião pública[4] dos belorizontinos, além de verificar como é ou não legitimada a defesa dos direitos de cidadania pela mesma. Quanto ao sujeito, investigamos a qualidade de vida dos pacientes

[4] Ainda que não exista consenso sobre o significado do termo opinião ou opinião pública, adotamos aqui a definição de ANDRADE (1996: 83), segundo a qual a opinião pública "corresponde a uma situação em que se apresentam diferentes, contrárias atitudes sociais acerca de uma questão que interessa, de alguma maneira, à comunidade". Consideramos ainda que a opinião pública é fortemente influenciada pelos meios de comunicação.

que ingressaram no Programa de Desospitalização Psiquiátrica, bem como o efetivo exercício de direitos básicos pelos mesmos. Aqui optamos, dado o recorte do tema, por não discutir os dados relativos à qualidade de vida.

a) Levantamento das imagens da loucura

Visando conhecer a opinião do belorizontino acerca da loucura, ou seja, a relação cultura-loucura-cidadania que demarca a interpretação construída historicamente em torno da figura do louco, a modalidade de pesquisa quantitativa envolveu a técnica *survey*[5], que consiste na aplicação de questionários estruturados e padronizados a uma amostra representativa do universo de investigação[6].

Quatro grandes eixos, ou categorias, organizaram a elaboração do instrumento de coleta de dados: 1º) Loucura e Preconceito Social associado à incapacidade e à periculosidade do louco; 2º) Loucura e Exercício da Cidadania; 3º) Loucura e Tratamento; 4º) Loucura e Convivência[7]. Aqui serão discutidos os itens 1 e 2.

O questionário pretendeu verificar as seguintes hipóteses:

- *Referentes à 1ª Categoria*: a opinião acerca da loucura implica numa idéia de impossibilidade de criar e manter relações afetivas e familiares; a periculosidade (louco como perigoso, representando risco para si mesmo e/ou para a sociedade) e a incapacidade (louco incapaz de estudar, trabalhar, cuidar dos filhos, assumir cargos públicos) são a base do preconceito social.

---

5 A técnica de amostragem empregada foi a probabilística estratificada, observando-se quotas proporcionais ao sexo e à idade da população a partir de 16 anos, residente na zona urbana de Belo Horizonte, de acordo com dados do IBGE relativos a 1996. Tendo como universo uma população de 1.541.896 indivíduos (com idade de 16 anos ou superior, residentes na zona urbana), a margem de erro da amostra utilizada é de 5,0%, com intervalo de confiança de 95,0%.

6 Foram aplicadas 400 (quatrocentas) entrevistas, no mês de fevereiro de 2002, nas nove regionais que organizam administrativamente o município de Belo Horizonte. O instrumento para coleta de dados foi a entrevista estruturada através de formulário preenchido pelo entrevistador. O instrumento foi elaborado especialmente para este fim, dado o interesse específico em aspectos pontuais que orientaram a investigação, como aqueles envolvidos na dimensão do exercício da cidadania pelo portador de transtorno mental, da sua inserção social, relação com familiares, e os modelos de assistência em Saúde Mental. Buscamos resguardar a fidedignidade, a validade e a operatividade do instrumento, realizando pré-testes com os mesmos para redefinição de seu formato.

7 Cabe explicar que utilizou-se, no questionário, o termo “louco” por ser ele que agrega em si todos os preconceitos historicamente constituídos e agregados à loucura. A fim de explicitar o que se entendia pelo termo, colocou-se uma questão aberta, na qual o respondente explicava sua concepção de loucura. E, ao final da aplicação do questionário, foi entregue a cada entrevistado um informativo sobre as questões contemporâneas que envolvem a loucura, buscando desmistificar as distorções que a figura do louco traz em si.

– *Referentes à 2ª Categoria*: A opinião acerca da loucura implica numa idéia de que esta afetaria o exercício da cidadania.

Após a análise quantitativa por percentis, os dados foram trabalhados qualitativamente.

b) **Verificação do exercício dos Direitos Humanos de pacientes inseridos no Programa de Desospitalização Psiquiátrica (Belo Horizonte).**

Foi possível trabalhar com pesquisa censitária com os 19 pacientes inscritos no programa ao tempo da coleta de dados (dezembro de 2001 a abril de 2002).

Visando averiguar a situação desses pacientes quanto aos direitos humanos fundamentais, foram aplicados questionários objetivos e estruturados. À análise quantitativa por percentis, seguiu-se a análise qualitativa.

Como, nesse aspecto, nossa intenção era realizar um levantamento da situação concreta de exercício de direitos humanos fundamentais junto aos pacientes desospitalizados e inseridos no PDP, não trabalhamos com hipóteses.

3. Apresentação e Discussão dos Resultados Obtidos

Os dados serão apresentados a partir das duas frentes da pesquisa, conforme apresentadas acima.

a) Imagens da Loucura

Os dados que caracterizam os entrevistados podem ser assim reunidos. Podemos constatar que 52,5% são do sexo masculino e 47,5% do sexo feminino; 27,7% têm idade entre 16 e 26 anos e 24% têm entre 27 e 37 anos. A escolaridade e a renda familiar dos entrevistados estão acima da média da população belorizontina: 35% concluíram o segundo grau e 20,3% têm curso superior; a renda familiar de 41,5% dos entrevistados é superior a mil e seiscentos reais. É importante ressaltar que 71,3% deles não convivem ou conviveram com loucos e 58% não têm ou tiveram casos de doença mental na família.

A análise dos dados aqui empreendida tem como referência as duas categorias já apresentadas:

1ª) Loucura e Preconceito Social

Para fundamentar a construção do preconceito social historicamente vinculado à figura do louco, recorremos aos argumentos formulados por Foucault (1994 e 2000). No Brasil, apoiamos nossas hipóteses em pesquisas e discussões já consolidadas por Delgado (1992) e Lobosque (2001). Nossa hipótese principal, quanto a este item, é *a periculosidade e a incapacidade são a base do preconceito social da loucura.*

Na Tabela 1, a incapacidade foi desdobrada em relações sócio-afetivas e relações familiares e apresenta os resultados de questões referentes à capacidade de construção de vínculos afetivos. Do total de 400 entrevistados, 21,5% afirmaram que o louco nunca pode ter um relacionamento amoroso, 39% disseram que o louco nunca pode ter um compromisso afetivo e 61% responderam que o louco nunca teria condições de cuidar dos filhos.

Tabela 1 – Preconceito social: incapacidade

Louco pode ter um relacionamento amoroso			
	Freqüência	%	% **Cumulativa**
Sempre	128	32,0	32,0
Quase Sempre	151	37,7	69,7
Nunca	86	21,5	91,2
NS/NR	35	8,8	100,0
Total	400	100,0	
Louco pode ter um compromisso afetivo			
	Freqüência	%	% **Cumulativa**
Sempre	65	16,3	16,3
Quase Sempre	137	34,3	50,6
Nunca	156	39,0	89,6
NS/NR	42	10,4	100,0
Total	400	100,0	
Louco tem condições de cuidar de filhos			
	Freqüência	%	% **Cumulativa**
Sempre	18	4,5	4,5
Quase Sempre	103	25,8	30,3
Nunca	244	61,0	91,3
NS/NR	35	8,7	100,0
Total	400	100,0	

Assim, tomando como referência a dimensão afetivo-familiar, podemos observar uma gradação da posição dos entrevistados, conforme aumenta a complexidade do envolvimento e da responsabilidade do louco nas suas relações. Os entrevistados são, em sua maioria (69,7%), favoráveis a que o louco possua relacionamento amoroso. Esse índice se reduz para 50,6% quando a relação implica em casamento ou afim. Já quando se trata de cuidar e responsabilizar-se por filhos, a maioria (61%) dos respondentes é contra. Interessante que, tanto o casamento quanto a paternidade/maternidade, implicam jurídica e civilmente o cidadão.

A *periculosidade*, como índice para avaliar o preconceito social contra a loucura, foi investigada a partir de três aspectos principais: *risco a si mesmo; risco à sociedade, e o louco comete mais crimes violentos que outras pessoas*. A maioria dos entrevistados (77%) considera que uma pessoa que já ficou internada em um hospital psiquiátrico tem condições de conviver em sociedade. Ainda assim, é alto o índice daqueles que consideram que o louco apresenta risco a si mesmo (68,8%) e risco à sociedade (45,7%), bem como o índice daqueles que acreditam que o louco é perigoso (39,7%).

Tabela 2- Preconceito social: periculosidade

Louco oferece risco a si mesmo			
	Freqüência	**%**	**% Cumulativa**
Discordo fortemente	4	1,0	1,0
Discordo	83	20,7	21,7
Indiferente	37	9,2	30,9
Concordo	258	64,5	95,4
Concordo fortemente	17	4,3	99,7
N.R	1	0,3	100,0
Total	400	100,0	
Louco oferece risco à sociedade			
	Freqüência	**%**	**% Cumulativa**
Discordo fortemente	15	3,7	3,7
Discordo	152	38,0	41,7
Indiferente	49	12,3	54,0
Concordo	175	43,7	97,7
Concordo fortemente	8	2,0	99,7
N.R	1	0,3	100,0
Total	400	100,0	
Louco comete mais crimes violentos			
	Freqüência	**%**	**% Cumulativa**
Discordo fortemente	46	11,5	11,5
Discordo	238	59,5	71,0
Indiferente	34	8,5	79,5
Concordo	70	17,5	97,0
Concordo fortemente	11	2,7	99,7
N.R	1	0,3	100,0
Total	400	100,0	

Loucos são perigosos			
	Freqüência	%	% Cumulativa
Discordo fortemente	14	3,5	3,5
Discordo	175	43,8	47,3
Indiferente	51	12,7	60,0
Concordo	153	38,3	98,3
Concordo fortemente	6	1,4	99,7
N.R	1	0,3	100,0
Total	400	100,0	
Ex-Interno tem condição de viver em sociedade			
	Freqüência	%	% Cumulativa
Discordo fortemente	6	1,5	1,5
Discordo	24	6,0	7,5
Indiferente	12	3,0	10,5
Concordo	308	77,0	87,5
Concordo fortemente	49	12,2	99,7
N.R	1	0,3	100,0
Total	400	100,0	

Através de uma análise comparativa das respostas apresentadas acima, podemos perceber uma contradição dos respondentes: apesar de 47,3% não considerarem o louco perigoso, 68,8% afirmaram que ele oferece risco a si próprio e 45,7% consideram que ele representa risco à sociedade. No que diz respeito à vulnerabilidade do louco para cometer mais crimes violentos do que outras pessoas, 71% discordaram de tal possibilidade. Entretanto, um índice considerado relevante (20,2%) ainda afirma tal predisposição.

Como nosso interesse se concentrava em identificar as lógicas e opiniões que definem popularmente o que é loucura, apresentamos uma questão aberta no questionário com esse conteúdo, cujas respostas foram organizadas em categorias construídas *a posteriori* de acordo com a Tabela 03.

Tabela 3 - Classificação das respostas à questão: o que é um louco para você?

Categorias		Freqüência	Percentuais%
Razão/ Desrazão		173	43,25
Patologia		94	23,5
Padrão Normativo		69	17,25
Ruptura com a Sociedade		11	2,75
Sem Definição		51	12,75
Atributo Positivo		2	0,5
Total		**400**	**100,0**

Nossa amostra apresentou, na quase totalidade dos casos (99,4%), uma referência de cunho negativo, de atribuição deficitária à imagem do louco. Apenas 02 (dois) dos 400 questionários aplicados trouxeram uma imagem positiva de loucura, apresentando o louco como "sujeito brincalhão, inteligente" ou "pessoa perceptiva e preocupada". As demais respostas reunimos em cinco categorias a partir do agrupamento lógico das mesmas. Identificamos respostas que estabeleciam a loucura a partir: a) do *desvio* aos padrões sociais e normativos que a sociedade constrói; b) da *ruptura com os laços sociais*, ou seja, da relação indivíduo-sociedade; c) da idéia de *patologia*; d) da relação *razão-desrazão* que localiza o louco como aquele que apresenta uma razão desviada, uma incapacidade de discernimento – nas duas últimas categorias o indivíduo é tomado em relação a si mesmo. Assim, utilizamos a seguinte classificação: 1) padrão normativo e ideal social; 2) ruptura com o laço social; 3) patologia; 4) desrazão; 5) ausência de definição.

Conforme mostram os resultados da Tabela 3, parece-nos, portanto, que ainda hoje a loucura traz as marcas históricas de incapacidade, déficit ou defeito como o que a define popularmente, o que nos permite afirmar que ela ainda não superou os estigmas secularmente responsáveis por sua exclusão.

2ª) Loucura e Exercício da Cidadania

Os resultados da Tabela 4 mostram o que pensam os entrevistados sobre o exercício da cidadania, pelos portadores de transtorno mental.

No que tange a essa categoria, a hipótese é a de que *a imagem social da loucura implica numa idéia de que esta afetaria o exercício da cidadania.* A fim de podermos examiná-la, foi preciso decantar a noção de cidadania em seus três elementos fundamentais (MARSHALL, 1967): direitos civis ou individuais (direito à vida e à segurança, liberdade de contratuar, de ir e vir, de expressão, igualdade); direitos políticos (liberdade de associação e reunião, de organização política e sindical, de participação política e eleitoral, direito ao sufrágio universal) e direitos sociais (direito ao trabalho, à saúde, educação, aposentadoria, bem-estar social).

É majoritário o grupo daqueles que acham que o louco tem condições de estudar (75,1%) e que ele pode trabalhar (75,5%). No entanto, apenas 37% dos respondentes afirmaram que contratariam os serviços de alguém sob tratamento psiquiátrico, enquanto 56% consideraram que o louco deve ser afastado do trabalho e aposentado. Percebe-se, nessas respostas, uma tentativa frustrada dos entrevistados - posto que se contradizem -, de encobrir o preconceito.

Quanto ao direito político de eleger e ser eleito para cargo público, 70,3% consideram que o louco não está apto a escolher seus representantes, enquanto 72,3% dos entrevistados disseram que não votariam em uma pessoa se soubesse que ela tem doença mental.

Tabela 4- Exercício da cidadania

Louco tem condições de estudar			
	Freqüência	**%**	**% Cumulativa**
Sempre	151	37,8	37,8
Quase Sempre	149	37,3	75,1
Nunca	72	18,0	93,1
NS/NR	28	6,9	100,0
Total	400	100,0	
Louco pode trabalhar			
	Freqüência	**%**	**% Cumulativa**
Sempre	122	30,5	30,5
Quase Sempre	180	45,0	75,5
Nunca	76	19,0	94,5
NS/NR	22	5,5	100,0
Total	400	100,0	
Contrataria pessoa sob tratamento			
	Freqüência	**%**	**% Cumulativa**
Sim	148	37,0	37,0
Não	207	51,8	88,8
NS/NR	45	11,2	100,0
Total	400	100,0	
Louco deve ser afastado do trabalho e aposentado			
	Freqüência	**%**	**% Cumulativa**
Sim	224	56,0	56,0
Não	143	35,8	91,8
NS/NR	33	8,2	100,0
Total	400	100,0	
Louco pode votar			
	Freqüência	**%**	**% Cumulativa**
Sim	103	25,8	25,8
Não	281	70,3	96,1
NS/NR	16	3,9	100,0
Total	400	100,0	
Voto em pessoa sob tratamento			
	Freqüência	**%**	**% Cumulativa**
Sim	84	21,0	21,0
Não	289	72,3	93,3
NS/NR	27	6,7	100,0
Total	400	100,0	

b) Direitos Humanos Fundamentais

Apresentação dos dados

Dos 19 pacientes entrevistados acerca da situação jurídico-civil, verificou-se que nenhum deles é interditado judicialmente, não possuindo, pois, representante legal. Mais da metade (52,6%) não possui carteira de identidade, entretanto todos afirmam estar providenciando o documento. Se existe uma conscientização sobre a importância da carteira de identidade – vista como necessária à circulação pela cidade e garantia de reconhecimento –, o mesmo não pôde ser observado quanto ao título de eleitor. Dos 17 pacientes que não o possuem, apenas um afirmou que irá providenciar 2ª via. O exercício da cidadania, no que se refere ao direito ao voto, nunca foi observado por 78,9% dos pacientes.

Em relação ao direito ao trabalho, é igualmente alto o índice dos que não possuem carteira de trabalho (63,2%). Desses, 66,7% já trabalharam com a carteira assinada, mas apenas uma minoria está aposentada por invalidez (15,8%). Quanto ao estabelecimento de vínculos afetivos, 73,7% nunca se casou e 78,9% não tem filhos. Dos quatro pacientes que disseram ter filhos, nenhum deles exerce o pátrio poder; dois deles disseram que quem o exerce é o cônjuge; outro paciente afirmou que o pátrio poder é exercido por outros parentes e um paciente informou que os filhos foram encaminhados à adoção, sem seu consentimento.

Tabela 5- Direitos Humanos Fundamentais

	SIM	NÃO	NR
Possui carteira de identidade	52,6%	47,4%	0%
Possui título de eleitor	10,5%	89,5%	0%
Já votou alguma vez	21,1%	78,9%	0%
Possui carteira de trabalho	31,6%	63,2%	5,2%
Já trabalhou com carteira assinada	66,7%	33,3%	0%
Aposentado por invalidez	15,8%	84,2%	0%
Possui imóveis no próprio nome	5,3%	94,7%	0%
Já se casou	26,3%	73,7%	0%
Possui filhos	21,1%	78,9%	0%

4. Discussão dos dados

No que se refere à interdição judicial, verificou-se que nenhum paciente vivenciou tal situação. Portanto, eles são considerados civilmente capazes, isto é, têm aptidão para exercer direitos e assumir obrigações.

Dentre os direitos fundamentais individuais básicos de todo homem - e, no que nos interessa dos pacientes em questão -, que são invioláveis, temos o direito à vida, à liberdade, à igualdade, à segurança e à propriedade (art. 5º, caput, CR/88). Podendo ser dito, no caso desses pacientes, que estes sujeitos de direitos não podem sofrer discriminações, muito menos serem privados de algum ato de sua vida civil. Sobre este item, é interessante ressaltar que, para a ciência jurídica, "os loucos de todo gênero" são sempre incapazes, depois de diagnosticados por perito. Assim, podemos pensar que é um avanço social, ou um descuido judicial, haver 100% dos pacientes sem medida de curatela.

As respostas a respeito das questões relativas ao estatuto jurídico do matrimônio demonstram que os pacientes também não foram totalmente privados de exercerem atos da vida civil nessa esfera, sendo que 26,3% já se casaram de alguma forma.

No que tange ao porte de documento de identidade ou possibilidade de providenciá-lo (47,33%), faz-nos crer que existe o interesse em exercer seus direitos individuais e sociais a partir da saída do hospital e do ingresso na vida civil. Cabe ressaltar que as garantias ditas civis, como, por exemplo, ter documento de identidade, permitem ao indivíduo a obtenção de certidões em repartições públicas, independentemente do pagamento de taxa, desde que para a defesa de seus direitos e esclarecimento de situações pessoais (Lei 9.051, de 18 de Maio de 1995).

Para analisar as questões relativas ao trabalho (posse e assinatura da Carteira ou aposentadoria por invalidez), primeiramente devemos falar dos direitos sociais. Eles compõem os direitos fundamentais, sendo relativos à educação, saúde, trabalho, lazer, segurança, previdência social, proteção à maternidade e à infância e assistência aos desamparados, situados no art. 6º da CR/88. A garantia do exercício do trabalho aparece em sua importância civil e social junto a esses pacientes. Sabemos da situação real no contexto brasileiro dos altos índices de desemprego e de empregos informais junto à população. Quando pensamos especificamente nos sujeitos de nossa pesquisa, mais preocupante ainda se torna essa situação, pois, muitas das vezes, trata-se de pessoas com restrição a oportunidades de trabalho. Essa situação se revela nos dados, pois apenas 31,58% dos pacientes têm CTPS, sendo que apenas 66,7% destes trabalharam com ela assinada e, destes, um número ainda menor (15,8%) se aposentou por invalidez, como vimos.

Muitos são os direitos dos trabalhadores previstos na Constituição. Podemos destacar que existe proteção à relação de emprego, garantindo-se salário mínimo e piso salarial proporcional à extensão e à complexidade do trabalho. Também se asseguram duração de trabalho, repouso, férias e adicional, licenças, aviso prévio, irredutibilidade dos salários, participação nos lucros da empresa e co-gestão. Alocam-se ainda na Carta Magna os direitos dos dependentes (assistência gratuita, creches e pré-escola). Porém, diante do quadro geral de sub-emprego no Brasil e das transformações das relações de trabalho no mundo, como o crescimento do terceiro setor, o enxugamento da máquina pública, a privatização, as mudanças legislativas em relação às proteção e garantias no campo trabalhista, temos visto despontar cada vez mais iniciativas e propostas legislativas como a lei do Deputado Paulo Delgado sobre cooperativas e empresas sociais. Dessa maneira, buscam-se alternativas a esse problema econômico estrutural, alcançando-se nesse momento o campo da saúde mental. Se o portador de transtorno mental encontra dificuldades para o exercício do trabalho, é possível criar uma zona de trabalho protegido como alternativa aos ideais neoliberais e capitalistas que regulam as relações de trabalho através de cooperativas ou empresas sociais.

Sobre o pátrio poder, temos que ele é a soma de direitos e obrigações institucionais para a proteção dos filhos. Em relação ao assunto, a Constituição Federal estabelece que os direitos referentes à sociedade conjugal são exercidos igualmente pelo homem e pela mulher (art. 226, parágrafo 5º, CF/88). O Pátrio Poder está regulamentado no artigo 21 do Estatuto da Criança e do Adolescente e será exercido, em igualdade de condições, pelo pai e pela mãe, na forma do que dispuser a legislação civil, assegurando a qualquer deles o direito de, em caso de discordância, recorrer à autoridade judiciária competente para a solução da divergência. Observando as questões relativas à paternidade/maternidade, pátrio poder e seu exercício, verificou-se que nenhum paciente dos que têm filhos exerce o seu direito de pátrio poder. Se confrontarmos com a questão "Você é interditado judicialmente?" e sabendo-se que nenhum deles o é, ou seja, todos são tidos como pessoas civilmente capazes, observamos um dado claramente contraditório. De um lado, nenhum deles perdeu o seu direito civil e legal de exercer o pátrio poder sobre seus filhos por serem portadores de transtorno mental, entretanto nenhum deles o exerce efetivamente. O que nos demonstra que o fato de não serem curatelados e considerados judicialmente capazes não os afasta da dificuldade de se haverem com o exercício da cidadania. Cabe, ainda, ressaltar que aparece no questionário que existem filhos de um dos pacientes que foram encaminhados para a adoção a contragosto, mas com sua permissão legal. Esse dado novamente revela o fato de que, apesar de serem sujeitos de direitos, nem sempre são respeitados em seu exercício.

As questões relativas à posse do Título de Eleitor e prática do voto, representando o efetivo exercício dos direitos políticos, foram encontrados dados mais preocupantes. Os direitos políticos encaminham para a idéia de cidadania que não se confunde com a noção de nacionalidade. O indivíduo pode ser nacional e não ser cidadão, por não ter adquirido a capacidade política exigida. Cidadão é o ser nacional no gozo dos seus direitos políticos. Os direitos políticos, encarados sob o ângulo ativo e passivo (possibilidade de o sujeito votar e ser votado, respectivamente), são conferidos ao cidadão a partir do art. 14 da CR/88. Modernamente, porém, atrelado ao conceito de cidadania está o de democracia participativa, que não se contenta com o mero cidadão-eleitor. Qualifica-se-o de partícipe dos rumos da sociedade na qual se encontra exatamente porque se reclama o estreitamento do governo com o povo. Este não pretende mais ser mero objeto e espectador do Estado, mas sujeito e autor do seu próprio destino e dos rumos que o Estado deve tomar. Assim, o fato de 89,47% dos pacientes não possuírem Título de Eleitor e 78,95% nunca terem votado em nenhuma eleição, conduz-nos à conclusão de que o número de pacientes que não exerce a cidadania política é bastante elevado, observando que o direito político é um direito fundamental do homem e todos os pacientes estão aptos a exercê-los.

5. Conclusão

Os resultados da pesquisa realizada confirmam a existência da relação, construída ao longo de séculos na sociedade ocidental, entre loucura e periculosidade e loucura e incapacidade. Comprovando as hipóteses formuladas, verificou-se a imagem social do "louco" como um indivíduo perigoso, incapaz de inserir-se socialmente e de exercer a sua cidadania.

A concepção de tratamento advinda com a Reforma Psiquiátrica visa superar essas distorções e defende que a intervenção a ser feita não deve se limitar à clínica, mas se estender ao contexto social com o objetivo de intervir sobre a cultura, na tentativa de desfazer os pilares sobre os quais se assenta o estigma da loucura. É necessário que a população leiga tenha mais acesso às informações sobre a rede substitutiva de forma a constituir uma nova referência social para o tratamento do portador de transtorno mental, bem como para questionar a imagem instituída sobre o mesmo e revê-la em suas bases.

Além disso, o levantamento acerca da situação jurídico-civil de proteção e exercício dos direitos fundamentais pelo portador de transtorno mental em processo de desospitalização evidenciou uma situação precária que merece atenção. Não só no nível do tratamento e de sua inserção sócio-política, mas também em nível legislativo.

Dessa forma, podemos dizer que:

1) A população ainda necessita de maiores informações sobre a reforma psiquiátrica, os dispositivos abertos e a luta antimanicomial de forma a superar uma concepção desvirtuada da loucura – motivo pelo qual propomos nos anexos estratégias de comunicação.
2) A legislação ainda não põe em xeque a relação loucura-incapacidade, como se o louco não fosse, em tempo algum, capaz de responder por seus atos na vida civil. Isso fortalece a matriz simbólica da imagem da loucura, desconsiderando o sujeito e sua responsabilidade na psicose.
3) O Programa de Desospitalização Psiquiátrica de Belo Horizonte, no que toca ao campo dos Direitos Humanos, pode trazer uma contribuição mais direta quanto ao exercício da vida política de seus usuários.

Referências Bibliográficas

Referente à Psicologia e à Comunicação Social

AMARANTE, Paulo (coord.). *Loucos pela vida: a trajetória da reforma psiquiátrica no Brasil.* Rio de Janeiro, ENSP/Fiocruz, 1995.

ANDRADE, Cândido T. de Souza. *Dicionário profissional de relações públicas e comunicação e glossário de termos anglo-americanos.* 2 ed. São Paulo, Summus, 1996.

BARRETO, Francisco Paes. *Reforma psiquiátrica e movimento lacaniano.* Belo Horizonte, Itatiaia, 1999.

BARROS, Denise Dias. "A desinstitucionalização é desospitalização ou desconstrução?". In: *Revista de Terapia Ocupacional,* São Paulo, USP, vol. 01, nº 02, 1990, pp. 101-106.

_____. *Jardins de Abel: desconstrução do manicômio de Trieste.* São Paulo, Lemos/EDUSP, 1994.

BASAGLIA, Franco. *A instituição negada.* Rio de Janeiro, Graal, 1985.

BELO HORIZONTE. Prefeitura Municipal. Secretaria Municipal de Saúde. Coordenação de Saúde Mental. *Programa de Desospitalização Psiquiátrica de Belo Horizonte.* 2000.

DELGADO, Pedro Gabriel Godinho. *As razões da tutela: psiquiatria, cidadania e justiça do louco no Brasil.* Rio de Janeiro, Te Corá, 1992.

FOUCAULT, Michel. *Doença mental e psicologia.* 5 ed. Trad. Lilian Rose Schalders. Rio de Janeiro, Tempo Brasileiro, 1994. (Biblioteca Tempo Universitário, 11)

_____. *História da loucura na Idade clássica.* 6 ed. Trad. José Teixeira Coelho de Neto. São Paulo, Perspectiva, 2000.

GOLDBERG, Jairo. *Clínica da psicose: um projeto na rede pública.* 2 ed. Rio de Janeiro, Te Corá/Instituto Franco Basaglia, 1996.

HARARI, Angelina e VALETINI, Willians (org.). *A reforma psiquiátrica no cotidiano.* São paulo, Hucite, 2001. (SAÚDELOUCURA, 14)

LOBOSQUE, Ana Marta. *Princípios para uma clínica anti-manicomial e outros escritos.* São Paulo, Hucitec, 1997. (SAÚDELOUCURA, 13)

_____. *Experiências da loucura*. Rio de Janeiro, Garamond, 2001.
MARSHALL, T.H. Cidadania, classe social e status. Rio de Janeiro, Zahar, 1967.

NICÁCIO, Maria Fernanda de Sílvio. *O processo de transformação da Saúde mental em Santos: desconstrução de saberes, instituições e cultura*. São Paulo, PUC, 1994. (Dissertação de Mestrado)

RESENDE, Heitor. *Política de Saúde Mental no Brasil: uma visão histórica.* TUNDIS, Silvério Almeida e COSTA, Nilson do Rosário (org.). *Cidadania e Loucura: Políticas de Saúde Mental no Brasil*. 4 ed. Petrópolis, Vozes/ ABRASCO, 1994, p. 15-74.

ROTELLI, Franco. Superando o manicômio: o circuito psiquiátrico de Trieste. In: _____ (org.). *Psiquiatria Social e reforma psiquiátrica*. Rio de Janeiro, Fiocruz, 1994, p. 149-170.

SARACENO, Benedetto. *Libertando identidades: da reabilitação psicossocial à cidadania possível*. Rio de Janeiro, Instituto Franco Basaglia/Te Corá, 1999.

Referente à Metodologia

GIL, Antônio Carlos. *Como elaborar projetos de pesquisa*. São Paulo, Atlas, 1996, 3 ed.

LAKATOS, Marina de Andrade e MARCONI, Eva Maria. *Técnicas de Pesquisa*. São Paulo: Atlas, 1996.

LAVILLE, Christian & DIONNE, Jean. *A Construção do Saber – Manual de metodologia da pesquisa em ciências humanas*. Porto Alegre, Editora Artes Médicas Sul Ltda.; Belo Horizonte, Editora UFMG, 1999.

Referente ao Campo Jurídico

ABBAGNANO, Nicola. *Dicionário de Filosofia*. São Paulo: Martins Fontes, 2000.

MIRABETI, J.F. *Manual de Direito Penal*. 17 ed. São Paulo: 2001.
SILVA, Plácido. *Vocabulário Jurídico*. 18 ed., atualizada por Nagib Slaibi Filho e Geraldo Magela Alves. Rio de Janeiro: Forense, 2001.

TEIXEIRA DE FREITAS. *Consolidação das Leis Civis.* [s.n.t.] 1872.

BELO HORIZONTE. Portaria SMSA/SUS-BH nº 004/2000, publicada em 07.02.2000.

BRASIL. Ministério da Saúde. Portaria N° 106, publicada em 11.02.2000.

BRASIL. Lei nº 3.071, publicada em 1.01.1916. (Código Civil Brasileiro)

BRASIL. Decreto nº 24.559, publicado em 03. 07.1934. Decreto que permite a cooperação entre a justiça e a psiquiatria.

BRASIL. Lei nº 10.216, publicada em 06.04.2001. Lei Paulo Delgado que prevê a proteção do portador de transtornos psíquicos e o modelo assistencial em saúde mental.

MINAS GERAIS. Lei nº 11.802, publicada em 18.01.1995. Prevê a proteção do portador de transtornos psíquicos e o modelo assistencial em saúde mental.

BRASIL. Lei nº 10.406, publicada em 11.01.2002. Novo Código Civil Brasileiro.

BRASIL. Constituição da República Federativa do Brasil, publicada em 05.10.1988.

Para Seminário sócio-jurídico sobre Direito da Criança e do Adolescente

*Célio Garcia**

Ao refletir sobre o tema "Direito da Criança e do Adolescente", ocorreu-me empreender pequena pesquisa sobre o termo "interesse da criança", como sabemos expressão consagrada em documentos e artigos sobre o tema que nos ocupa.[1]

Encontrei o termo "*interesse* superior da criança e do adolescente", por exemplo,

(1) nas Conclusões do XV Congresso Internacional realizado em Buenos Aires de 2 a 6 de Novembro de 1998;

(2) na Convenção Internacional sobre os Direitos da Criança de 1989, no seu artigo 3. "o interesse superior da criança como princípio geral de direito e regime jurídico básico que rege...".

Por conseguinte, é sintagma consagrado. Podemos rastrear como tem sido usado esse termo que passou a fazer parte do campo semântico atinente ao vocabulário jurídico.

Entendi que à Psicologia podem ser atribuídos os termos "menor" que inclui ausência de discernimento desde o código de 1837, assim como "pessoa em desenvolvimento", "personalidade em formação", e outros. Já o termo interesse pareceu-me sugerir pesquisa mais ampla.

Para alguém formado na escola positiva, teríamos que nos ater à infração e à norma, nada mais. Estamos lembrando Kelsen, por exemplo. Dificilmente, haveria lugar para o termo interesse em se tratando da orientação mencionada. Interesse está do lado do dever ser, e não do ser.

O desafio de nossa época sugere que tenhamos em mente as contribuições dos que consolidaram o pensamento jurídico já não referido a uma referência divina ou natural, ao mesmo tempo em que "produzimos uma teoria estruturante do direito".

No que toca à relação entre realidade e norma, "o elemento normativo assim como o elemento real são desde o início trabalhados em comum

* Célio Garcia foi professor da UFMG no período de 1965-1993, quando liderou o Setor de Psicologia Social. É psicanalista e publica nas áreas de psicanálise e de psicologia social.

[1] Minha curiosidade sobre a expressão vem de longe; ela aumentou quando orientei tese de mestrado realizada por Helio Miranda que cumpriu os requisitos para a obtenção de grau de mestre em Psicologia no curso de pós-graduação da Faculdade de Filosofia e Ciências Humanas da UFMG.

e relacionados um ao outro ao longo de um procedimento estruturado de maneira realista". (Ver Friedrich Müller "Discours de la méthode juridique", editora PUF Paris, original alemão 1993).

Busquei um autor que aceitasse o desafio, sem prejuízo de outras contribuições certamente valiosas no debate atual.

Sabemos que em se tratando de adolescentes, "os menores de 18 anos continua[ra]m fora do Direito Penal, sujeitos às normas da legislação especial, atualmente, as do Estatuto da Criança e do Adolescente" (Dr. Tarcísio José Martins Costa ABRAMINJ INFORMATIVO, Ano V, N. 10, Jan/Fev/Mar 1999), o que exige de nossa pesquisa atenção voltada para característica tão especial.

O mesmo número do jornal acima citado nos fornece matéria para investigação quando publica Recurso especial N. 158.920 – S. P., constando exposição do Sr. Ministro Sálvio de Figueiredo Teixeira, seguida de voto do mesmo ministro.

O provimento do recurso devia-se a alegação de suspensão ou perda do pátrio poder.

"Não se nega outrossim, que é da jurisprudência assente, inclusive desta Corte, que, em se tratando de interesses de menores, é de convir-se pela relativização de aspectos processuais, sobretudo da prevalência dos interesses do menor, como determina a legislação vigente".

Mais adiante: "E é em face desses *superiores interesses da criança*, no caso, que não se recomenda simplesmente restabelecer o statu quo ante (volta ao pátrio poder com devolução da criança), até porque as informações dos autos demonstram o bem estar da criança na companhia do casal."

Parece-me que a prova para-jurídica evocada aproxima-se do que se chama "posse de estado" instrumento de que lança mão o juiz na preparação do processo justamente em se tratando de guarda de filhos e adoção. Lembro o caso em virtude de reação de advogados cujos pareceres publicados no Recueil Daloz Sirey, 1991, 22, Cahier, Chronique XXX ("La possession d'état pivot du droit de la filiation ou le danger d'une vérité sociologique" assinado por Josette Groslière) documentam a maneira como entendem a introdução de um tal instrumento de trabalho. Ali se menciona a dificuldade em se investigar a posse de estado por tratar-se de estado *sentimental* com o que não deveria se ater o juiz em processo dessa natureza.

Na verdade, posse de estado não se reduz a *aspectos sentimentais*, mas, refere-se à ordem simbólica, em boa hora contemplada pela magistratura francesa. Por conseguinte, gostaríamos de encontrar por parte da comentadora um reconhecimento claro dessa menção que ora faço. Imaginemos que o exame da expressão aqui investigada "o maior interesse da criança" fosse por mim rastreado pelo grau sentimental maior ou menor exibido ou pretendido pelo autor de texto que examinássemos. Não seria essa a perspectiva que traria satisfação às exigências dos meus eventuais leitores.

Nossa pesquisa se baseia, portanto, em análise do discurso, ao examinar o vocabulário vigente em determinada época.

Tomo como exemplo a supressão do termo "parricídio" no novo Código penal francês, o bastante para que a inovação merecesse reparo da parte de Pierre Legendre.

Sinal dos tempos, a qualificação de parricídio desapareceu no Código penal francês por ocasião da reforma de 1994; o novo Código dispõe que o assassinato é punido por reclusão perpétua quando ele é cometido... na pessoa de um ascendente legítimo ou natural ou sobre o pai e a mãe adotivos. Que conseqüências e ensinamentos tirar dessa iniciativa do legislador?

É evidente que o crime continua a ser tipificado pela justiça francesa, mas sem o agravo "parrícídio", termo que tem e sempre teve seu peso no campo semântico esteja ele onde estiver.

O Sr. Ministro da Justiça no Brasil houve por bem tomar posição sobre o termo "hediondo" que foi incorporado na tipificação de certos crimes na legislação brasileira, o que mostra mais uma vez a força de um termo na condução do processo e do julgamento.

1. Voltemos ao termo "interesse", objeto de nossa pesquisa

Procurei o termo em autores consagrados – Hume acreditava poder ordenar os conflitos trazidos pelas *paixões* mediante a introdução do termo "interesse". Em Maquiavel, o termo era sinônimo de *razão de estado*; depois passou a designar *lucro* resultado de paixão ambiciosa, capaz de dominar as demais. A ambição, explica-se, diferentemente de outras paixões, apresenta a vantagem de ser racionalmente calculável.

Hobbes examinou a possibilidade de existirem conflitos de interesses; já não era a luta de paixões contraditórias, nem a luta de paixões contra a paixão racional chamada interesse, mas a *luta de interesses contrapostos* num *jogo de soma zero*.

Os interesses se opõem, os interesses coletivos se opõem aos interesses individuais.

Esta contraposição atravessa todo o destino da modernidade até o dia presente: a vertente liberal, utilitarista, define o progresso como o mais livre desdobramento do *interesse privado*, enquanto a vertente socialista define-o como imposição deliberada do *interesse público*, prevalecendo a "vontade geral" conforme Rousseau.

Com a leitura dos clássicos, das *paixões* (Hume) à *razão de estado* (Maquiavel), passando pelo lucro, alcançamos a *luta de interesses contrapostos* (Hobbes); havíamos liberado o termo "interesse da criança" da eventual carga semântica humanística.

Resta situá-lo em espaço semântico onde ele encontrasse *locus* que permita articulação pertinente.

Buscando referência bibliográfica aqui no Brasil, tive em mãos o livro "Interesses difusos e Direitos da criança e do Adolescente" de Josiane Rose Petry Veronese, professora titular de Direito da criança e do Adolescente, na Universidade federal de Santa Catarina.

Discute a professora, nesse livro o tema dos interesses difusos no ECA cujo capítulo VII tem como título "Da proteção judicial dos interesses individuais, difusos e coletivos".

Tais direitos extrapolariam o âmbito do indivíduo isolado e do Estado, lembra a professora.

À p. 87, conclui - "Estes interesses não podem ser encaixados entre os de natureza individual e os de natureza pública, mas colocam-se entre ambos"[2]

Finalmente, trago um estudo que nos vem da França sobre o termo no vocabulário jurídico.[3] No capítulo "Discurso *psi* e *interesse da criança*", à p. 40, constata o autor:

Será sempre em nome do *interesse da criança* que encontra legitimação toda uma série de intervenções sociais, as mais diversificadas, quando se trata de apreciar os riscos que poderiam prejudicar o desenvolvimento da criança.

Para em seguida, indagar: Como poderia ele ser reconhecido como sujeito, não sendo ele sujeito de direito?

A indagação teria sido respondida por várias personagens implicadas na situação.

O ponto de vista do magistrado

– a intervenção do juiz da infância e da adolescência será, na maior parte das vezes, uma interferência sobre a autoridade paterna.

Sindicato da magistratura

– O interesse da criança produz uma jurisprudência mais de ordem sanitária e social que jurídica e judiciária.

Magistrado atuando junto a jovens infratores (educação assistida) –

Necessário se faz que as instituições não se valham de conivência sob pretexto de que se trata do interesse da criança.

---

[2] Na tentativa de esclarecer o tema, à página citada, registra: "Milaré indica os menores da Baixada Santista como exemplo de interesses difusos". À página 97 e seq. ralha a professora o legislador por ter usado ora a conjunção *e* ora a conjunção *ou* no texto em questão".

[3] Psychiatrie et Justice. Franck Chaumon e Nicole Vacher.

O sociólogo

O interesse da criança é uma construção que é devida a adultos; a criança não tem interesse. O interesse da criança é termo que diz respeito não às crianças reais , mas a um outro personagem: a "eterna criança", "a essência da infância", como dizemos o "eterno feminino". Porque e como se encontrariam de braços dados Direito e Psiquiatria na fórmula: interesse da criança?

O advogado

Representar o interesse da criança é freqüentemente representar o interesse dos pais. A noção de interesse da criança não é entendida pelo advogado da mesma maneira como podem e parecem faze-lo o magistrado e o psiquiatra. O interesse da criança se refere possivelmente ao que chamaríamos convicção íntima. (Minha nota: lembrei "posse de estado", item assinalado em parágrafo acima).

O judiciário, se ele funciona bem, deve chegar a por em questão o discurso do terapeuta, da assistente social, do educador. O recurso do contraditório será sempre necesssário.

No capítulo "Atribuição de guarda do filho", continua o autor sua pesquisa:

A modificação da lei sobre o divórcio enfatiza o interesse da criança em se tratando da guarda do filho. ...O interesse da criança surge freqüentemente como interesse dos pais.

Ponto de vista do advogado

A lei atual trata de desculpabilizar o divórcio, tampouco atribui automaticamente o direito de guarda dos filhos, ao que não cometeu falta, prevalecendo no caso o interesse da criança.

Em vez de ajudar a desdramatizar uma situação de conflito o especialista se erige em julgador.

Ponto de vista do psiquiatra

Necessário falar do interesse da criança no contexto da desarmonia conjugal, não cabendo ao psi dizer o que é normal ou não, mas acompanhar as pessoas em seus conflitos internos ou inter-passionais de tal sorte que elas possam exercer liberdade.

Como estamos constatando, minha pesquisa ainda que incompleta já arrolara uma dezena de documentos. Não havendo coincidência entre as opiniões dos personagens chamados a cena, uma conclusão provisória me levava a acreditar que o melhor seria dar a palavra ao jovem infrator ou em conflito com a lei, já que dispúnhamos de material proveniente de sessões de supervisão com colegas psicólogos, jovens psicanalistas, assistentes sociais, terapeutas ocupacionais, em suma pessoal técnico que atendia sócio-educandos em centro de internação para jovens em conflito com a lei cumprindo medida sócio-educativas.

Testemunho dado pelo jovem infra-tor ou em conflito com a lei: o Povo ou o povo

Na expressão "We the people..." o termo *people* indica um corpo político integral, o sujeito constituído. Na expressão "ordinary people" o mesmo termo serve para diferenciar indivíduos separados de outros que são os ricos, os nobres. O termo povo será encontrado no famoso discurso de Lincoln – "O governo do povo pelo povo e para o povo..." onde nitidamente há duas acepções para o termo povo.

Para ficarmos na tradição jurídica, já Bodin faz questão de denunciar a duplicidade do termo, ele o encontra na expressão "peuple en corps", mas também em "menu peuple".

A bi-polaridade do conceito parece estar presente desde que a espécie humana se institui em corpo político; fratura política fundamental atingindo o povo marca relação complexa entre dois extremos, a saber, povo como corpo político integral e povo como multiplicidade fragmentária de excluídos.

Nossa leitura enfatiza a divisão povo / Povo considerando-a mais original que a divisão amigo / inimigo, a qual como sabemos, devemos a Schmitt, ideólogo cujas idéias serviram ao nazismo. Por força de expressão desse tipo, foi possível ao nazismo manejar a situação repartindo o que eles consideravam necessidades fundamentais. Para o Povo alemão "Brott und Heim", para os inimigos o extermínio. A partição amigo / inimigo impressiona pela freqüência com que desde sempre e até hoje serve como argumento no discurso dos chefes de Estado. Ela é igualmente encontrada nos sentimentos e comportamentos para com as minorias.

Nossa leitura aponta para aporia já pressentida quando nos defrontamos com o conceito de minorias a serem incluídas num conjunto sempre sujeito a deixar alguém de fora.

O projeto de democracia capitalista ao prometer eliminação dos pobres graças ao desenvolvimento econômico parece ignorar a aporia vigente na expressão "Nós o povo..." Acresce que a vida nua e crua parece habitar o *povo* esse mesmo cuja existência é uma exceção já que em nada garantido; em nossa época só conhecemos a vida nua e crua graças à exceção.

Se a vida nua e crua é colonizada pela instituição juridico-política, transformando-a em bio-política, as categorias habituais sofrem pesado impacto com a operação; assim, Direitos do homem, Cidadania, Democracia, Soberania popular, Maior Interesses da Criança (vamos arrolar a expressão aqui em foco na série), são submetidos a um processo de esvaziamento e deslocamento semântico por força do qual os termos inclusão e exclusão são tratados de maneira bastante simplificada. Afinal de contas, o *povo* portador da fratura fundamental é alguma coisa que não poder ser simplesmente incluída, absorvida.

O *povo* de que estou falando não é a abstrata figura habitual encontrada nos teóricos da política ou do direito; para dar um exemplo, penso no jovem em conflito com a lei, ou o jovem infrator, como preferirem chamar.

R. menor de idade, está internado em instituição de recuperação. Declara haver cometido 11 assassinatos. A instituição só tem conhecimento de cinco. "É matar ou morrer" acrescenta anunciando o que lhe espera lá fora. Entendo que bem ou mal R. sabe que é uma pessoa sacrificada; qualquer dia, qualquer hora, poderá encontrar a morte. Não haverá processo, nem tampouco recursos protelatórios perante tribunais de instância superior. Tudo se passa como se R. devesse ser sacrificado, sem panegírico, sem culpa por parte dos que se declaram dispostos a resgatar dívida social. Atenção: ele não é vítima.

Se o fosse declararia que sofreu muito e que os outros são culpados. R. é figura viva de antiga personagem no Direito Romano conhecido como "homo sacer", assim ele poderá ser morto sem que sua eliminação física seja ocasião para inculpação, nem rituais. Ele disse que havia eliminado 11, deixando claro que o "homo sacer" não tem recuperação, nem será incluído, sendo ele a vida nua e crua vivida na periferia de nossas grandes cidades.

A vida nua e crua se chama Zoe. A vida submetida à bio-politica se chama Bios.

É diferente. R. está na Zoe, não na Bios.

É hora de repensar o espaço político e formular perspectiva que atente para os limites entre vida privada e existência política, limites e estrutura originária da esfera do Estado.

A Psicanálise parece haver pensado a vida nua e crua, caberia a ela tomar a palavra. Para tanto, ela Psicanálise teria que desistir de se eternizar no século e arriscar sua desqualificação.

A sentença de Freud para uma Ética compatível com a Psicanálise foi "Onde o Id estiver, o Ego virá a ser ". Assim, também, "Onde houver um povo, um Povo poderá vir a se constituir".

2. Espaço Público e dissenso

Destaco o "espaço público" já que foi considerado como condição de possibilidade de toda liberdade e de toda verdade. O "espaço público" é assemelhado a um espaço de representação, o que levaria, anoto para mim mesmo, a uma estetização do político.

A comunicabilidade para os defensores do espaço público repousa sobre uma experiência de tipo íntimo, incomunicável experiência estética, sem afastar o assentimento do outro.

Há na proposta pretensão de se garantir uma comunidade ideal de comunicação fundada, se não na verdade, pelo menos no consentimento.

Descobrimos que o espaço urbano de nossas grandes cidades é a planta baixa do "espaço público" no Brasil. Há marcas de um dissenso entre os protagonistas, atestado nessa planta baixa. Em nossa abordagem, a dissimetria sustenta as relações de responsabilidade sem culpa, relações entre o pessoal técnico e o jovem infrator, relações entre o jovem infrator e a sociedade. A irreversibilidade aponta para um Outro que eventualmente sanciona, sem o que o lugar do sujeito será ocupado pela vítima.

Donde tiramos um certo número de conseqüências, alinhadas a seguir.

1. O inconsciente é político.
2. Sendo o inconsciente atemporal, no dizer de Freud, as conexões entre um fragmento e outro não obedecem a restrições de tempo ou marca cronológica; podemos acrescentar que (nos sonhos, por exemplo) referidos fragmentos são provenientes de diversas origens. Na verdade eles são reempregados, ou se preferirem reciclados a cada vez.
3. Não há portanto encadeamento histórico, mas conexão entre os elementos ou fragmentos.
4. A Política vem a ser o surgimento de eventos. Cada evento cria condições para que exista sujeito. Contemporâneo do sujeito criativo, inventivo, há sempre possibilidade de um sujeito reativo, voltado para o passado.
5. A Prática política é formada de seqüências finitas, seus recursos provem do reemprego de elementos de diversas fontes, tal, como no inconsciente.
6. Em vez de identidade, grandes oposições, ideais, trabalhamos com a mínima diferença; a identidade tem sido fonte de descriminação, segregação.
7. O jovem infrator ou em conflito com a lei terá se constituído em sujeito eventualmente por ocasião de seu ato infracional; ele não sente culpa ou culpabilidade pelo seu ato. Chamamos a esse ato uma resposta.
8. O jovem infrator poderá sempre ser confrontado à *resposta* que o constituiu como sujeito. Ele já deu a *resposta* quando nós o atendemos. Nesse item encontramos o tema da

responsabilidade, mas agora liberado da sua carga moral, do seu feitio jurídico. Precisamos a todo custo reformular algumas de nossas teses por mais que elas sejam consagradas pela prática até agora.

9. Um pro-jeto deverá ser construído juntamente com o jovem infrator. Um pro-jeto e não um projeto, para estabelecer uma diferença entre o jovem em conflito com a lei e as saídas construídas a partir de identificações carregadas na história familiar do sujeito, no passado.
10. Graças a um pro-jeto o jovem infrator é lançado na vida. Um pro-jeto não se reduz a inserção, ou inclusão na sociedade de consumo. Um pro-jejto vai além do que previa o psicólogo que conduz a intervenção junto ao jovem infrator. Sendo assim, a *resposta* (veja-se item acima quando tratamos da responsabilidade em termos de *resposta*), em nada nos autoriza a admitir uma simetria que fundaria uma comunidade de comunicação (diálogo) entre o jovem infrator e o psicólogo e / ou psiquiatra e/ ou psicanalista que intervém.
11. A questão da inserção/ desinserção merece exame mais apurado. A zona urbana de exclusão de onde provem o jovem em conflito com a lei mantém os habitantes dessa área da cidade em estado de ex-comunicação. A televisão é um veículo que rompe a ex-comunicação, mas ela não é interativa; o canal e sua *telinha* trazem mensagens, mas não levam. O termo *visibilidade* faz provavelmente alusão a questão que ora suscitamos.
12. O jovem infrator pensa. O pensamento é pensar do real imanente à situação. Nesse caso, a exterioridade conta pouco, por exemplo, para quem se está falando, como tirar proveito da situação. É possível que haja aí marca de uma subjetividade. As letras de *rap* são uma ocasião para recolhermos a *pensação* do jovem infrator. Também as frases enunciadas no meio que freqüenta o jovem infrator.
13. Quanto à identidade, trata-se uma identidade *performativa*, ela se realiza no exato momento em que uma frase é pronunciada. Os verbos performativos são termos que realizam o que dizem sem intermediação. Por exemplo, o verbo "eu prometo".
    O movimento pelos direitos civis nos Estados Unidos, liderado por Martin Luther King, certamente fazia apelo a uma identidade performativa por ocasião das passeatas e das camisetas com inscrições do tipo performativo "I am...".
    Para pensar as necessidades do jovem infrator ou em conflito com a lei não fazemos apelo a uma identificação melancólica, nem nos orientamos pela representação ou representatividade de figuras com as quais nos identificaríamos.

14. A condução da intervenção junto ao jovem infrator se interessa pelas frases formadas, qual o estatuto lingüístico, político dessas frases. Por exemplo: "nasci para ser livre". Ou ainda: "sou daqui e quero ficar aqui", frase que definiria muito bem um movimento de urbanização de setores da periferia.
15. Algumas dessas frases tem caráter decisório, condenatório, peremptório; equivalem a decisões de nosso sistema judiciário.
16. Pretendemos fazer a clínica do regime encontrado nas relações entre *socioeducandos* (jovens infratores cumprindo medida com privação de liberdade) e pessoal técnico, funcionários administrativos, direção, chefia em vários níveis, outras figuras encontradas na situação.

A suposição que nos orienta em nossa investigação em nada incrimina a proximidade eventualmente encontrada em nossas instituições de internação.

Tão somente, ela nos pareceu marcar as normas, as instruções emanadas da direção, a orientação geral de pensamento entre os técnicos, a tal ponto que formulamos aqui uma hipótese. O jovem infrator (jovem em conflito com a lei) se sente ainda bastante próximo do pessoal trabalhando em nossas instituições.

Essa proximidade aponta para possibilidade julgada presente e com a qual contamos para qualquer intervenção ou iniciativa em matéria de socio-educação, programa de inserção, tentativa de compreensão de situações que nos colocam diante de crimes e violência inaudita.

E, no entanto, teríamos que fazer avaliação do regime acima descrito, susceptível de prender o jovem infrator num sistema moral baseado na culpa, sistema cuja justiça se rege a partir do arrependimento. Culpa e arrependimento sendo consideradas etapas que caminham no sentido de um melhor posicionamento do jovem em conflito com a lei diante da sociedade na qual ele é chamado a viver, afirmamos ser possível falar de responsabilidade sem apelar para a noção de culpa. Não sei até onde vou levar essa hipótese de trabalho, esse objetivo teórico. A proximidade, tal como a constatamos em nossa cultura brasileira, esconde uma real dificuldade ao visar uma comunidade ideal de comunicação fundada na reversibilidade, enquanto que em nossa abordagem a dissimetria caracteriza as relações de responsabilidade sem culpa. A irreversibilidade aponta para um Outro que eventualmente sanciona, sem o que o lugar do sujeito será ocupado pela vítima. No fundo, com a idéia de *proximidade* volta à superfície da vida política brasileira algo que estava recalcado que é a ideologia da vitimização.

In fine.

O jovem infrator em conflito com a lei me convenceu de que nem Psicologia, nem Psicanálise, dão conta das questões que ele traz. Ele é alguém que eu chamei *povo* cuja vida nua e crua nos aponta para o futuro. Não há tom profético, nem ufanismo, evidentemente, nas minhas palavras. Mas, enquanto não decidirmos olhar para a questão trazida pelo jovem infrator em conflito com a lei, ele vai permanecer, armas na mão, como no filme "Cidade de Deus", nos morros das periferias e favelas, onde ele recebe armas já que combatente ele já o era. Como disse em parágrafo acima, *povo,* ele traz in nux respostas confusas que anunciam as questões que enfrentaremos já que sofre na carne do enfraquecimento do Estado, do desaparecimento do trabalho como meio de sobrevivência tradicional.

Quais seriam suas necessidades, tendo em vista a passagem de *povo* para Povo,

para alguém que em conflito com a lei não a reconhece, nem a ela aderiu, já que situado no dissenso brasileiro, para alguém que vive em liberdade quando não está em "acautelamento provisório", para alguém que armas na mão se mantém próximo a nós, se ainda cabem os termos necessidades e / ou interesse diante de tal passagem?

3. Sobre uma intrigante proximidade entre homem e animal: proximidade e efeito obtido

Em nossos encontros com pessoal técnico das Unidades da SAREMI, falamos dos equipamentos disponíveis na instituição e de como fazer com que eles rendam resultados no atendimento ao jovem infrator ou em conflito com a lei. Nossa atenção sempre voltada para os equipamentos conhecidos tais como esporte, oficinas, saídas para participar de eventos na comunidade, deparou-se com um caso especial quando conversamos sobre o curral.

De fato, situada numa antiga fazenda, a instituição conta com instalações destinadas à criação de gado bovino e suíno. Alguns jovens são escalados para prestar serviço nessa área da fazenda. A passagem pelo curral e a permanência no curral eram motivos de comentário quando nos referíamos em avaliação, às condições de cada jovem socio-educando.

Era notável o progresso em alguns casos, em se tratando de maior tranqüilidade, adaptação às tarefas executadas, apresentação geral e contatos com o pessoal técnico, assim como companheiros.

Ocorre que nos dispusemos a refletir sobre o que era trazido até então de uma maneira não sistemática. De início, o curral era um recurso a mais, lembrado quando havia por parte do jovem interesse em ser destacado para aquela tarefa, ou simplesmente uma contingência qualquer contribuía para que um determinado jovem socio-educando permanecesse algum tempo, algumas horas por dia, ocupado com tarefas próprias de um curral.

Chama atenção de todos nós o contato com os animais, já que em princípio diferenciado de outros contatos a que o jovem socio-educando é levado a enfrentar no convívio social-institucional.

Vamos dizer que havia no curral algo específico que caracterizava a maneira como cada um se conduzia. Para isso nada havia sido estabelecido administrativamente, a não ser instruções gerais do conhecimento dos que desempenhavam tarefas no curral.

O vaqueiro sabia o que devia fazer. Ele cuidava das vacas. Para isso executava movimentos, gestos, pronunciava algumas palavras (não muitas!) e o clima era de tranqüilidade. O curral pacificava. A inclusão se faz sem passar pela partição cujo termo outro seria a exclusão. Aqui vale uma outra articulação buscada após várias tentativas, acertos e erros, mais erros que acertos, enfim a luta que cada um conhece.

No curral, não se fazia necessário um controle especial que seguisse os passos do jovem infrator em serviço no curral naquela semana ou mês. Finalmente, anotamos que no curral ninguém era suspeito, nem havia por parte do vaqueiro idéia de suspeitar de um ou outro que estivesse trabalhando. Sem exagero diria que os animais (as vacas) induziam um clima de relacionamento entre os humanos. E todos se entendiam muito bem naquele mundo de meu Deus! Se algum dos presentes (vaqueiros, ajudantes, visitas e outros) tivesse por acaso, gesto desajeitado, fora do ritmo, suspeitoso (se me permitem o uso do termo), a reação dos animais denunciava que alguém estava fora do ritmo. Todos sabemos que para ordenhar o vaqueiro tem que adotar postura confiante, tranqüila, sem muito alvoroço.

Isso nos levou a considerações inesperadas sobre a distância entre o homem e o animal.

Quero dizer o intrigante parentesco e inesperada proximidade entre o homem e o animal.

Através e graças a uma reconciliação com a natureza animal, naquele ambiente marcado pela confiança que se estabelecia entre animais e gente, chegamos a pensar que alguma coisa se resgatava no curral, alguma coisa que nos escapava nas dependências formais da instituição. Havia uma grande solidariedade no curral. A própria linguagem humana sem que ela desaparecesse, era passada num crivo que a isentava de palavreado vazio, exageros de ênfase, insistência burocrática e / ou administrativa. Claro que as ameaças desapareciam ou diminuíam consideravelmente.

Estamos numa fase inicial ao tentarmos organizar nossas idéias sobre o curral e como acompanharmos o que sucede após um período de permanência naquelas paragens.

Em outro momento havia proposto considerações sobre a *vida nua e crua*. Pois é dela provavelmente que estamos falando quando falamos de curral.

Para situar o leitor, transcrevo Nota que o psicólogo Paulo César Vilaça Rodrigues havia trazido para uma de nossas reuniões.

Localizado "fora do CIA", inclusive separado por uma ferrovia. "À margem".

- Sem interferência / presença do setor administrativo (só gestão), técnico, segurança. Inclusive da SAREMI, em relação ao aspecto pedagógico.
- Os funcionários do Curral não são monitores. Não são instrutores ou educadores (pelo menos não existe expectativa neste sentido). São vaqueiros. Têm o SABER sobre os animais, e seu manejo. Estão submetidos às "leis da natureza".
- Os vaqueiros têm o "saber rural" e não o saber da reeducação, ou da recuperação. Sabem lidar com as vacas e não com os "bandidos".
- A comunicação não verbal. Não temos na palavra o canal de interlocução. Palavra/linguagem que é "Lei" para a psicanálise. Lei (ECA) que os coloca no lugar de "Infratores", agora "Recuperando".
- Com um saber que é outro, que independe dos modelos e propostas pedagógicas o vaqueiro é o Mestre" (como o da capoeira ?).
- Colocados em "Outro Lugar", os vaqueiros assumem e respondem do lugar regido pelas leis da natureza, e com a chegada do "adolescente em conflito com a lei" imediatamente desencadeia um processo de inclusão. Inclusão e submissão a "Outra Lei", não à lei que o "exclui". Lei que o coloca à margem. Lei que determina a transgressão, pois sendo excludente permite a transgressão.
- A lei da natureza não permite a exclusão, muito menos recupera (recupera-se aquilo que foi perdido, excluído), aqui o Código Penal é a "seleção natural".
- Não existe no Curral o vício de ficar atento procurando o suspeito. Tal conceito só existe quando apoiado na lei do Código Penal. A visão como suspeito ou bandido é conseqüência do Código Penal e não do ECA.
- O Curral e o manejo do gado de leite ou da suinocultura simplesmente existe e acontece naturalmente. Não é possível cria-lo como uma oficina terapêutica ou pedagógica. Não é possível "CRIAR / CONSTRUIR" uma oficina a partir de um Projeto Pedagógico, pois o Curral não se submete a projetos, que não sejam regidos pelas leis da natureza.
- No Curral o ponto central é o animal. Todo o procedimento gira em torno do animal. No CIA o ponto central é o adolescente.

Adolescente autor de ato infracional que o coloca em posição suspeito.

- A saída do adolescente do Núcleo para do Curral, é um distanciamento deste lugar de infrator, de transgressor que o CIA, ou melhor, o Núcleo, pela própria estrutura não permite. Possivelmente nem a Rua permite. Talvez o Curral, por estar submetido à "outra lei", ofereça ao adolescente uma "liberdade" que nem na Rua é alcançada ou permitida.
- Se não lhe é permitido responder de outro lugar que não seja o lugar de infrator, não podemos esperar que tal adolescente responda com responsabilidade (sem culpa) diante da infração.

A questão da cidadania do louco[1]

Izabel Christina Friche Passos[2]

1. Introdução

Vou me ater à primeira parte do título da mesa "O modelo do usuário-cidadão" que nos remete para a noção de cidadania contida no binômio, aliás, redundante. Na idéia de usuário está contida a de cidadão, de indivíduo que usufrui de um serviço, público ou privado. Ou seja, de um indivíduo que é agente e não elemento passivo, como pressupõem, ao contrário, as noções de paciente e de internado, às quais a de usuário vem fazer a crítica implícita (já que não é de qualquer serviço que se trata aqui, mas daqueles destinados a portadores de sofrimento mental).

Vou dividir minha fala em três tempos. Num primeiro momento trarei para a discussão a problematização da noção de cidadania no contexto da sociedade brasileira, a partir de um recorte sócio-antropológico. Tomarei como autor de suporte Roberto DaMata, especialmente seu livro *A casa e a rua* (2000), e mais especificamente, ainda, o capítulo "A questão da cidadania num universo relacional".

Trata-se de texto de 1984 que, relativazando certas observações do autor cabíveis para a época da pós-ditadura, continua atual e bastante elucidativo da complexidade que envolve pensar a cidadania em nosso país. Tal complexidade não permite uma mera transposição dos conteúdos da noção tal como desenvolvida nos países europeus e nos EUA, e teorizada por Marshall (1967).

DaMata aponta um conflito ou uma combinação, inerente a nossa formação sociológica, entre, de um lado, a perseguição de uma lei única, universal, válida para todos, que garanta direitos e deveres universais, e seja, portanto, fundamentalmente pautada na igualdade entre os indivíduos (conteúdo marshalliano do conceito), e, de outro lado, a observância de uma lógica relacional, baseada em relações familiares, íntimas e de amizade, que, ao contrário da idéia racional de cidadania, estabelece privilégios, se pauta na troca de favores pessoais e em hierarquias sociais.

Num segundo momento, abordarei o tema mais específico da mesa,

---

[1] Texto estabelecido a partir de participação na Mesa redonda intitulada: O *modelo do usuário-cidadão: políticas de saúde mental no Brasil.*

[2] Professora de psicologia social da Universidade Federal de São João Del Rei/MG – Laboratório de Pesquisa e Intervenção Psicossocial (Lapip).

formulando-o como questão: da possibilidade de uma pessoa portadora de sofrimento mental, e identificada seja como doente mental, seja como louca, psicótica, etc., se tornar ou vir a ser um "usuário-cidadão". Aí, estarei trazendo para nos ajudar no debate, a reflexão de Michel Foucault ([1961]1993). Foucault nos mostra que até chegarmos a uma tal problematização da relação loucura e cidadania, que propõe o adoecimento mental e o direito ao cuidado como não destituidores da condição de cidadania do paciente e como dever do Estado – debate desencadeado principalmente a partir do segundo pós-guerra –, houve antes todo um processo de construção de um novo lugar social para o "doente mental", mediante a conversão da loucura em doença. Foucault irá explicitar como se produziu, em consonância com o surgimento da ordem societária ocidental moderna, a percepção da loucura como doença incapacitante para o trabalho e mesmo para o convívio social. Tal ordem social moderna teria criado as condições de possibilidade para o tratamento especializado do louco: psiquiátrico, psicológico, assistencial e jurídico. Na passagem da condição de alienado à de doente mental, vemos o louco adquirir o direito ao que poderíamos chamar de uma estranha e paradoxal cidadania: num mesmo gesto, outorgada, pela nova condição de indivíduo doente, e seqüestrada, pelo saber/poder psiquiátrico que isola e segrega esse mesmo indivíduo. Com o nascimento da instituição asilar psiquiátrica, a sociedade moderna institui, simultaneamente, o direito do louco ao tratamento e o seqüestro de sua liberdade. Esta pseudocidadania é um dos principais problemas a ser enfrentado no atual contexto de transformação das políticas no campo da saúde mental, como sugere o título da mesa.

Finalmente, vou tentar articular a problematização da noção de cidadania no contexto relacional brasileiro, proposta por DaMata, e o sistema de divisão ou separação da loucura, proposto por Foucault, com alguns resultados de pesquisa empírica etnográfica que venho desenvolvendo, juntamente com uma bolsista de iniciação científica. Trata-se de um estudo comparativo que estamos fazendo junto às populações das cidades mineiras e vizinhas de Prados e Barbacena. Tendo como pano de fundo o sistema de divisões foucaultiano entre práticas discursivas pré-modernas ou pré-psiquiátricas em torno da loucura e a mudança de percepção do louco como doente, operada pela psiquiatria moderna, e suas conseqüências, vou articular alguns dados referentes ao estudo de caso da cidade de Prados, em fase de finalização, com a discussão sobre cidadania de DaMatta. Estarei apresentando o modo como esta cidade lida com a loucura e trata os loucos, que me parece bastante ilustrativo tanto de uma persistência de modos de significação da loucura ainda pré-modernos ou pré-psiquiátricos, quanto de um modo tradicional de convivência social com os loucos, que se enquadra na interpretação de DaMata sobre o universo ético de tipo relacional, ainda dominante no Brasil. O estudo sobre Barbacena ainda não foi iniciado.

2. O problema da cidadania no contexto social brasileiro

Vou ser extremamente sintética, correndo o risco de alguma simplificação. Por isto, recomendo uma leitura atenta de DaMata, incluindo outras obras do autor além da citada. DaMata aponta para a dificuldade de penetração e, principalmente, de exercício prático da noção de cidadania, tal como pensada para e pela sociedade ocidental moderna européia e norte-americana, na sociedade brasileira, pois esta é fortemente relacional em sua lógica e estrutura de funcionamento social. O universo relacional se pauta em laços de parentesco e de amizade e em distinções de sexo, idade, hierarquia e *status* sociais.

A idéia de cidadania, por sua vez, implica em valores como universalidade, impessoalidade e igualdade. Ninguém é mais ou pode mais que outrem pelo fato de ser fulano ou beltrano; todos são indivíduos iguais perante a lei, que é anônima e soberana. Cidadania é um conceito nivelador, igualitário, que institui o indivíduo como papel social. O conceito central neste universo racional é o de indivíduo. A cidadania, deste ponto de vista, sustenta e é sustentada por uma ética puritana e uma tradição liberal, do trabalho e do mercado.

A lógica relacional, por sua vez, configura uma rede de relações entre pessoas claramente diferenciadas, seja por sexo, idade, *status*, lugar na hierarquia de classes ou estamentos sociais, conhecimento acumulado, etc. É pautada por identidades encaixadas, na linguagem de Goodenough (1965), citado por DaMata (2000): pobre/rico, homem/mulher, velho/moço, etc. Sustenta e é sustentada em privilégios, compadrios, favorecimentos, laços de amizade e de parentesco. Não significa que o individualismo seja incompatível com tal lógica. O personalismo é a forma assumida pelo individualismo neste tipo de estrutura. No caso brasileiro, especificamente, DaMata identifica um recurso freqüente a este tipo de lógica em detrimento ou, principalmente, em combinação com a cidadania de primeiro tipo. Os exemplos se multiplicam desde furar fila, guardar lugar para um amigo no cinema, até o uso das relações pessoais para superar obstáculos formais e legais, a instrumentalização de mecanismos institucionais públicos em benefício particular, o abuso de autoridade. Aliás, é, em geral, na condição de uma inferiorização do indivíduo diante de uma autoridade, que o cidadão é reconhecido como tal. Exemplos: o policial que aplica uma multa e pergunta "o carro é do cidadão?"; ou, vice-versa, do cidadão que responde "o senhor sabe com quem está falando?". No Brasil, a lei muitas vezes é vista como negatividade, isto é, feita para aqueles que estão fora dessas relações de influência e de reconhecimento pessoal. A lei é para os outros. Cornelis falava ontem que mais do que proclamar direitos, é preciso saber se queremos a igualdade, num país onde a desigualdade continua tão valorizada.

O conceito central nesse universo relacional é o de pessoa.

O interessante da interpretação do antropólogo é que ela não é maniqueísta. Ao contrário de ver apenas patologia, perversão, na sociedade brasileira, ele vê um misto dessas duas lógicas funcionando de modo complementar. Se em política esta suposta complementaridade é, no mínimo, problemática, porque dela nem todos tem chances de participar, dada a extrema desigualdade social e econômica reinantes no país, no campo específico da Saúde Mental, penso que esta proposta de DaMata é bastante pertinente, pois flexibiliza a visão puramente racionalista ou normativa de cidadania. De fato, no limite, a cidadania liberal pode levar a uma desumanização das relações, a uma imposição cega e inflexível da lei ou de valores. O cuidado a pessoas fragilizadas demanda certa sensibilidade, certa disponibilidade de condições especiais; implica a valorização das singularidades, como frisou Neuza Guarechi na mesa de abertura deste Encontro. Pois, trata-se, neste caso, de vínculos quebrados a reconstituir, de relações pessoais muito dificultadas. Estamos, neste caso, diante do que Joel Birman (1992) aponta como paradoxo da cidadania do louco: indivíduo a ser respeitado como um igual, mas, também, a ser protegido, ajudado de modo tolerante e diferenciado.

DaMata não condena a ética relacional como retrógrada ou incivilizada. Para ele, no Brasil, convivem diferentes tipos de práticas e idéias de cidadania que devem ser reconhecidas e entendidas como efetivas e parte de nossa estrutura sociológica.

Não vou me estender nas origens históricas apontadas pelo autor para tal estrutura, o que extrapolaria muito os limites desta apresentação.

3. Loucura *versus* cidadania?

Trazendo agora a análise foucaultiana, para pensar essa questão da cidadania do louco, vou ser ainda mais breve, porque, apesar de se tratar de um autor fundamental para a pesquisa que venho desenvolvendo, a complexa elaboração foucaultiana foi objeto de outro longo artigo (Passos e Beato, 2002) e não caberia no tempo que dispomos nesta mesa.

Foucault, com seu sistema de divisões loucura/desrazão/razão, loucura/doença, que se operou desde o Renascimento até a Modernidade pineliana, está interessado em mostrar as condições de possibilidade tanto do aparecimento da doença mental como objeto de saber, quanto da expansão da prática de internação dos loucos como estando ambos relacionados a certa mudança fundamental na percepção social da loucura. Esta nova percepção além de relegar outras (míticas, religiosas, trágicas, irônicas, etc.) a um lugar marginal, lança as bases, na sociedade, para um domínio e o silenciamento da loucura pela racionalidade, bem como para a subjugação e segregação do louco do convívio social pelo saber/poder psiquiátrico, através de seu seqüestro e isolamento no asilo.

Sem poder desenvolver aqui a pesquisa de Foucault que dá embasamento a esta conclusão, registro que não faltaram vozes discordantes de sua interpretação, no meio psiquiátrico. As mais significativas, pela profundidade e seriedade do trabalho histórico sobre essa instituição, foram as de Marcel Gauchet e Gladys Swain (1980). Para estes autores, a doença mental representou uma forma de inclusão social do louco na ordem moderna. O louco teria passado a ser um igual na medida em que a loucura como doença, não só é passível de atingir a muitos, cada vez um número maior de pessoas, como encontra uma forma científica de tratamento, que a retira do limbo do misticismo ou da relegação à própria sorte. Não penso, no entanto, que Foucault tenha negado a inclusão moderna do louco. O problema de sua inclusão no sistema institucional disciplinar – categoria na qual Foucault situa o manicômio – é o de ser uma inclusão pelo domínio e domesticação, que custará ao louco a alienação de sua loucura e de sua condição cidadã ao saber/poder do médico e da Justiça, seja de forma concorrencial ou combinada dessas duas instituições, médica e jurídica. A inclusão operada pela psiquiatria asilar, que perdurou como modelo de tratamento por mais de dois séculos, de modo hegemônico e inalterado em seus princípios fundamentais, implica imediatamente a dominação, a submissão e a exclusão efetiva do louco. Como diz Peter Pal Pelbart (1989), a inclusão do doente mental é uma inclusão de direito (ao tratamento de um suposto distúrbio), e uma exclusão de fato, decorrente seja do isolamento físico, seja da perda da cidadania plena, via tutela médica ou jurídica.

Hoje, a questão do tratamento não pode mais ser pensada sem o resgate da cidadania perdida por essas pessoas. E porque não é mesmo nada fácil esse enlace, sintomática é a redundância do binômio usuário-cidadão do título da mesa.

4. O caso da cidade mineira de Prados

Por que fomos estudar Prados? O interesse pelo estudo das práticas discursivas em torno da loucura junto à população de Prados surgiu de informações esparsas, a partir de falas de moradores da cidade, e mesmo de profissionais da área da saúde, de que os loucos da cidade dificilmente são enviados para hospitais psiquiátricos, encontrando, na própria dinâmica da vida comunitária, alguma forma de amparo ou assistência. Prados já foi até mencionada por expositores em Mesas redondas de eventos científicos da área da Saúde Mental como exemplo singular de cidade que desenvolve para com seus loucos práticas e relações sociais de inclusão, sem o recurso à internação psiquiátrica que se tornou cada vez mais freqüente nas grandes cidades.

Inicialmente suposta como exemplo semelhante ao de tantas outras pequenas cidades do interior do país, onde o louco que anda pelas ruas é figura constante e folclórica, com o desenvolvimento da pesquisa, fomos identificando certas particularidades de Prados, não redutíveis exclusivamente ao tamanho da cidade ou a sua localização geográfica – rural e isolada pelas serras mineiras. Nas práticas discursivas e concretas em relação ao louco, identificadas através de entrevistas e de observação participante realizada em estágio de psicologia numa instituição para idosos da cidade, fomos identificando conteúdos e significados muito relacionados à tradição histórica e cultural local[3].

Cidade colonial, Prados foi fundada no início do século XVIII, com a fixação dos bandeirantes atraídos pela exploração do ouro. Possuindo, aproximadamente, oito mil habitantes, é formada por um pequeno centro urbano e pequenos povoamentos em bairros nas proximidades, que guardam aspecto muito rural. Com a expansão do comércio e a criação de escolas (fatores estes combinados à precariedade dos meios de transporte que dificultava o deslocamento, pois só recentemente a estrada de acesso à cidade foi asfaltada), as pessoas da zona rural do município migraram, em grande parte, para a cidade para dar a acesso aos filhos à escola. Concomitantemente, os filhos das famílias mais abastadas passaram a sair da cidade para continuar os estudos. Nesse processo, segundo alguns entrevistados, começaram a proliferar os casos de pessoas loucas que passavam a viver nas ruas da cidade. No discurso dos moradores é enfatizado o aspecto da tradição das famílias da cidade, em contraste com as famílias da zona rural, ficando clara uma associação, feita pelos entrevistados, entre os loucos e os camponeses.

A proliferação de casos de loucura (vista, contudo, como uma característica geral da cidade e como fenômeno que independe da origem social) é, freqüentemente, atribuída a casamentos consangüíneos, praticados principalmente no passado, também pelas famílias tradicionais da cidade. Neste caso, por motivo econômico. No entanto, ao contrário dos casos públicos dos loucos de rua, comentados com certo orgulho, nas poucas menções a casos de loucura ocorridos em famílias tradicionais, há toda uma cautela em não se identificar nem a pessoa, nem a família. Uma entrevistada conta que, embora em Prados seja quase impossível esconder esses casos, pelo tamanho da cidade, as famílias normalmente não falam sobre o problema. São casos constituídos por pessoas que acabam sendo levadas, em "momentos de crise", para internação na própria Santa Casa

[3] Artigo contendo relato pormenorizado deste estudo de caso está sendo preparado para publicação; aqui apresento, resumidamente, apenas alguns aspectos que me permitirão ilustrar a discussão proposta.

da cidade (que não dispõe de serviço psiquiátrico e, portanto, não faz registro desses casos), ou para outra cidade. Estes são descritos como casos de doença ou como "problemas emocionais", de "depressão", "alcoolismo" e "drogas".

Muitas dessas pessoas das famílias, ao retornarem de períodos de internações fora (em Barbacena, Belo Horizonte, etc.), são incorporados na vida cotidiana da cidade, mantendo-se sobre elas a mesma discrição. Observamos que os loucos de rua é que são objeto das ações solidárias da comunidade, e, portanto, são mais preservados de fazerem carreira psiquiátrica ou manicomial.

Constatamos que, em geral, os discursos dos moradores transmitem, de fato, uma imagem de cidade acolhedora e, de alguma forma, protetora de pessoas consideradas portadoras de algum tipo de distúrbio de comportamento, principalmente, daquelas que vagam pelas ruas. Embora se continue atribuindo ao presente esta imagem de acolhimento, e ocorra relatos de casos atuais, chamou nossa atenção a quase unânime referência dos entrevistados ao passado. Todos mencionaram, como exemplos desses casos, pessoas já mortas, que foram embora da cidade ou que não mais se encontram na condição anterior de "loucos de rua", como eram identificados. Neste último caso, com a aproximação ou o avanço da velhice, algumas dessas pessoas encontraram um novo lugar de vida: o Lar dos Idosos Monsenhor Assis, instituição criada há uns seis anos, em mutirão comunitário, através de cooperação espontânea dos moradores A Casa Lar é uma instituição exibida com orgulho pela população e de cuja vida a comunidade participa ativamente. Cuida para não se transformar num asilo tradicional, lutando para preservar a subjetividade e dignidade de seus moradores. É ilustrativo o caso da Maria do Biscoito. Depois de um longo período de resistência de Maria à proposta de ir morar na Casa Lar, feita por causa de seu estado de progressiva cegueira, vivendo como estava, sozinha, com ajuda esparsa dos vizinhos, e em condições muito precárias de higiene e cuidados, ela concordou em ir. Mas só se pudesse levar as galinhas, a cadela, os móveis e seus parcos pertences. E assim foi feito: todos foram para a Casa Lar. Outro exemplo é o de João da Virgínia. Ex-morador de rua, considerado louco, manteve por certo tempo seu antigo hábito de catar papel e lixo nas ruas e levar para seu quarto na Casa. Aos poucos, e sem coerção, ele foi abandonando este hábito.

Os loucos de rua são vistos como personagens folclóricos da cidade; todos os conhecem e se referem a eles com um sentimento de muita proximidade e, em alguns casos, de grande carinho. Exemplo é o relato tocante de um morador que, tendo conseguido carona para João, num dia de chuva, em carro de pessoas desconhecidas, e sentindo medo de que "sumissem com o João pra lá", pegou, em seguida, outro carro na praça e foi verificar se João tinha chegado bem onde estava morando.

Os moradores dão acolhimento aos loucos do seguinte tipo: atribuem-lhes pequenos mandados (levar recados, fazer pequenos serviços); deixam-nos entrar nas casas sem bater, para filar a 'bóia' (almoço ou café); dão roupas e sapatos; em dias de festa na cidade, recolhem-nos para um banho (em geral, esta é uma atribuição da polícia, que chegou a reservar um quartinho na cadeia para um deles dormir, realizando, na fala de um morador, "um trabalho com a pessoa", que era como "um bicho do mato"). Dificilmente, a polícia é mobilizada para levar alguém para o manicômio. Em episódio ocorrido na cidade vizinha de São João Del Rei, um desses loucos, acostumado a entrar sem bater em determinada casa, onde morava uma família pradense, foi, um dia, surpreendido por outra família que havia se mudado para a casa. A família em pânico chamou a polícia, mas quando identificado que o louco era de Prados, a polícia de lá veio buscá-lo para levá-lo de volta para a cidade.

Atualmente, um novo juiz, que está há poucos anos na cidade, é que tem sido o maior responsável por encaminhamentos de internações e por um aumento significativo do número de interdições judiciais por incapacidade mental. Os moradores só mobilizam ajuda especializada em casos de agressividade fora de controle, o que é muito raro.

São inúmeros os casos de pessoas ajudadas pela comunidade ou que se tornaram personagens históricos da cidade. Tarola, o mais célebre deles, chegou ainda adolescente na cidade e não falava uma palavra, segundo dizem. Tornou-se ajudante da banda, auxiliar do padre nas missas e procissões e figura imprescindível nas rodas de conversas de fins-de-semana nos bares da pracinha central, pois "adorava conversar". É a única pessoa que não foi maestro a ganhar retrato na parede da Lira Ceciliana (orquestra barroca, reconhecida no meio musical clássico do país). Teve um dos enterros mais concorridos da história da cidade, após ter tido o corpo velado na igreja matriz, numa concessão excepcional do pároco.

Podemos dizer que a inclusão do louco em Prados é via ajuda das famílias, da Igreja e de associações comunitárias que oferecem à pessoa, cujos laços familiares foram rompidos, uma nova localização social e identitária. Consiste esta nova localização em lhe restituir a condição de pessoa, em dar-lhe um papel na comunidade, ou, simplesmente, tolerar-lhe as esquisitices, já que muitos permanecem vivendo nas ruas (conta-se que a um deles foi dada uma casa que o 'beneficiado' queimou ou destruiu, voltando para as ruas).

Se for o caso de se falar em alguma forma de "cidadania" adquirida pelo louco nesse contexto, ela se traduz na recuperação de um vínculo com a comunidade. Mesmo permanecendo nas ruas, o louco é ajudado. Não se trata, portanto, da mesma cidadania perseguida para o usuário-cidadão da Reforma Psiquiátrica, via reinserção pelo trabalho, assistência especializada, etc. Rigorosamente falando, a reforma ainda não chegou a Prados. Em Prados, parece não ser o trabalho produtivo o que, fundamentalmente, dá a identidade das pessoas, mas sim, os laços e a origem familiar, a posição ocupada na sociedade; o que, nas camadas mais abastadas, traduz-se em poder político e influência social. Importa muito a atuação da pessoa na comunidade. Prados é uma sociedade ainda bastante tradicional e conservadora, onde predominam a hierarquia e a ética relacionais, fortemente permeadas pela religiosidade; daí o assistencialismo e a solidariedade espontânea[4]. Além de uma fortíssima tradição religiosa, cuidadosamente preservada, e bastante visível nos festejos religiosos, a cidade mantém uma auto-imagem de cidade culta, representada pela tradição musical clássica: possui compositores nacionalmente conhecidos e cedia, todo ano, um festival de música barroca, organizado e patrocinado pela USP (Universidade de São Paulo).

Uma de nossas fontes de discussão teórica sobre os laços comunitários de Prados tem sido os estudos sobre redes sociais (Mitchell, 1969; Bott, 1976). Esses estudos afirmam que quanto mais forte for um laço social, como a relação entre cônjuges, parentes próximos e amigos íntimos, maior será a probabilidade de o mesmo funcionar como apoio, aumentando igualmente a probabilidade de obtenção de auxílio por seu intermédio. Para essas teorias, quando se trata de oferecer apoio, os laços fortes teriam um papel mais decisivo que os laços fracos (relações relativamente superficiais e não íntimas, como as de vizinhança), sendo que os laços mais fracos forneceriam outros tipos de ajuda secundária e não decisiva. Comparando nossa interpretação sobre a realidade de Prados com aquela descrita por Rabelo e cols. (1999), em pesquisa sobre o Nordeste de Amaralina, região de bairros pobres da cidade de Salvador/BA, observamos que esses autores tiram conclusões muito próximas das que chegamos para Prados. Os resultados encontrados pelos pesquisadores baianos apontam também para uma maior efetividade por parte dos laços fracos do que o indicado nas teorias. No caso de Prados, temos constatado que, dada a força ou importância dos laços fracos, estes são mesmo determinantes do adiamento, ou da ausência, de internação psiquiátrica ou asilar do louco, bem como da busca de outras alternativas de ajuda, inclusive nos casos em que os familiares vivem na cidade ou na região. O que indica uma prevalência dos laços comunitários sobre os laços ditos fortes, principalmente no caso dos loucos de rua. Uma das hipóteses que levantamos é a de que os laços fracos são tributários da grande religiosidade popular presente em ambas as populações estudadas, guardadas suas muitas e grandes diferenças.

Voltando à discussão da cidadania, o louco em Prados não se torna um cidadão no sentido liberal e moderno do termo. Ao contrário, o que observamos é que o louco de rua continua numa situação subalterna: pode

[4] Digo espontânea porque tal solidariedade não passa por uma forma de organização política consciente e autônoma; a ordem política local é muito conservadora e patrimonialista.

virar um 'bobo da corte', motivo de diversão das rodas de bate-papo, ou mesmo uma figura querida e honorável, o que não é suficiente para mudar sua condição social. Da mesma forma, o louco também pode ser uma pessoa de destaque (há casos de prefeito, padre e professor considerados loucos). Sua condição continuará sendo aquela de sua origem social. Porém, a pessoa receberá algum tipo de proteção e cuidado, despertará a tolerância da comunidade; o que certamente está ligado à grande sensibilidade das "elites" locais, expressa no amor às artes: à música e à literatura, principalmente. Outra tradição muito preservada é a dos contadores de 'causos': histórias que misturam realidade e imaginação. Embora contendo elementos fantásticos, são contadas como fatos acontecidos. Há muitas dessas histórias envolvendo os famosos 'loucos' de Prados. Nos causos contados, os loucos são mostrados como apresentando uma certa perspicácia, podendo ser temidos ou admirados, mas sendo sempre incompreendidos.

Ao falar dos casos de loucura, os entrevistados utilizam vocabulário variado para designar o louco e explicar a origem da loucura, são exemplos: o louco não tem memória, não tem referencial; fala coisas desconexas; é perturbado; é um desajustado; idiota; doido; torna-se esquizofrênico quando é segregado pela comunidade; é um processo que pode ser estancado se há aceitação por parte das pessoas; o alcoolismo torna o louco pernicioso e agressivo. Este seria um conjunto de termos para designar alguém que apresenta comportamentos estranhos, mas que não é considerado "um louco mesmo". Nesse vocabulário, aparece alguma referência a conceitos médicos, mas sem qualquer uso pertinente e muito menos sistemático. Identificamos, também, uma certa classificação implícita, uma diferenciação importante em relação àquele que seria o louco, "louco mesmo". Este não tem rudimentos da vida em sociedade, é de sua natureza ser louco ou ele é de uma outra natureza. A maneira como este louco é referido pelas pessoas traduz um certo respeito, respeito por algo que escapa à compreensão. A agressividade natural, instintiva, que representa risco de vida, é, para os entrevistados, de modo geral, aquilo que marca uma pessoa realmente como louca. A agressividade "dele é como a agressividade da cobra, que se defende instintivamente", nas palavras de um entrevistado, não é uma maldade. Ele não é exatamente visto como doente, neste sentido, não se justifica interná-lo. É preciso saber lidar com este louco, não provocar, saber manter uma distância, que o próprio louco indica por gestos e comportamentos, em seus momentos de estranheza ou crise. Esses significados nos remeteram para uma releitura mais atenta da descrição foucaultiana dos significados da loucura no Renascimento, que desenvolvemos amplamente no artigo antes mencionado (2001).

Por fim, é preciso considerar na ação solidária dessa comunidade, também dimensões objetivas, como a carência de serviços e de profissionais de saúde na cidade. As pessoas que têm alguma condição econômica procuram atendimento em outra cidade. Entretanto, a forma de atuação das instituições existentes se aproxima da mesma lógica protecionista e assistencial da cidade. A Santa Casa já abrigou vários loucos de rua e essas pessoas, que lá moraram ou iam dormir, eram totalmente livres para entrar e sair a seu bel prazer, passando às vezes longos períodos nas ruas, sem aparecer na instituição.

Para concluir, nesta rápida apresentação do estudo de caso, queria apenas chamar a atenção para a importância de se conhecer mais profundamente as realidades sociais nas quais se pretende atuar em políticas de saúde mental, ou em qualquer política pública. Tanto porque, assim, se pode aproveitar melhor os recursos 'naturais' da própria população, quanto se pode evitar meras prescrições normativas, autoritárias ou inócuas.

Referências Bibliográficas

BIRMAN, Joel. "A cidadania tresloucada" in: BEZERRA, B. e AMARANTE, P. (Orgs.) *Psiquiatria sem Hospício* - contribuições ao estudo da Reforma Psiquiátrica. Rio de Janeiro: Relume Dumará, 1992.

BOTT, E. *Família e Redes Sociais*. Rio de Janeiro: Francisco Alves, 1976.

DAMATTA, R. *A Casa e a rua*: espaço, cidadania, mulher e morte no Brasil. Rio de Janeiro: Rocco, 2000, 6ª ed.

GAUCHET, M; SWAIN, G. *La Pratique de L'espirit Humain:* L'istitution Asilaire et la evolución démocratique. Paris: Gallimard, 1980.

GOODENOUGH, W. Rethinking status and role. In: *The relevance of models for social anthropology*. ASA Monographs, n. 1, Londres, Tavistock.

MARSHALL, T. H. *Cidadania, Classe Social e Status*. Rio de Janeiro: Labor, 1967.

MITCHELL, J. C. The concept and use of social networks. In: *Social Networks in Urban Situation*. Manchester: Manchester University Press, 1969.

PASSOS, I.C.F. e BEATO, M.S.F. Concepções e práticas sociais em torno da loucura: alcance e atualidade da *História da Loucura* de Foucault para investigações etnográficas. São João Del-Rei: UFSJ, 2001. (Mimeo)

PELBART, Peter. P. *Da Clausura do Fora ao Fora da Clausura* – Loucura e Desrazão. São Paulo: Brasiliense, 1989.

RABELO, Mírian. C. et al. *Experiência de Doença e Narrativa*. Rio de Janeiro: Editora FIOCRUZ, 1999.

Psicologia e Direitos Humanos

Míriam Caiafa Amorim Farias[1]

Esse trabalho trata de uma reflexão sobre o conceito de direitos humanos, partindo da experiência de trabalho na Coordenadoria de Direitos Humanos e Cidadania/CDHC, da Prefeitura de Belo Horizonte (hoje, CMDH – Coordenadoria Municipal de Direitos Humanos da Secretaria Municipal dos Direitos de Cidadania/SMDC). Nesse início de trabalho, nossa especial dedicação era na atividade de atendimento ao público, com base na formação em psicologia e na psicanálise.

Através do estudo da psicanálise e da possibilidade de aplicação da mesma num contexto institucional, via clínica, aproximamos, então, da Psicologia Social, através do que identificaríamos como Clínica do Social.

Em seu livro *Clínica do Social*, Célio Garcia nos traz a idéia de contribuições da escuta psicanalítica para além dos limites do consultório, considerando este um referencial indispensável, uma vez que traz *o particular* devidamente trabalhado em termos de *fragmento*, apontando para uma nova dimensão não reconhecida pelo *macro* que é, quase sempre, a única dimensão vigente nas análises dos economistas e planejadores. O *macro* encobriria sempre o *fragmento*: *"uma Clínica do Social deve aliar a atividade, o interesse e a atenção da clínica à subjetividade de cada um, articulando esses procedimentos com um programa de ação política como prática no dia-a-dia do cidadão"*.

Dessa forma, nossa intervenção no campo social veio se constituindo pela via da clínica, inicialmente, no campo institucional e, atualmente, no campo das políticas públicas em direitos humanos. Após esse percurso, temos precioso apreço pela *clínica*, considerando-a *pilar fundamental* para o trabalho da psicologia em qualquer campo de atuação: empresarial, escolar, hospitalar, jurídico, social, etc. Há que se ter, sempre, o compromisso ético com aquele sujeito que é, por nós escutado em sua subjetividade, quer seja no consultório, na empresa, no hospital, na Coordenadoria de Direitos Humanos ou em qualquer outro local onde se propõe um trabalho de escuta.

De início, na composição de uma equipe interdisciplinar, onde estavam presentes também advogados, assistentes sociais, sociólogos e jornalistas, deparamo-nos com uma questão que nos acompanhava em todas as reuniões realizadas para discussões de casos atendidos na Coordenadoria de Direitos Humanos: *"Mas esse caso é de direitos humanos? Por quê?"*

---

[1] Psicóloga. Assessora da Coordenadoria Municipal dos Direitos Humanos da Secretaria Municipal dos Direitos de Cidadania. Pós-Graduanda em Direitos Humanos.

Isso nos fez seguir em duas direções: uma teórica, acerca do conceito de direitos humanos e outra prática, através do arquivo de atendimento ao público da referida Coordenadoria. Nesse período, encontramos no periódico "Juizes para a democracia", nº 20 - abr./jun. de 2000, a seguinte definição:

"Direitos Humanos são direitos que se aplicam a qualquer pessoa na terra, independentemente da cidadania em um país. Embora nem sempre expressamente declarado, esses direitos são acompanhados de responsabilidades. Atentados aos direitos humanos podem incluir a violação governamental dos direitos dos cidadãos ou a violação por um indivíduo dos direitos de outrem".

O trabalho de atendimento, visivelmente, foi sendo construído e se consolidando através do estudo dos casos atendidos por esta equipe, constituída por profissionais de diversas áreas, cada um com seu conhecimento específico, interligados, entretanto, por uma questão comum: a promoção dos direitos humanos em Belo Horizonte.

Direitos Humanos traz consigo a idéia da Universalidade. Universalidade, no sentido da *Interseção* e não da *União*, tomando emprestados os conceitos da matemática. Isso porque diz respeito a qualquer pessoa na face da Terra, mas não diz respeito ao somatório de tudo sobre todas essas pessoas. A *Interseção* é justamente o que possibilita uma *borda* conceitual para os Direitos Humanos e se representaria pelo espectro da dignidade humana, ou seja, tudo aquilo que fosse *essencial* para a garantia da dignidade humana, em qualquer lugar no mundo.

Previstos e explicitados pela Declaração Universal dos Direitos Humanos que, vale lembrar, também representa um determinado olhar histórico-político, podemos dizer, que esses direitos representam um *ideal* a ser atingido, através de sua efetivação, a nível interno, em cada país.

Vale aqui ressaltar um ponto importante: a diferença conceitual entre direitos humanos e direitos fundamentais. Quando nos referimos a direitos fundamentais, está implícita aí a idéia dos direitos constitucionais, ou seja, explicitados pelo texto constitucional. Esta é uma confusão conceitual bastante corriqueira, quando se tenta definir Direitos Humanos: igualá-los aos direitos fundamentais. "Direitos Fundamentais" não é sinônimo de "Direitos Humanos", embora, os primeiros estejam, intrinsecamente, vinculados à promoção desses *outros – universais*. O que podemos afirmar é que os direitos fundamentais – constitucionais – constituem a *internalização* dos direitos humanos em nosso país.

Isso ocorre porque, recorrer aos direitos fundamentais prepostos na Constituição, via judicial, representa *um dos* mecanismos internos que um país apresenta para a efetivação dos Direitos Humanos. Mas esse não é o único e, por isso, consideramos também um equívoco conceitual definir Direitos Humanos como "uma área do Direito como outra qualquer".

Consideramos mais adequado afirmar que Direitos Humanos constitui uma matéria, de caráter transdisciplinar, que perpassaria todos os campos do Direito. Matéria, de caráter fundamental, que deve perpassar, para além do campo do Direito, o campo social, a esfera legislativa, a esfera política e, até mesmo, ousamos dizer, o campo familiar, dentre outros. É aí que identificamos quão amplo é o conceito de Direitos Humanos.

Sua efetivação deve se dar, fundamentalmente, através de políticas públicas, de caráter amplo, que estejam associadas à universalidade, à igualdade na acessibilidade e à indivisibilidade de direitos.

Direitos Humanos constituem direitos e deveres para todos – Estado, indivíduos e associações de indivíduos. Dessa forma, compete a cada um – individualmente ou na coletividade – resguardar, reparar e promover as condições que assegurem os direitos humanos.

Outro cuidado conceitual que devemos ter, especialmente quando se trabalha com algum segmento social, é o de não igualar Direitos Humanos a "direitos dos excluídos" ou "direitos das minorias". "Direitos Humanos" implica algo do universal; é para todos! Esse ponto merece atenção, pois é certo que, alguns segmentos sociais (negros, crianças e adolescentes, idosos, portadores de sofrimento mental, dentre outros) têm contra eles uma violação específica e endereçada ao grupo; uma violação aos direitos fundamentais de uma coletividade e isso constitui fértil campo de trabalho para a defesa e garantia dos direitos humanos. No entanto, não podemos reduzi-lo, conceitualmente, aos direitos de um ou outro segmento. Isso porque não há como se privilegiar um ou outro direito – que já é mínimo para a dignidade humana! Não há como dizer que a violação a um desses direitos é mais grave que outra, pois que tratam de direitos indivisíveis, indissociáveis e interdependentes. O que se privilegia é o foco do trabalho pela definição de políticas públicas, ou seja, ações do governo para fazer valer o texto constitucional, na área dos direitos humanos, que atuem no combate à discriminação, ou ao desrespeito, ou à violação de direitos coletivos ou individuais.

1. Acessibilidade: pilar dos Direitos Humanos!

No Brasil, não é à toa, que a palavra *elite* nos é bastante familiar. Lembrando nosso texto constitucional que explicita que *"todos são iguais perante à lei, sem distinção de qualquer natureza..."* vale pensar sobre a questão das elites e dos direitos em nossa sociedade: ora, se não há igualdade no acesso a determinado direito, então, deixemos de hipocrisia; não estamos falando em direitos, mas em privilégios. É preciso desvelar sobre quais *direitos* estamos falando e a quem são endereçados.

Nesse *desnodamento,* certamente, encontraremos uma política que desconsidera, por completo, a questão da indivisibilidade dos direitos humanos. Políticas que não possibilitam aos sujeitos, por si próprios, o acesso aos direitos fundamentais. Políticas que discriminam, que elitizam e mais, que tentam "*emburrecer*" cidadãos, em potencial. A desinformação constitui uma violência sutil e cotidiana – difícil de combater!

Ousamos dizer que o acesso à informação e, conseqüentemente, aos demais direitos, pode ser, hoje, considerado como o *pilar* para a garantia dos direitos humanos em nosso país, para que esses direitos – explícitos, no papel – deixem de revelar-se privilégios – no mundo real!

Após esse percurso conceitual, tornou-se possível, através de uma análise minuciosa, a identificação e a qualificação das demandas endereçadas à equipe da CDHC, no período de Fevereiro/1997 a Outubro/2000. Basicamente, elegeu-se quatro classificações mais gerais que, por sua vez, foram posteriormente detalhadas. São elas:

2. Violação do Estado aos direitos do cidadão

Tipo de Demanda	1997	1998	1999	2000	Subtotal	%
Espancamento / Tortura praticados por policiais	06	05	06	15	32	21,9 %
Abuso de Autoridade Policial / Ameaças / Constrangimentos	09	10	09	10	38	26,0 %
Abuso de Autoridade Policial, seguido de agressão física, extorsão, depredação de bens	08	04	08	19	39	26,7 %
Abuso de Autoridade/Agente Público de Administração Direta ou Indireta - Ameaças / Coação / Discriminação ou Omissão na prestação de um serviço	07	01	08	06	22	15,1 %
Abuso de Autoridade/Agente Público de Administração Direta ou Indireta, seguido de agressão física	02	01	02	01	06	4,1 %
Desaparecimento ou morte após prisão	03	02	01	02	08	5,5 %
Denúncia sobre Atos Médicos em Instituições Públicas - erro, omissão, negligência	01	00	00	00	01	0,7 %
Totais	36	23	34	53	146	100 %

Poderíamos dizer que, ao falarmos em direitos humanos, há que se priorizar ações no sentido de combater prioritariamente esse tipo de violação – do Estado contra o cidadão – em virtude de sua gravidade, uma vez que o violador constitui-se, por propriedade constitucional, o principal responsável a zelar pela segurança e integridade dos violados, no caso, os cidadãos. A relação nesse tipo de violação é arbitrariamente deturpada. Sabemos que esse número não representa quantitativamente os dados reais de tal violação que, acreditamos, pela natureza e força do violador, iniba as pessoas de fazerem tais denúncias, especialmente com relação aos seis primeiros tipos e, podemos perceber, quando as fazem, a dificuldade para dar continuidade às denúncias é enorme. Em muitos casos, os denunciantes desistem por medo de sofrerem retaliações ou pela própria pressão/ameaça do(s) agente(s) violador(es).

Neste sentido, os pactos internacionais possuem um papel determinante e bastante importante, embora ainda, poderíamos dizer, precariamente eficazes quanto à abrangência quantitativa de tais violações. Era de se esperar que, à medida que se assinassem acordos internacionais de garantia dos direitos humanos, isso tivesse uma repercussão positiva internamente em um país. Embora observamos alguns avanços – mínimos diante de tais realidades – como bem disse o professor Leonardo Brant, sobre a proteção internacional dos direitos humanos, no livro *Direitos Humanos e Direitos dos Cidadãos (vol. 2)*, *"Infelizmente, mesmo com todos os mecanismos de proteção internacional de direitos humanos, atualmente existentes, na prática, as violações permanecem e se aprofundam sobretudo em um mundo globalizado em que a desigualdade é a regra geral*".

3. Violação de um ou mais indivíduos aos direitos de outro

Tipo de Demanda	1997	1998	1999	2000	Subtotal	%
Discriminação de toda e qualquer natureza: por raça, opção sexual, gênero, idade, deficiência física, dentre outros	9	3	12	17	41	10,3 %
Denúncia, por terceiros, de Exploração ou Maus Tratos ou Abandono de crianças, portadores de deficiência física, portadores de sofrimento mental, idosos, outros	3	0	6	7	16	4 %
Conflitos sociais interpessoais (briga entre vizinhos; locador/locatário; discordâncias em acordos em geral; regulamentação de moradia, etc.)	7	24	25	48	104	26,1%
Conflitos sociais comunitários de moradia	2	3	6	8	19	4,8%
Conflitos familiares – questões de direitos de toda ordem, desde orientações sobre direitos de pensão a agressões físicas no contexto familiar	10	39	74	95	218	54,8%
Totais	31	69	123	174	398	100 %

Aqui destacam-se os conflitos interpessoais, nos quais, geralmente, estão presentes ações graves de discriminação, agressão e/ou desrespeito aos direitos e integridade física e psicológica, onde, normalmente o agredido não tem como se safar de tal violação, sem a intervenção de um terceiro mais forte: a lei. Nesse sentido, muitas vezes, recorre-se a instituições de cunho jurídico, no entanto, sem muito saber o que se pode fazer – o que buscam é uma barra à falta de limites do agente violador.

Outra característica importante a ser observada, especialmente no terceiro e quinto tipos (conflitos sociais e familiares, respectivamente) – que podemos observar, configuram a maioria das "denúncias" – é a longevidade de tais relações. Muitas vezes, a intervenção judicial foi considerada contra-indicada pela equipe, uma vez que dizia respeito a uma situação que foi sendo consolidada a partir de relações interpessoais estremecidas, onde observamos participação de ambos os agentes (violador e violado) para tal, mas que, em determinado momento, extrapolou os limites do suportável. Nesses casos, quando se percebe responsabilidade de ambos na manutenção do conflito, a equipe prioriza as intermediações e, no máximo, estabelecimento de acordos extra-judiciais, uma vez que uma disputa judicial poderia, em nossa avaliação, agravar tal conflito. Temos tido resultados bastante interessantes com essas intervenções.

Nos conflitos sociais comunitários de moradia, as ações intercalam-se com intervenções judiciais ou extra-judiciais, dependendo da natureza jurídica do problema. Já nos dois primeiros tipos, predomina-se a ação judicial, pois não há muito o que se tolerar. Normalmente são encaminhados a Delegacias de Polícia ou ao Ministério Público.

4. Violação de um ou mais represen-tantes institucionais aos direitos do cidadão

Tipo de Demanda	1997	1998	1999	2000	Subtotal	%
Abuso de Representante de Entidades Particulares - Ameaças / Coação / Discriminação ou Omissão na prestação de um serviço	5	1	5	9	20	55,5 %
Abuso de Representante de Entidades Particulares, seguido de agressão física	3	0	1	6	10	27,8 %
Denúncia sobre Atos Médicos em Instituições Particulares - erro, omissão, negligência	1	0	3	2	06	16,7 %
Totais	9	1	9	17	36	100 %

Como já dissemos anteriormente, destacamos a questão do caráter institucional que, muitas vezes, indevidamente fortalece o agente violador. Nesses casos, predominam as orientações quanto a direitos e deveres e, normalmente, tais casos são contemplados pelas instituições de caráter jurídico, como a Defensoria Pública ou os serviços de prestação jurídica das Universidades.

Tipo de Demanda	1997	1998	1999	2000	Subtotal	%
Direitos Sociais (INSS; Trabalho/Desemprego; Escola; Saúde; Seguros)	3	6	22	39	70	18,4 %
Regulamentação de Documentação Pessoal	2	7	11	16	36	9,5 %
Orientações Jurídicas em geral (como proceder diante de questões judiciais)	22	30	51	80	183	48,0 %
Solicitação de assistência jurídica por pessoas que encontram-se presas	4	2	12	33	51	13,4 %
Solicitações diversas (Bolsa Escola; Tratamento de Saúde; Exames; Passe Livre; Passagens; etc.)	1	4	19	12	36	9,5 %
Relações Internacionais - questões de direitos que envolvam pelo menos dois países distintos (Extradição; Expulsão; Cumprimento de Pena em País que não é o de Origem da Pessoa...)	2	0	2	1	5	1,3 %
Totais	34	49	117	181	381	100,%

Todas as pessoas que nos recorrem, mesmo que com questões não relativas aos direitos humanos, são mínima e devidamente orientadas quanto a locais nos quais terão o atendimento adequado. Nesses casos procede-se apenas uma escuta cuidadosa que identificará a real natureza da questão. Muitas vezes, o que se percebe, é que o primeiro problema apresentado nem sempre é o principal. Temos também o cuidado de tentar identificar como a pessoa chegou à Coordenadoria de Direitos Humanos: se espontaneamente ou se foi encaminhada por alguém, por quem e por qual motivo – isso ajuda a identificar a relação que possa ter sido feita com a questão dos direitos humanos, sua expectativa em relação ao nosso trabalho e, em alguns casos, mesmo o equívoco de tal encaminhamento, quando temos a oportunidade, então de esclarecer a natureza do trabalho de tal Coordenadoria. Como podemos perceber, há sempre o que se fazer, diante de alguém que procura ajuda...

Com relação à Psicologia, destacamos alguns pontos que consideramos de relevante contribuição para esse trabalho:

1º) A idéia da existência do Inconsciente (partindo dos pressupostos teóricos da Psicanálise) que se manifesta não apenas pela fala, mas também pelos *não ditos*, por suas contradições, por seus atos. Era preciso que – toda a equipe – estivesse atenta a isso. Tentar ampliar o foco para além da demanda jurídica apresentada: estar atento ao *Sujeito* e não apenas abreviá-lo a um *caso jurídico.*

2º) Trabalhar o conceito de *vítima*, uma vez que se trabalha *a priori,* em direitos humanos, com essa idéia. Pois bem: na maioria das vezes, no campo dos direitos humanos, trabalhamos mesmo com *vítimas*. Vítimas de violações. Mas vítimas de ações *externas*. No momento em que se sofre uma ação violenta, provavelmente pouco se pode fazer diante de um outro agressor, naquele instante, mais forte (física ou moralmente). Há, nessa condição, pouco ou nenhum espaço para que o sujeito humano possa se manifestar.

O professor e filósofo José de Anchieta vem nos dizer, em palestra sobre Ética, ministrada durante o Ciclo de Debates sobre "O Sistema de Execução das Penas", em março de 2000, que *"tornar-se humano é poder trafegar na ordem simbólica"*, é o que diferencia o homem – ser de linguagem – dos animais. Não há possibilidade de compreensão sobre Direitos Humanos, se não se reconhece o homem enquanto Homem – sujeito de direitos, de deveres, de desejos!

Poderíamos dizer que o homem vive – durante toda a sua existência – *instantes de vítima*. Nesses *instantes*, resta ao homem-vítima apresentar-se como *objeto* da ação alheia, à mercê da ação do outro violador. Mas, no instante seguinte, já é possível sair dessa posição – de vítima – e, novamente, emergir o Sujeito.

No livro acima mencionado, Célio Garcia chama a atenção para esse conceito, dizendo que "*o inimigo da Clínica do Social seria a idéia do pobre homem, de vítima a ser mantida sobre proteção do sistema*".

O Sujeito, para a psicanálise, contrariamente ao que encontramos no dicionário (= súdito; escravizado; obrigado; constrangido; que se sujeita à vontade dos outros; obediente; dócil; submetido; etc.), implica necessariamente em "tomar as rédeas da própria vida" (popularmente falando); é aquele "capaz" (no sentido maior desse termo) de tomar suas próprias decisões e ser responsável por elas – o único capaz de responder por elas.

Entendemos que a Cidadania só pode ser exercida, senão pelo próprio sujeito, e esta tem papel fundamental na preservação dos direitos humanos. De outra forma, estaremos apenas perpetuando a sua condição de vítima, enquanto nos "asseguramos" no papel do "herói protetor" daquele que, no fim, não possui o direito de ser Humano. Fundamental para o trabalho com direitos humanos é reconhecer o homem enquanto Homem – ser de linguagem, direitos, deveres e desejos.

3º) Desenvolver uma metodologia em que se considerasse, acima de tudo, uma aposta na *Autonomia do Sujeito.* Agir pelo outro, então, sob a justificativa de proteção ao outro, sem considerar o desejo e os sentimentos do próprio sujeito, pode ser um ato tão violento quanto a própria violação que outrora sofrera. Impor direitos, ao invés de deixar com que o sujeito faça sua própria escolha em relação aos direitos que tem, representará a esse sujeito, uma nova violação, um novo *instante de vítima.*

4º) Garantir uma sistemática que não compartimentalizasse as demandas, mas que tentasse compreender toda a complexidade inerente a elas. Isso porque, muitas vezes, chegavam demandas bastante fragmentadas, pouco elaboradas e, diante dessas, uma ansiedade nos profissionais por não vislumbrar a possibilidade de um *pronto atendimento.* Nesses casos, verificava-se a necessidade primeira de uma reorganização, junto ao sujeito atendido, de sua própria demanda, para posterior avaliação e encaminhamentos.

Compartimentalizamos, culturalmente, as demandas dos sujeitos, aprisionando-nos nas burocracias de nossas instituições. Especializa-se de forma a atender apenas aquelas demandas pré-definidas; desacostumou-se a ouvir as pessoas – tenta-se identificar o mais depressa possível que *pedaço* da história diz respeito ao serviço prestado por tal instituição e desconsidera-se, freqüentemente, o contexto e o sujeito em sua complexidade.

Despreza-se, com freqüência, as circunstâncias em que a questão apresentada está inserida e, com isso, uma atuação isolada, que parcialmente parece resolver o problema (pelo menos daquele que atende), agrava todo o complexo relativo à pessoa atendida.

Dessa maneira, os sujeitos vão sendo tratados de forma compartimentalizada, fragmentada e, consequentemente, ineficiente. Também as instituições que trabalham em defesa e pela garantia dos direitos humanos correm esse risco, caso não estejam atentas aos Sujeitos, mas apenas a uma parte de sua questão, a um *pedaço* de sua história, a um *instante* de sua vida, a uma *parte* em um processo...

R. Collins, em seu livro *Sociologycal Insight*, discorre sobre os fundamentos *não racionais da racionalidade* observando que, numa situação de conflito, o pensamento racional nem sempre é a primeira alternativa utilizada pelas pessoas nas tomadas de decisões.

Indo mais longe, para mostrar a presença de pensamentos irracionais nas ações e nas relações humanas, Collins identifica, em vários programas de ação – altamente racionais em sua concepção – conseqüências, consideradas pelos próprios idealizadores de tais programas (racionais), completamente indesejáveis. Como exemplo, cita a Burocracia (a saber: "administração da coisa pública por funcionários, sujeitos a hierarquia e regulamento rígidos..." – Dicionário Aurélio) que estaria designada para ser uma organização altamente racional, no entanto, mesmo tendo sido criada visando à maximização da eficiência, torna-se notoriamente reconhecida por sua ineficiência ("Burocracia: (...) Poder excessivo da burocracia complicando ou tornando moroso o desempenho do serviço administrativo" – Dicionário Aurélio).

Segundo Karl Mannheim, os mesmos procedimentos podem ser funcionalmente racionais, porém, conduzir a resultados substantivamente irracionais. Essa é uma reflexão que deve ser permanente no serviço público, equilibrado com as ideologias políticas pertinentes ao trabalho.

Quando pensamos em direitos humanos, devemos ainda ter, no mínimo, o foco voltado para, redundantemente falando, o ser humano. Compartimentalizá-lo trará, inevitavelmente, uma ineficiência para a compreensão e possível resolução de um problema apresentado.

Tornou-se imperativo, então, ao nosso serviço relativo a questões de violações aos direitos humanos e à cidadania, oferecer um tratamento *não compartimentalizado* das demandas e dos sujeitos que nos eram apresentados.

5º) E, finalmente, vale ressaltar uma questão inerente à clínica do sujeito: a questão do tempo subjetivo. Por vezes, alguns sujeitos apresentavam-se extremamente fragilizados emocionalmente, o que até mesmo impossibilitava a condução objetiva – jurídica – do caso.

Em todo o processo de atendimento, podemos identificar a questão da subjetividade do sujeito:
✓daquele que atende;
✓daquele que é atendido.

O tempo de compreensão de um difere do tempo de compreensão de outro. É preciso que haja um *encontro* entre o tempo de compreensão do profissional que atende com o da pessoa que é, por ele, atendida. Não basta que o profissional compreenda a demanda do sujeito. O trabalho não deve se encerrar nesse ponto: é fundamental, na perspectiva do trabalho realizado pela Coordenadoria de Direitos Humanos, que haja essa compreensão por parte do próprio sujeito, para que haja efetiva participação dele; é importante possibilitar que – a *seu* tempo – *compreenda*, para que possa, então, decidir. Todo esse trabalho reflexivo trouxe um diferencial para o serviço que, basicamente, não se preocupava mais em *pronto atender às demandas* inicialmente apresentadas, mas em *acolher os sujeitos*, tal como se apresentavam: com suas questões (jurídicas, subjetivas, sociais...), seus sintomas, seus conflitos, seu próprio saber, enfim, com toda sua complexidade, sem tentar – antes – enquadrá-los neste ou naquele “artigo, inciso, etc.”.

Nessa perspectiva, o trabalho de atendimento ao público de Belo Horizonte pela CDHC foi *tomando corpo*, ao longo do tempo, sendo possível, uma definição/delimitação do que veio a ser denominado “Atendimento Jurídico-Social”, no qual a psicologia se insere no campo do social. Tal trabalho possibilitou a construção de uma metodologia que considerasse, em sua rotina, uma visão mais ampla do direito e dos sujeitos que consiste das seguintes etapas:

1. **Acolhimento:** escuta da questão apresentada. Tenta-se identificar a natureza da questão apresentada e se a mesma configura-se uma violação dos direitos humanos. Caso não seja identificada como uma violação dos direitos humanos, orientamos – em todos os casos, sempre – o cidadão quanto aos possíveis procedimentos relativos à sua questão. Caso contrário, damos continuidade aos procedimentos seguintes.

2. **Compreensão da demanda:** quando identificada uma possível violação, inicia-se um trabalho de investigação histórica detalhada do problema apresentado, considerando todas as etapas já percorridas pelo sujeito, anteriores à procura pelo serviço da CDHC, examinando e levantando toda a documentação existente relativa ao caso e realizando entrevistas com as diversas pessoas envolvidas.

   Observação: nessas duas etapas, muitas das vezes, faz-se necessária a escuta / atuação de profissionais de diferentes áreas, o que proporcionará que se detecte o maior número de informações, dados e, especialmente, impressões subjacentes ao caso apresentado. Torna-se indispensável considerar os diversos aspectos presentes numa mesma questão: jurídicos, psíquicos, sociais, culturais... Cada “saber” estará atento às peculiaridades de sua formação e isso tornará mais rica a escuta, consistindo-se no diferencial deste atendimento.

3. **Estudo do caso:** trata-se da discussão em equipe interdisciplinar, quando serão analisadas todas as alternativas possíveis ao caso (de conseqüências positivas ou negativas), considerando as diversas informações que a equipe dispõe, de acordo como o conhecimento e experiência de cada um, e tirada aquela considerada pela equipe a mais indicada ao caso.

4. **Orientação:** serão, então, apresentadas ao sujeito as alternativas consideradas pela equipe, enfatizando-se aquela considerada pela mesma a mais indicada, tendo-se a preocupação de não apenas expor e impor um posicionamento, mas, essencialmente, orientar o sujeito quanto às possíveis conseqüências, para cada alternativa e, principalmente, o porquê da alternativa "escolhida", proporcionando ao mesmo uma participação efetiva, diante do trabalho anteriormente realizado pela equipe.

5. **Encaminhamentos:** desde que a alternativa escolhida pelo sujeito não viole os direitos de outro e configure-se uma alternativa na qual o mesmo terá participação ativa para a solução do problema (e não a delegue a outros), a equipe proporciona o acompanhamento à sua questão disponibilizando a ele os profissionais necessários para o(s) encaminhamento(s).

O mérito desse trabalho não é obviamente, exclusivo da Psicologia. Ele se destina a todos aqueles profissionais que se propõem a essa interlocução proporcionando, assim, a construção de um *Novo Saber!*

Os campos e as possibilidades de trabalho da psicologia são cada vez mais diversos, sendo descobertos e construídos a todo instante por nós, psicólogos. Faz-se necessário, no entanto, elegermos o "entorno" teórico com o qual pretendemos trabalhar, para que se faça possível e coerente seu registro, que se certifique seu *acontecimento*. E esse registro é fundamental para a escrita da história da psicologia...

Cabe a nós, psicólogos, estarmos comprometidos com essa escrita que, por sua vez, não pode estar desarticulada com a história da humanidade!

Psicologia e política hoje, a meu ver, são eticamente indissociáveis. É isso o que referenda Ana Bock, ex-presidente do Conselho Federal de Psicologia, na apresentação do livro Psicologia, Ética e Direitos Humanos, publicado por este Conselho:

"Nós, psicólogos, profissionais que trabalhamos sempre na busca da promoção de saúde e de condições adequadas de vida como requisito básico para essa tão almejada saúde, não

podemos ignorar a miséria, as situações de exclusão, as péssimas condições de vida a que está submetida a maioria da população brasileira e a violência que predomina nas relações sociais." (Bock, 1998).

Referências Bibliográficas

BADIOU, A. Para uma nova teoria do sujeito. (Texto avulso)

BRASIL. Constituição (1988). Constituição da República Federativa do Brasil: promulgada em 5 de outubro de 1988.

COLLINS, R. "Os fundamentos não racionais da racionalidade" in: *Sociologycal Insight.*

CONSELHO FEDERAL DE PSICOLOGIA. Comissão Nacional de Direitos Humanos. *Psicologia, Ética e Direitos Humanos.* Brasília: Conselho Federal de Psicologia, 1998.

FERREIRA, A. B. H. *Novo Dicionário Aurélio da Língua Portuguesa.* Rio de Janeiro: Editora Nova Fronteira.1986.

GARCIA, C. *Clínica do Social.* 1. ed. Belo Horizonte: Mestrado em Psicologia da UFMG. 1997.

LARKIN, M. C. Educação em direitos humanos para juizes in: *Juizes para a Democracia.* São Paulo: Ativa Editorial Gráfica. nº 20. 2000.

MAGALHÃES, J.L.Q. *Direito Constitucional.* 1. ed. Belo Horizonte: Mandamentos. 2000.

MAGALHÃES, J.L.Q. et alli. *Direitos humanos e direitos dos cidadãos.* Belo Horizonte: PUC Minas. v. 1. 2001.

MAGALHÃES, J.L.Q. et alli. *Direitos humanos e direitos dos cidadãos.* Belo Horizonte: PUC Minas. v. 2. 2001.

PIOVESAN, F. *Temas de Direitos Humanos.* 1. ed. São Paulo: Max Limonad. 1998.

DIREITOS HUMANOS E CIDADANIA – *revista.* Belo Horizonte: Centro Gráfico da PBH. ano 1. 2000.

O papel da Psicologia nos processos de exclusão social

Prof. Leoncio Camino[1]
Profa. Eliana Ismael[2]

A psicologia vem estudando os processos de exclusão/inclusão social num esforço consciente de colaborar com o fim da discriminação social e portanto, de criar condições para o exercício pleno da cidadania. Entretanto, pela perspectiva excessivamente individualizante com que tem abordado este tema assim como por muitas de suas conceitualizações sobre a natureza humana, acreditamos que a psicologia tem freqüentemente colaborado, ainda que inconscientemente, com os processos de exclusão social. A fim de justificar estas afirmações, analisaremos, em primeiro lugar, o papel geral da psicologia na construção da cidadania, num segundo momento, nos deteremos no aspecto mais específico das teorias e práticas psicológicas no que concerne aos processos de exclusão para finalmente analisar o papel da psicologia quanto ao racismo e à homofobia.

1. Papel geral da Psicologia na construção da cidadania

A cidadania não é outra coisa que a inclusão do indivíduo no exercício pleno de todos os seus diretos. Os direitos se sustentam nas crenças construídas pelas pessoas e pelos grupos sociais sobre o que lhes é devido. O conjunto dos Direitos humanos não é outra coisa que a definição do que é devido ao ser humano, a definição do que seja sua natureza. Temos tentado já mostrar que o conjunto de Direitos Humanos expressa uma compreensão particular do que seja a natureza humana e que a Psicologia tem um papel importante nesta compreensão (Camino, 2000).

Consideramos que a psicologia, por sua própria natureza, desempenha um papel importante na construção da natureza humana pois, definir cientificamente o funcionamento do indivíduo no quadro de

[1] Doutor em Psicologia pela Universidade católica de Louvain, Bélgica, Professor do Departamento de Psicologia da Universidade Federal da Paraíba, membro da Comissão de Direitos Humanos do CFP e desenvolve pesquisa sobre Direitos Humanos, Processos de exclusão social e comportamento político.

[2] Mestre em Psicologia Social pela Universidade Federal da Paraíba, Professora de psicologia do Centro Universitário de João Pessoa e atualmente realizando a tese de doutoramento em Educação na UNICAMP.

nossa profissão significa informar ao público o que é bom para o indivíduo e quais estratégias devem ser empregadas para evitar o seu mal funcionamento (Camino, *op. cit.*). Significa informá-lo sobre a normalidade de certos comportamentos e a anormalidade de outros. Significa, finalmente, informá-lo sobre o significado das diferenças existentes tanto entre os indivíduos como entre os diversos grupos sociais.

Mas observa-se que no interior da Psicologia desenvolvem-se diversas concepções de homem e de mulher e diversas práticas destinadas a melhorar suas condições da vida psíquica. E o que é pior ainda, constata-se que freqüentemente estas visões e estas práticas são contrárias entre si. Portanto, tendo em conta a diversidade de concepções e práticas no interior do campo da Psicologia, pode-se pressupor que a influência desempenhada por esta na construção do que entendemos por ser humano é, em certo sentido, ambígua e/ou contraditória.

Quais destas concepções são benéficas, quais negativas? Como avaliar estas influências? O problema está no fato de que a avaliação positiva ou negativa destas influências dependerá da perspectiva do próprio avaliador. Existirá sempre uma certa parcialidade na avaliação que se faz do papel social da Psicologia. A ambiguidade desta situação e as dificuldades de sua possível avaliação, decorrem do fato de que a Psicologia enquanto instituição faz parte da arena onde se desenvolvem as lutas sociais.

Esta afirmação coloca em debate uma visão construtivista que considera a Psicologia como um campo de lutas onde se processam tanto avanços como recuos no que concerne à construção da cidadania de todos os indivíduos (Camino, *op. cit*). De fato, a Psicologia não só é influenciada pelas lutas de interesses que se desenvolvem na sociedade, criando seus próprios interesses corporativos, como no seu interior, reproduz o conjunto de lutas sociais, políticas e ideológicas que se desenvolvem na sociedade.

Na Psicologia, suas práticas científicas e profissionais, como nas outras ciências, relacionam-se com os diversos movimentos intelectuais sociais e políticos da sociedade. Confrontos e reformulações das diversas visões do ser humano, não se desenvolvem exclusivamente através de processos epistemológicos e metodológicos. Este debate científico se dá no interior de um debate mais amplo na sociedade. Veja-se por exemplo as críticas que o movimento feminista vem fazendo, desde os anos 60, à visão androcêntrica que diversas teorias psicológicas formulam sobre a mulher. Sustentam, e com muita razão, que estas concepções produzem consequências políticas bastante marcantes, na medida em que dão suporte a formas patriarcais de opressão. Reclamações semelhantes, em relação ao papel negativo, que as definições dominantes em psicologia exercem sobre grupos minoritários têm sido levantadas pelos movimentos negros, pelos movimentos terceiro-mundistas e pelos movimentos dos homossexuais.

Ao falar da importância do papel da Psicologia na construção da cidadania, poderia parecer que estamos afirmando que todos os psicólogos são militantes e que elaboram teorias e práticas explicitamente a favor da evolução de suas convições. Nada mais longe da realidade que esta afirmação. O que se observa é o oposto. Considerando que o pensamento humano desenvolve-se em termos de grandes pólos vinculados aos debates ideológicos, observa-se que a maioria dos pesquisadores e profissionais da psicologia, participam na arena de lutas sociais, com maior ou menor grau de consciência, ao lado das idéias dominantes que procuram manter o *status quo* na sociedade. Nesta arena de lutas sociais que é a Psicologia, pode-se lamentavelmente afirmar que são as concepções nela dominantes que têm colaborado para a sustentação dos processos de exclusão social.

2. Papel da Psicologia no estudo do processos de exclusão social

Classicamente, no estudo psicológico dos processos de exclusão social o conceito mais usado é o do preconceito. Numa das obras marcantes do período pós-guerra, "A Natureza do Preconceito", Allport (1954) o concebe como "uma antipatia baseada numa generalização errada e inflexível, que pode ser só sentida ou abertamente expressa e que pode ser dirigida a um grupo como um todo ou a um indivíduo por ser membro de tal grupo". Nesta definição, o preconceito refere-se principalmente à uma orientação ou posicionamento afetivo negativo de um indivíduo ou de um conjunto de indivíduos, frente a um outro grupo social.

Por outro lado, o preconceito pressupõe, como o seu nome já indica, "pré-julgamentos" negativos sobre os membros de uma raça, religião ou qualquer outro grupo social (Jones, 1972). Estes pré-julgamentos podem ser considerados como crenças sobre a natureza e as caraterísticas de um grupo social e constituem, portanto, os aspectos cognitivos implícitos na noção de preconceito. Mas os preconceitos não são só um conjunto de sentimentos de antipatia e de crenças distorcidas e negativas sobre grupos sociais. Eles estão essencialmente relacionados a práticas e comportamentos discriminatórios frente a membros desses grupos pelo fato de pertencerem a eles (Brown, 1995, p. 8).

Aliás, na psicologia, considera-se freqüentemente a discriminação como a expressão ou exteriorização de atitudes preconceituosas. Esta forma de pensar, implícita em numerosas teorias psicológicas, aponta para uma origem psicológica do preconceito. Nesse sentido, bastaria acabar com os preconceitos para eliminar as situações discriminatórias. Mas devemos ter em conta que atitudes preconceituosas geram-se em situações concretas de discriminação. De fato, os preconceitos desenvolvem-se no interior dos processos de exclusão social e modificam-se junto com estes.

Trata-se da vertente subjetiva de processos objetivos e históricos de discriminação, não de sua causa.

Para melhor entender a função desta vertente subjetiva da discriminação deve se ter em conta outra característica importante da natureza do preconceito é a de negar o seu caracter discriminatório ou, no mínimo, negar sua arbitrariedade na forma em que discrimina o outro grupo (Billig, 1985). Aliás, as crenças e emoções próprias do preconceito inserem-se em geral num discurso mais amplo que pretende explicar as diferenças sociais. Mas, os argumentos pró ou contra que são levantados dependem das perspectivas assumidas pelas pessoas ou grupos que debatem.

Que entendemos por perspectivas? As perspectivas não seriam outra coisa que os pontos de partida para analisar situações sociais ou os ângulos através dos quais observamos o mundo. Aliás, as representações que nós fazemos das pessoas, de suas posições sociais, das causas pelas quais se encontram nestas posições, etc., não são fotografias exatas da realidade mas construções mentais elaboradas a partir de um conjunto de crenças, expectativas, valores, etc., aprendidas anteriormente (Ismael, Maciel e Camino, 1996).

Por exemplo, peguemos um fato. Publicado cada dez anos pelo IBGE, o censo informa que os homens ganham em torno de 30% a mais que as mulheres. Considerando-se que o nível de formação é um fator importante na determinação do salário poder-se-ia pensar que os homens têm melhor nível de instrução que as mulheres. Mas este não é o caso. Pelo contrário, as mulheres têm mais anos de escolaridade que os homens. Mesmo assim, em 1980, ganhavam 30% a menos que os homens, em 1990, 32% a menos e, em 2000, a diferença embora algo menor tende ainda ser grande (28%). A análise do fator educação mostra que as trabalhadoras brasileiras recebem um tratamento diferenciado, qualquer que seja seu grau de escolaridade e seu setor de atividade. Por exemplo, os homens assalariados com curso superior completo ganham em torno de 40% a mais que as mulheres, na mesma faixa de escolaridade. Como explicar esta diferença? Para entendê-la devemos recorrer às visões que temos de diferenças de gênero.

Que significa ser homem ou ser mulher? Em geral pensa-se automaticamente em papéis diferentes na sociedade e que estes papéis sociais são determinados pela biologia. As mulheres seriam destinadas biologicamente à geração de filhos e ao cuidado destes; os homens, à proteção da prole e ao provimento das necessidades materiais destes. Os papéis do homem e da mulher na vida de trabalho estariam sendo definidos como uma extensão dos papéis biológicos. Assim, as mulheres, a partir de suas características sexuais, seriam mais eficientes e pacientes no cuidado de crianças (professoras), pessoas doentes (pediatras, enfermeiras, psicólogas, fisioterapeutas), pessoas idosas (filhas cuidando dos parentes idosos). Esta especialização no mercado de trabalho evidentemente, não é determinada pelo biológico mas, por um conjunto de visões e práticas sociais que foram se formando na história e que são passadas de geração à geração, não como algo cultural mas como algo natural. Aliás, um dos papéis da ideologia é o de fornecer explicações "verdadeiras" às diferenças sociais transformando-as não em injustiças, mas em situações naturais. A Psicologia tem colaborado muito neste processo, substantivando observações estritamente contextuais, relacionais.

Podemos considerar que existe um conjunto de visões do mundo diferentes e até antagônicas, sobre os diversos grupos sociais e suas funções na sociedade. Estas visões se constróem na história como produtos concretos das diversas dinâmicas sociais em jogo. Algumas visões se transformam em naturais e portanto se constituem em visões dominantes na sociedade. As diversas ciências, entre as quais a Psicologia ocupa um papel importante, participam ativamente no processo de construção destas visões dominantes, visões que terminam desempenhando um papel importante na discriminação de certos grupos sociais. Opostas a estas visões discriminatórias desenvolvem-se na sociedade, a partir dos movimentos sociais, propostas anti-discriminatórias e de libertação de grupos minoritários.

Deve-se ter em conta que nossas próprias visões são construídas a partir das visões sociais existentes no meio social onde nos inserimos concretamente (Camino, 1996) e que portanto, estas visões desempenham um papel importante em nossas vidas, seja como marcos de referência para interpretar os diversos acontecimentos sociais, seja como idéias a serem contestadas e superadas.

Estas idéias levam a certas reflexões sobre o preconceito que pouco ou nada são tratadas nas abordagens clássicas. Primeiramente, o preconceito por construir-se como vertente subjetiva de um conflito de poder entre grupos assimétricos, desenvolve-se principalmente no interior dos grupos dominantes. Neste sentido pode-se pensar o preconceito como *"uma forma de relação intergrupal onde, no quadro específico de relações assimétricas de poder entre grupos, se desenvolvem e se expressam, no seio do grupo ou grupos dominantes, atitudes negativas e depreciatórias e, comportamentos hostis e discriminatórios em relação aos membros do grupo ou grupos minoritários por serem membros desse grupo"*. Neste sentido leva a erros considerar o preconceito como uma atitude universal partilhada por todos os membros de uma sociedade, sejam membros de grupos dominantes ou de grupos dominados.

Mas, em segundo lugar, tendo-se em conta que as identidades sociais se desenvolvem nas relações intergrupais deve-se considerar que os membros dos grupos dominados construirão suas identidades num ambiente cuja imagem se vê explícita ou implicitamente diminuída e as diferenças a favor dos grupos dominantes serão justificadas como naturais.

Ao considerar o preconceito como atributo universal dos indivíduos (eles se diferenciariam pelo seu grau de adesão a uma escala) coloca-se consciências qualitativamente diferentes, a do dominador e a do dominado, num mesmo nível.

Finalmente, devemos ter em conta que nas sociedades modernas, atos explícitos de discriminação racial são proibidos por lei. Isto indicaria que os preconceitos estão acabando? Não. Na verdade, estariam ocorrendo mudanças no discurso mais aparentes que reais pois, a função discriminatória persistiria no novo discurso sem desafiar abertamente as normas atuais anti-discriminativas. Precisamente, as mudanças dirigem-se a manter o *satus quo* apesar de mudanças culturais.

Portanto, ao continuar estudando o preconceito na sua forma clássica corre-se o risco de não detectar-se as novas formas do preconceito e portanto, minimizar tanto o real alcance deste numa sociedade como o mal que ele efetua no desenvolvimento dos grupos discriminados. Pretendemos mostrar isto analisando o papel de alguns conceitos psicológicos na construção e desconstrução do racismo e da homofobia.

3. O papel ambíguo da Psicologia na luta contra o racismo

Como anteriormente afirmado, as concepções clássicas da Psicologia não têm em conta, no que se refere ao racismo, o contexto contemporâneo no qual continuam a se desenvolver as novas formas dos processos de exclusão social, contexto dominado pela globalização que deve ser entendida como um conjunto de processos independentes embora fortemente interrelacionados (Camino, da Silva, Machado e Pereira, 2001). Assim, graças ao processo de globalização cultural intensificam-se as relações entre as diferentes culturas e etnias, fato que produz uma certa ambiguidade. De um lado, cresce o respeito frente a diversidade de valores culturais. Mas de outro lado, emergem fortes pressões para a manutenção das identidades e valores culturais regionais. A subida de movimentos nacionalistas na Europa e em outras regiões (Giddens, 1996) e o surgimento de fanatismos religiosos de caráter fundamentalista (Brown, 1995), seriam expressão típica da ambiguidade que carateriza a globalização, a qual traz como efeitos colaterais, fenômenos de fanatismo e de discriminação contra etnias e grupos minoritários (Wetherell, 1996).

Ao mesmo tempo, a formação de novos blocos econômicos e o processo de globalização financeira, se de um lado traduzem o desenvolvimento econômico e tecnológico do capitalismo, do outro, aumentam as diferenças já existentes entre países desenvolvidos e em desenvolvimento e entre ricos e pobres no interior dos diversos países como constatado pelas próprias análises e estatísticas governamentais (Beeman e Frank,1988) e por estudos acadêmicos (Bauman, 1998; Dupas, 2000).

Certamente, este conjunto de mudanças culturais e econômicas afetam as formas em que são vividas hoje as relações raciais e introduz nestas as ambiguidades e contradições próprias do Pós-modernismo (Bowser, 1995). Assim, constata-se que nas sociedades modernas embora os atos explícitos de discriminação estão publicamente proibidos por lei, a discriminação pela cor da pele continua a se desenvolver.

Embora não se acredite hoje em hierarquias sociais na base das raças, a cor da pele serve ainda como um símbolo da discriminação existente (Guimarães, 1995). É neste sentido que se pode afirmar que o racismo é uma ideologia ou um discurso que justifica processos de discriminação social (Bowser, 1995; van Dijk, 1997). E a ideologia, enquanto construção mental justificadora, embora surja nas condições concretas das relações de poder, segue ao mesmo tempo, por se tratar de idéias e emoções, do conjunto de leis psicológicas que regem os processos cognitivos e afetivos. Entre os processos cognitivos merecem um grande destaque os processos de categorização e de construção de estereótipos, os quais desempenham um papel justificador e racionalizante nas relações intergrupais (Yzerbyt, Rocher e Schadron 1997).

Numerosas pesquisas desenvolvidas a partir da obra de Tajfel (1981) sobre os estereótipos como indicadores da discriminação têm mostrado que as pessoas atribuem mais traços positivos e menos traços negativos ao seu grupo do que a um outro grupo. Ainda tem sido mostrado que quando os grupos presentes são assimétricos (dominante / dominado; maioria / minoria, posição social elevada / baixa), este fenômeno de discriminação intergrupal ocorre com maior expressão nos grupos majoritários, dominantes ou de posição mais elevada (Monteiro, Lima e Vala, 1994).

Mas, estudos atuais nos países ocidentais, mostram que o preconceito não se expressa hoje em dia pela atribuição de traços negativos a um grupo-alvo mas pela negação de atributos positivos a este (Gaertner e McLaughlin, 1983; Perez, 1996). Esta hipótese mostra que a discriminação pode assumir formas sutis (Pettigrew e Mertens, 1995). Pode-se, portanto, afirmar que em certos países ocidentais as práticas discriminatórias estão adquirindo expressões mais sutis e se revestindo de novas formas que visam preservar o respeito por uma normatividade social idealizada de não discriminação de grupos sociais a partir de critérios de raça (Vala, 1999; Vala, Brito e Lopes, 1999).

Este tipo de explicação sustenta-se em boa parte em processos de acomodação das pessoas sem entrar no debate da natureza da norma social. Aceitam-se as normas anti-racismo sem mais, como se de fato fossem normas cujo objetivo fosse a inclusão na sociedade das pessoas de cor. Segundo Billig (1991), se a ideologia reflete de alguma maneira a organização econômica pode-se esperar que a mentalidade pós-moderna inclua tanto aspirações universalistas e globalizantes como aspirações setoriais (nacionalistas), que o espírito de concorrência e a meritocrácia capitalista inculcam. Por isso, na mentalidade pós-moderna coabitam aspirações moralistas de fraternidade e de igualdade e preocupações realistas de justiça concreta. Assim, a frase "eu não sou preconceituoso mas devemos reconhecer que os estrangeiros estão tirando o nosso emprego" afirma, concomitantemente, valores éticos e valores materiais muito específicos. Para Billig (*op. cit.*), o triunfo de uma ideologia é o triunfo no discurso cotidiano da exigência por justificativas empíricas de seu sucesso. Isto implica num paradoxo: quanto mais se critica o preconceito mais os preconceitos do liberalismo são justificados.

Como se processam no Brasil as normas antiracistas e como se justificam as discriminações concretas? Numa pesquisa realizada com estudantes duma universidade paraibana procuramos mostrar que junto a acomodação psicológica que as pessoas realizam frente as normas anti-racistas, vêm se afirmando formas da categorização social que substituem o conceito de raça pelo de adaptação aos valores modernos progressistas, construindo-se um racismo mais sutil, mas nem por isso menos discriminador (Camino, da Silva, Machado e Pereira, 2001). Este estudo nos permitiu também constatar como as concepções psicológicas sobre os mecanismos de preconceito colaboram na camuflagem da discriminação.

Neste estudo observamos um sentimento praticamente unânime (98%) entre os estudantes de que no Brasil existe preconceito, mas curiosamente também constatamos que a grande maioria (84%) não se considera preconceituosa. De fato 82% dos estudantes ao mesmo tempo em que acreditam na existência do preconceito racial no Brasil afirmam que eles não são preconceituosos. Esta situação contraditória sugere que no Brasil as pessoas tanto tem uma clara consciência de que se vive numa situação de discriminação racial, como não se sentem individualmente responsáveis por esta situação. Nesta situação contraditória, existe discriminação mas ninguém é responsável por ela. É evidente que a noção individualista de preconceito, tal como desenvolvida pela psicologia clássica permite sustentar racionalmente esta dissociação que denominamos de "formação reacional" (Camino, da Silva, Machado e Pereira, *op. cit.*).

A dissociação que os universitários observados em nosso estudo fazem, entre a existência de um problema social e a sua responsabilidade e participação nele, apoia-se numa concepção individualista do preconceito e expressa-se no reconhecimento da existência de uma dupla forma de categorizar as pessoas pela sua cor. De fato, quando convidados a escolher entre 16 adjetivos que descreviam pessoas simpáticas ou antipáticas e pessoas do primeiro ou de terceiro mundo observou-se que quando eles respondiam por si mesmos, utilizavam mais adjetivos de pessoas simpáticas e menos de pessoas antipáticas para descrever pessoas de cor negra que quando descreviam pessoas de cor branca. Na situação personalizada, os estudantes não só não manifestam preconceito racial mas manifestam preferência por pessoas de cor negra, coisa que claramente é um exagero.

Pelo contrário, quando convidados a responder como os brasileiros classificariam as pessoas, os resultados se invertem. Nesta situação social os estudantes utilizam mais adjetivos de pessoas antipáticas e menos de pessoas simpáticas para descrever pessoas de cor negra e mais adjetivos positivos e menos negativos para julgar as pessoas de cor branca. Na situação social os estudantes expressam claramente o preconceito racial.

Mas a dissociação entre atitudes pessoais e atitudes sociais parece se integrar no plano político-ideológico. Assim no que concerne aos adjetivos que descrevem pessoas de primeiro e terceiro mundo, observou-se que os estudantes, quando respondiam por si mesmos, utilizavam mais adjetivos do terceiro mundo e menos do primeiro mundo para descrever pessoas de cor negra e mais adjetivos do primeiro mundo e menos do terceiro mundo para descrever as pessoas de cor branca. Quando convidados a responder pelos brasileiros davam o mesmo padrão de respostas.

Outra consequência ambígua da concepção individualista e universalista do preconceito se pode encontrar na maneira em que as pessoas avaliam geralmente o equilíbrio nas relações interraciais. Assim, quando perguntados pela iniciativa de oferecer quotas fixas nas universidades para os negros, a grande maioria dos estudantes (70%) entrevistados em nosso estudo se posicionou contra. Mas, o que mais interessa para a nossa reflexão sobre o papel da psicologia nos processos de exclusão são as razões aduzidas por esta maioria para justificar sua posição contrária. Três quartos dos estudantes do grupo contrário às quotas acreditam que as quotas são injustas pois criam desequilíbrio nas relações raciais; um quarto chega a considerar as quotas como um ato de discriminação contra os brancos. Aliás, sem entrar no mérito do debate político sobra as quotas, vale ressaltar que estas razões se sustentam numa concepção a-histórica, individualista e puramente atitudinal do preconceito. Entre os 30% que são favoráveis, um terço justifica sua posição em termos humanitários ou assistencialistas. Dois terços dos favoráveis (o que equivale a 20% de todos os estudantes entrevistados) se refere as quotas como uma forma de reparação do ato histórico da escravidão.

Todos estes dados levantam a possibilidade de que a concepção clássica do preconceito possa estar desempenhando um papel ambíguo na luta contra o racismo na medida em que fornece as pessoas uma maneira descontextualizada e universalista de pensar a discriminação racial.

4. O papel ambíguo da Psicologia na cons-trução/ desconstrução da homofobia

Analisaremos agora o papel da Psicologia nos processos sociais de exclusão de pessoas de orientação homoerótica. Se no caso do racismo analisamos o papel ambíguo do conceito "preconceito" utilizado para analisar esse tipo de situação, no caso da homofobia analisaremos o papel da psicologia na explicação das diferenças existentes em torno da orientação sexual das pessoas. A homossexualidade enquanto construção social tem recebido, na história, diversos significados. Assim, por exemplo, no Egito antigo a bissexualidade dos homens era aceita como natural, mas a homossexualidade passiva deixava os egípcios inquietos. Igualmente, na Grécia e em Roma, as relações homoeróticas, principalmente entre homens adultos e jovens, eram aceitas normalmente e só eram repudiadas quando ameaçavam subverter a hierarquia social da época (Badinter, 1993; Bremmer, 1995; Costa, 1992; Spencer, 1999; Veyne 1986). Foi na tradição judaico-cristã (Greenberg e Bystryn, 1982; Spencer, 1999) que essas práticas passaram a ser concebidas como pecaminosas, pois representavam o descumprimento do que se julgava ser a palavra de Deus, bem como a fraqueza do indivíduo frente à tentações demoníacas (Brown 1990; Morici, 1998; Ranke-Heinemann, 1996). Para Spencer (1999) esta atitude parece estar estreitamente relacionada com os ritos sexuais das religiões pagãs que circundavam o povo de Israel. Atacando esta prática sexual o povo de Israel se distanciava das culturas externas à sua própria civilização.

A visão sobre a homossexualidade do mundo ocidental será influenciada por estas duas visões contraditórias. É só a partir do século XIX, que a medicina passa a definir a homossexualidade como uma doença fisiológica provocada por distúrbios genéticos ou biológicos. O papel da psicologia na construção do conceito de homossexualidade faz-se presente no inicio do século XX, quando Freud, apesar das atitudes vitorianas prevalecentes na época introduzirá a visão psicológica da homossexualidade, visão esta que é menos moralista e mais humana que as anteriores (Freud, 1935/1951) embora a considere como um distúrbio do desenvolvimento normal da sexualidade (Freud, 1905), portanto anormal. Mas deve-se ter em conta que as novas concepções fisiológica e psicológica, não só não substituem necessariamente as antigas, mas, em algumas circunstâncias, servem como reforço das concepções tradicionais mais moralistas (Bullough, 1974).

Uma visão mais positiva sobre a homossexualidade começa a se desenvolver em meados deste século, quando o primeiro relatório Kinsey (Kinsey, Pomeroy & Martin, 1948) verifica que desejos e práticas homossexuais são bem mais difundidos que o pensado nos Estados Unidos.

Foi precisamente nos anos sessenta, nesse pais, que desenvolvem-se os primeiros movimentos gay e, que a Associação Americana de Psicologia (APA, 1975) afirma que a homossexualidade não indica deficiência psicológica. Nega-se assim a existência de causas psicológicas ou fisiológicas específicas da homossexualidade, propondo-se o estudo desta no quadro mais amplo das orientações sexuais. De fato, esta visão psicossocial da homossexualidade, embora ainda pouco difundida, se ligará, nas últimas décadas, a um conjunto de movimentos sociais que lutam pela universalidade dos direitos humanos. Apesar do surgimento destas visões libertárias, continua existindo, no campo da Psicologia, um certo viés heterossexual na pesquisa e na prática (Morin, 1977, 1978; Herek, Kimmel, Amaro & Melton, 1991).

No Brasil, constatou-se, por um longo período, uma clara omissão da Psicologia neste processo. Assim se na primeira metade da década do 80, enquanto diversas entidades científicas condenaram publicamente a discriminação à homossexualidade, o Conselho Federal de Psicologia (CFP) e as outras instituições científicas ligadas à Psicologia não fizeram nenhum pronunciamento, sobre este assunto (Camino e Pereira, 2003). A Psicologia não só tem ido a reboque dos acontecimentos mas, mais grave ainda, pouco tinha mudado suas próprias práticas. Concretamente, sem se manifestar um preconceito explícito contra os homossexuais, a homossexualidade continuava a ser tratada como um distúrbio do comportamento que, no mínimo, deveria ser assumido, embora o ideal fosse a sua superação. Principalmente quando os pais solicitavam orientação, eram indicadas, em geral, maneiras não autoritárias mas pretensamente eficientes para redirecionar as tendências homossexuais.

Frente a esta situação, o CFP promulgou, em 1999, a Resolução Nº 001 que "estabelece normas de atuação para os psicólogos em relação a questão da Orientação Sexual". Sucintamente, a Resolução 001, considerando que a homossexualidade não é doença nem distúrbio nem perversão, resolve que os psicólogos não colaborarão com eventos e serviços que proponham tratamento e cura das homossexualidades[3].

A análise das atitudes dos psicólogos frente a esta resolução permitirão avaliar as idéias anteriormente expostas sobre o papel ambíguo da Psicologia na desconstrução da homofobia. Para isto, realizamos um conjunto de estudos empíricos sobre as atitudes de professores de Psicologia de João Pessoa frente a Resolução do CFP (Camino e Pereira, *op. cit.*).

Nestes estudos perguntava-se aos professores sobre a sua concordância em relação a três aspectos da Resolução do CFP (se ela significa um avanço para a Psicologia; se a homossexualidade não é doença, nem perversão; e se não se deve propor a cura da homossexualidade).

---

[3] Usamos o plural de maneira intencional para significar que o termo homossexualidade é usado para indicar diversas formas diferentes de viver a orientação sexual.

Observamos que a aprovação aos três aspectos da Resolução variava de 74% ao ítem que representa uma avaliação mais geral a só 60% no aspecto mais substancial da Resolução que proíbe propor cura para a homossexualidade. Observamos também que o grau de aceitação variava em função da área de atuação do docente. Assim, entre os professores que atuam na área clínica, 57% não concordam com que a Resolução seja um avanço para a profissão e 63 % não concordam com que se proíba propor cura para a homossexualidade apesar de 75% afirmar que a homossexualidade não é uma doença. Entre os professores que trabalham na área escolar e do desenvolvimento, 50% acreditam que a homossexualidade é uma doença embora só 33% acham que se deve propor a cura. Já entre os professores que atuam na área social e organizacional observa-se uma concordância total com a idéia da Resolução significar um avanço na psicologia e só uma ligeira discordância (17%) com a idéia da homossexualidade não ser uma doença e com a proibição de propor e participar em serviços de cura. Deve-se ter em conta que a partir de outras perguntas constatamos que nenhum professor concorda com idéias explicitamente preconceituosas. As divergências se estabelecem em torno das idéias sobre a natureza da homossexualidade e sobre a necessidade de propor cura para esta. Por outro lado, estas divergências, como vimos, se relacionam as formas concretas de se inserir na profissão. Constatamos também que estas divergências se fundamentam nos modelos adotados para explicar a natureza da homossexualidade. Assim observamos que o fato de concordar com um modelo psicossocial está positivamente relacionado com uma atitude positiva frente à Resolução enquanto que a concordância com o modelo fisiológico relaciona-se com uma atitude negativa.

O conjunto de dados deste estudo mostra que apesar da existência, entre professores de Psicologia, de uma norma de racionalidade bastante forte que lhes predispõe contra atitudes explicitamente preconceituosas, suas teorias e práticas psicológicas podem sim contribuir ao reforço de situações discriminatórias na medida em que essas teorias e práticas colaboram em manter uma compreensão do homossexual com portador de alguma anormalidade e necessitado de cura.

Aliás, um conjunto de pesquisas que estamos realizando junto aos membros do MEL (Movimento do espírito Lilás) da Paraíba mostra, de fato, as consequências negativas de nossas concepções (Camino 2002). Quando iniciamos a pesquisa pensávamos que um dos fatores que mais pesaria de forma negativa na satisfação com a própria orientação sexual seria o tipo de compreensão que o homossexual tem das causas da homossexualidade.

De fato, observamos nas pessoas que entrevistamos, que quanto mais consideram a homossexualidade como uma orientação pessoal e natural, possuem maior satisfação com a própria orientação sexual. Por outro lado, as crenças em causas psicológicas, fisiológicas e/ou morais e religiosas da homossexualidade relacionam-se com a insatisfação na própria orientação. É interessante assinalar que o fator mais importante na insatisfação com a própria orientação sexual é a atribuição de causas psicológicas a esta.

São poucos os que afirmam que "não existem causas definidas", que a homossexualidade "não é doença ou qualquer coisa do gênero", e que é "um modo diferente de viver a sexualidade, sem que para isso haja causas maiores". Pelo contrário, são muitos os que afirmam que a homossexualidade provém de algum distúrbio psicológico ou de problemas na educação da criança. Para outros ela é genética e alguns poucos afirmam que ela é "uma fraqueza de cada pessoa", "falta de respeito" e uma pessoa até chega a afirmar que "é um castigo divino". É interessante assinalar que o fator mais importante na insatisfação com a própria orientação sexual é a atribuição de causas psicológicas a esta.

Com estes dados não queremos estabelecer críticas precipitadas a prática clínica concreta mas alertar sobre as possíveis consequências de nossas concepções sobre as pessoas que têm contato com elas através de diversos meios.

Referências bibliográficas

ALLPORT, G.W. (1954), *The nature of prejudice*, Cambridge, MA, Addison-Wesley.

BADINTER, E.(1993). XY: *Sobre a identidade masculina*. Rio de Janeiro: Nova Fronteira.

BAUMAN, Z. (1998) – *Globalização: As consequências humanas*. Rio de Janeiro, Zahar.

BEEMAN, W. E FRANK, I. (1998) – *New dynamics in the global economy*. New York, Committee for Economic Developpment.

BILLIG M. (1985) , Prejudice, categorization and particularization: from a perceptual to a Rethorical approach. European Journal of Social Psychology, 15, 79-103.

BILLIG M. (1991) Ideology and opinions: Studies in Rethorical Psychology. London, Sage.

BREMMER, J (1995). Pederastia grega e homossexualismo moderno. Em J. Bremmer (Org.), *De Safo a Sade: Momentos na história da sexualidade* (pp. 11-26). Campinas: Papirus.

BROWN, P. (1990). *Corpo e sociedade: O homem, a mulher e a renúncia sexual no início do cristianismo*. Rio de Janeiro: Zahar.

BROWN, R. (1995). *Prejudice: its social psychology*. Oxford: Blackwell Publishers.

BOWSER, B. P. (1995) – Racism in the modern world comunity. Em: B. P. Bowser (Org.) – *Racism and Anti-racism in World Perspective*. California, Sage. Pp. 27 – 45.

BULLOUGH, V. L. (1974). Homosexuality and the medical model. *Journal of Homosexuality*, 1974, 1, 99-110.

CAMINO, L. (1996) - Uma Abordagem Psicossociológica no Estudo do Comportamento Político. *Psicologia e Sociedade*. 8(1), 16-42.

CAMINO L. (2000). Psicologia e Direitos Humanos. Em: Conselho Federal de Psicologia (Orga.) *Psicologia, Ética e Direitos Humanos*. 2ª Edição. São Paulo, Casa do Psicólogo, pp. 41- 65.

CAMINO, L. (2002) – Quem somos? O que desejamos?; Comentários sobre a pesquisa realizada com público do Mel. *A Colmeia*, 1(2), 8-9

CAMINO, L., da Silva, P., Machado, A e Pereira, C. (2001) – A face oculta do racismo no Brasil: Uma análise psicossociológica. Revista de Psicologia Política, 1 (1), 13-36.

CAMINO L. E PEREIRA C. (2003) - O papel de Psicologia na construção dos Direitos Humanos: Análise das teorias e práticas psicológicas na discriminação ao homossexualismo. *Revista Perfil.*(no prelo).

COSTA, J. F. (1992). *A inocência e o vício: Estudos sobre o homeorotismo.* Rio de Janeiro: Relume-Dumará.

DUPAS, G. (2000) – *Economia Global e Exclusão Social.* São Paulo, Paz e Terra. 2ª Edição.

FREUD, S. (1905/1972). Três ensaios sobre a teoria da sexualidade. Em J. Salomão (Org.) *Edição standard brasileira das obras psicológicas completas de Sigmund Freud* (Vol. 7 pp. 123-250). Rio de Janeiro: Imago.

FREUD, S. (1935/1951). A letter from Freud (April 9, 1935). *American Journal of Psychiatry.* 107, 163-169.

GAERTNER, S.L.. e McLaughlin, J.P. (1983) "Racial Stereotypes: Associations and ascriptions of positive and negative characteristics" *Social Psychology Quarterly*, 46, pp. 23-30

GIDDENS, A. (1996) - *Para além da esquerda e da direita.* S. Paulo Ed. UNESP

GREENBERG, D. F. & Bystryn, M. (1982). Christian intolerance of homosexuality. *American Journal of Sociology*, 88, 515-548.

GUIMARÃES, A. S. (1999) – *Racismo e anti-racismo no Brasil.* São Paulo, Editora 34 Ltda.

HEREK, G. M., Kimmel, D. C., Amaro, H., & Melton, G. B. (1991). Avoiding Heterosexist bias in psychological research. *American Psychologist*, 46, 957-963.

ISMAEL E., Maciel C. e Camino, L. - (1996) O Conhecimento do Outro: Explicações em termos de Cognição Social. Em: Camino, L. (Org.) *O Conhecimento do Outro e A Construção da Realidade Social: Uma Análise da Percepção e da Cognição Social.* João Pessoa, Editora Universitária da UFPB, Cap. II. pp. 59-118.

JONES, J. M. (1972). *Prejudice and Racism.* Reading, Massachussets: Addison-Wesley.

KINSEY, A. C., Pommeroy, W. B., & Martin, C. E. (1948). *Sexual behavior in the human male.* Philadelphia, Pa.: W. B. Saunders.

MONTEIRO, M. B., Lima, L., Vala, J. (1994), "Relações entre grupos e gestão de conflitos - A retórica da discriminação", in *Psicologia Social e das Organizações - Estudos em empresas portuguesas*, Oeiras, Celta, pp. 79-98

MORICI, S. (1998). Homossexualidade: Um lugar na história da intolerância social, um lugar na clínica. Em R. B. Granã (Org.), *Homossexualidade: Formulações psicanalíticas atuais* (pp. 147-171). Porto Alegre: Artes Médicas.

MORIN, S. F. (1977). Heterosexual bias in psychological research on lesbianism and male homosexuality. *American Psychologist*, 32, 629-637.

MORIN, S. F. (1978). Psychology and the gay community: An Overview. *Journal of Social Issues*, 34, 1-6.

PEREZ, J.A. (1996) "Nuevas formas de racismo" in J.F. Morales & S Yubero (eds.) *Del prejuicio al racismo: perspectivas psicosociales*, Cuenca, Ediciones de la Universidad de Castilla-la-Mancha

PETTIGREW, T. F. e Meertens, R. W. (1995). Subtle and blatant prejudice in western Europe. *European Journal of Social Psychology*, 25, 203-226.

RANKE-HEINEMANN, U. (1996). *Eunucos pelo reino de Deus: Mulheres, sexualidade e a Igreja Católica*. Rio de Janeiro: Record.

SPENCER, C. (1996). *Homossexualidade: Uma história*. Rio de Janeiro: Record.

TAJFEL H. (1981) Human Groups and Social Categories: Studies in Social Psychology. Cambridge, Cambridge University Press.

VALA, J. (1999) – *Novos Racismos: Perspectivas Comparativas*. Oieras, Celta Editora.

VALA, J., Lopes, D. e Brito, R. (1999) – A construçao social da diferença: Racialização e etnicização. Em: Jorge Vala (Org.) – *Novos Racismos: Perspectivas Comparativas*. Oieras, Celta Editora. Pp. 31 –60.

VALA, J. ; Brito, R. e Lopes, D. (1999) – *Expressões dos racismos em Portugal*. Lisboa, Imprensa de Ciências Sociais.

VAN DIJK, T. A. (1997) – *Racismo y análisis crítico de los medios*. Buenos Aires, Paidos.

VEYNE, P. (1986). A homossexualidade em Roma. Em P. Aiès & A. Béjin (Orgs), *Sexualidades Ocidentais* (pp. 39-49). São Paulo: Brasiliense.

WETHERELL, M. (1996) - *Identities Groups and Social Issues*. Califórnia, The Open University .

YZERBYT, V., Rocher S. & Schadron, G. (1997). Stereotypes as Explanations: A subjective Essentialistic View of Group Perception. in Spears, R., Oakes, P., Ellemers, N., Haslam, A.S. (1997) - *The Social Psychology of Stereotyping and Group Life*. Blackwell, Oxford Cambridge, EUA. pp. 51-71.

As Implicações da afetividade e da identidade grupais nas estratégias de construção da cidadania

Marcos Vieira Silva[1]

As práticas que vêm sendo desenvolvidas em psicologia comunitária, na perspectiva da Psicologia Social Crítica e da Psicologia social Sócio-Histórica em Minas Gerais desde os anos 70, têm tido em comum alguns pressupostos e fundamentos teóricos e metodológicos.

Entre eles vale destacar:

- A busca da permanente vinculação entre pesquisa e intervenção, principalmente nos programas de extensão universitária, através dos quais boa parte de nossa práticas em Psicologia Comunitária têm sido desenvolvidas.
- O desenvolvimento de ações que buscam a transformação das condições adversas vividas pela população cliente.
- A participação dessa população no debate e na busca de soluções para os problemas vivenciados por ela.
- A atuação junto aos grupos comunitários e institucionais com a procura e construção de estratégias que permitam a esses grupos se tornarem sujeitos no desenvolvimento do seu próprio Processo Grupal.
- A construção de mecanismos que possibilitem aos grupos criar movimentos de autonomia e autogestão, ou, pelo menos, de gestão coletiva.
- A utilização de fundamentos teórico-metodológicos ligados à Pesquisa Ação, Pesquisa Participante, Análise Institucional e Grupos Operativos, entre outros.

---

[1] Prof. Do Departamento de Psicologia da UFSJ, Doutor em Psicologia Social pela PUC-SP, Coordenador do LAPIP Universidade Federal de São João Del Rei.

[2] Lembrando que em 1974 foi criada, na UFMG, a primeira disciplina de Psicologia Comunitária em cursos de psicologia no Brasil

Creio ser importante apontar algumas concepções com as quais temos trabalhado sobre os temas propostos por esta mesa redonda em nossos programas de extensão, pesquisa e estágio curricular. Não são concepções unicamente da psicologia, mas, também das ciências humanas e sociais em geral, o que já mostra a necessidade da perspectiva interdisciplinar, mesmo quando não dispormos de equipes interdisciplinares.

- **Gestão coletiva:** na esteira das contribuições da Análise Institucional, temos trabalhado com grupos, tanto institucionais quanto comunitários, na perspectiva da construção de processos de autogestão ou, pelo menos de gestão coletiva, já que uma perspectiva de autogestão implica em um amadurecimento e autonomia que boa parte de tais grupos ainda não conseguiu atingir. Estratégias de gestão coletiva se colocam, então, como uma alternativa mais viável, e como uma estratégia conjuntural. Continuamos a buscar a autogestão, desenvolvendo mecanismos estimuladores da participação, que caminham nesta direção, ao estimular a participação consciente e organizada da população envolvida. Estes trabalhos têm buscado, ainda, o desenvolvimento de relações de poder mais igualitárias, o estabelecimento de processos de liderança mais democráticos, que implicam, muitas vezes, em uma noção de coordenação como substituição da noção mais tradicional de liderança.

- **Processo Grupal:** o movimento de se fazer grupo, a história dos indivíduos com seus cruzamentos com a história do grupo. Aqui trabalhamos com a conceituação de Lane (1984), que afirma: "o significado da ação grupal só pode ser encontrado dentro de uma perspectiva histórica que considere a sua inserção na sociedade, com suas determinações econômicas, institucionais e ideológicas. Assim o grupo deve ser conhecido enquanto um processo histórico, e neste sentido é mais apropriado se falar em processo grupal ao invés de grupo."

- **Ação comunitária:** o desenvolvimento de ações na perspectiva de busca de soluções para problemas vividos no cotidiano das comunidades, a discussão e o enfrentamento coletivo das dificuldades e das condições básicas de acesso a bens e serviços públicos.

- **Cidadania:** É principalmente com o surgimento das práticas mais atuais da psicologia comunitária que cidadania passa a ser um conceito inserido no contexto de atuação do psicólogo. Se recorremos à definição clássica de cidadania, vamos encontrar: Qualidade ou estado de cidadão; Cidadão: Indivíduo no gozo de direitos civis e políticos de um Estado, ou no desempenho de seus deveres para com este. Vale lembrar os anos da ditadura, em que não fazia sentido pensar em cidadania como direitos, mas como conquistas a serem buscadas.

- **Cidadania do ponto de vista da Psicologia Comunitária:** Mourão (1985), aponta que a concepção de cidadania nunca foi estática, sendo incorporados novos temas e direitos como uma exigência decorrente das condições de vida, das lutas, desejos e utopias das pessoas e dos grupos sociais em cada momento histórico. Para ele "a sociedade ocidental vem participando desde os anos sessenta de um processo gradativo de redefinição da saúde mental. Assim, é cada vez mais clara a explicitação da necessidade da felicidade, do bem-estar das pessoas, como uma exigência social global e urgente, e não como individual, privado, ou algo para o futuro, a ser conquistado após as sonhadas mudanças políticas e sociais." A luta por melhores condições de vida vem incorporando, gradativamente, aspectos ligados à produção da subjetividade, às condições de acesso à saúde/saúde mental, educação, trabalho, moradia e lazer. Portanto, para a Psicologia, cidadania sem a possibilidade de afirmação da subjetividade não faz sentido.

- **Cidadania emancipatória:** Cabe, ainda, dizer de que cidadania estamos falando. Não nos interessa uma cidadania tutelada ou assistida, pelo Estado e pelos poderes públicos, sem a perspectiva de emancipação dos indivíduos e grupos sociais. Queremos uma cidadania emancipatória, com a proposta por Demo (2001), "buscada em outras formas de política social, inclusive não estatais, como acesso à educação básica de qualidade que inclua manejo crítico do conhecimento, capacidade de organização política da sociedade, exercício do controle democrático, e assim por diante."
- **Psicologia Social e direitos Humanos:** Desafios locais e internacionais. Creio que o tema geral do nosso 13º Encontro Mineiro de Psicologia Social não poderia ser mais apropriado a esta discussão. A busca por uma sociedade democrática, que considere os direitos humanos como algo inerente à sua função básica continua atual. Os desafios internacionais ajudam nossa reflexão no sentido de nos situarmos no conjunto de uma luta mais ampla, de toda a humanidade. Já a nível local, devemos nos defrontar com o dia-a-dia de nossa pretensão de construir uma psicologia comprometida com seu objeto e com uma visão

crítica e coerente, tanto do ponto de vista científico quanto do ponto de vista político e ideológico. Principalmente quando falamos e atuamos na universidade pública, que tem por função básica participar das lutas contemporâneas pela transformação da sociedade na qual está inserida.

Composto este quadro, cabe agora apontar alguns aspectos mais específicos do nosso trabalho que ajudam a compreender as implicações apontadas no título desse trabalho.

Temos trabalhado com grupos institucionais e comunitários a partir de programas e projetos de extensão e pesquisa desenvolvidos pelo LAPIP – Laboratório de Pesquisa e Intervenção Psicossocial do Departamento de Psicologia da UFSJ – Universidade Federal de São João del-Rei. Nossas intervenções/investigações têm produzido dados e questões interessantes sobre as características e articulações da afetividade e da identidade grupais com as relações de poder e com o desenvolvimento do processo grupal, bem como de suas implicações na/com a construção da cidadania.

"Pensar o grupo como processo grupal permite captar seu movimento permanente, seja na realização de suas tarefas, seja na construção de sua identidade, seja nas suas "idas e vindas" em torno da produção de seus projetos coletivos e na dialética permanente do seu transitar entre esses projetos e os interesses individuais. O grupo é, com certeza, o lugar da multiplicidade e não da homogeneidade. Seu desafio é a construção de um projeto coletivo a partir das heterogeneidades de seus membros. Partindo dessas premissas não faz sentido uma definição fechada, acabada do grupo. Ele está sempre por fazer-se, está a todo momento em construção, em processo, avaliando e produzindo sua história, a partir da história de cada um e de suas implicações na história coletiva." Silva (2000).

Os trabalhos de extensão e pesquisa desenvolvidos pelo LAPIP, têm nos permitido perceber, nos vários grupos que acompanhamos, "a necessidade de elaboração afetiva para a mudança de consciência, e a necessidade da mudança de consciência para atingir uma maior autonomia e identidade grupal. Então, nos propusemos a investigar e teorizar a respeito desses fenômenos grupais, sempre pensando em grupo como: processo histórico e dialético (Lane, 1984), para amparar uma atuação mais significativa nos estágios de psicologia." Grandi (2002).

Creio ser importante comentar alguns aspectos do trabalho com alguns grupos, a título de exemplos do que estamos apontando. A Casa Lar Monsenhor Assis, em Prados, instituição que abriga idosos, apresenta uma realidade institucional um pouco diferente das chamadas instituições totais clássicas. Existe mais liberdade, os portões permanecem abertos, e as pessoas podem transitar livremente, ou seja, os moradores da Casa Lar não estão vivendo em regime de internato e total confinamento.

"Mudanças concretamente pequenas, como a abertura dos portões, podem acionar uma representação psíquica muito significativa. A sensação do livre trânsito, certamente, pode ampliar a noção de liberdade, e provavelmente vai atuar como desbloqueador no processo de institucionalização. Acreditamos que algumas mudanças atuam significativamente no imaginário dos grupos. Esse tipo de intervenção (abrir os portões), é uma ação concreta, mas acreditamos que resulta em reações psicológicas aparentemente subjetivas, mas muito significativas.

No cotidiano os idosos da Casa Lar ainda se apresentam apáticos, em alguns casos, também, por uma condição orgânica limitadora. No entanto, as manifestações de sentimentos, pensamentos e as diversas interações que demonstram nos encontros promovidos pela intervenção psicossocial, antes pouco presentes fora destes, já começam a ser mais presentes. Isto nos parece ser um fator que aponta para o resgate de uma relação interacional que possibilita a reconstrução de uma identidade grupal, antes abafada ou impedida por uma situação de apatia, introversão e até mesmo fragmentação da identidade individual. Todo esse quadro é resultado de uma subjetividade reprimida em termos de expressão no grupo, devido a uma situação de submissão internalizada, em conseqüência do processo de institucionalização que enfraquece o vínculo entre as pessoas e instala empecilhos no processo grupal" (Grandi, 2002).

"Segundo Pagés (1976), "o desafogo dos desejos reprimidos, é necessário como etapa de mudança para fins de uma tomada de consciência do sentimento de perda, e aí sim dar origem a uma adesão e a um desejo de mudar as formas de adesão. A violência institucional não é outra coisa senão, uma defesa contra o luto".

Atualmente, os integrantes do grupo em seus comentários durante as reuniões, se pronunciam na primeira pessoa do plural ("nós"), o que dá indício de uma identidade grupal. Acreditamos que a elaboração subjetiva que eles vêm experienciando através das reuniões de grupo, está construindo uma identidade grupal forte capaz de amenizar as relações de poder na instituição." (Grandi,2002).

Acreditamos, a partir do trabalho com idosos institucionalizados, não só na Casa Lar, que é possível a promoção de uma certa desinstitucionalização da subjetividade, apesar da institucionalização do corpo. Estes idosos não deixam de estar internados, pois ainda não é possível uma transformação das relações ao nível da eliminação do asilo, mas estão conseguindo construir estratégias de afirmação de suas subjetividades. Internas de outro asilo em que temos atuado, a Casa do Velho Amigo, em Barbacena, em um dos encontros recentes com os estagiários, estavam fazendo planos de saírem do asilo e montarem uma república, pois queriam melhores condições de moradia.

Em outro grupo investigado pelo LAPIP, o grupo de Portadores de Diabetes de São João Del Rei, que funciona na policlínica central do SUS, o trabalho surgiu em atendimento a duas demandas, uma por parte da enfermeira responsável pelo serviço, e outra por parte dos próprios diabéticos, pois uma queixa comum entre eles, é que inconstâncias emocionais desregulam as taxas de glicose. Atendendo a estas demandas, estagiárias de psicologia começaram a acompanhar as atividades do grupo de informação em diabetes, que era coordenado pela enfermeira. O trabalho de acompanhamento e reflexão sobre as implicações psicossociais da diabetes evoluiu até que as estagiárias conseguissem subsídios suficientes para montar um segundo grupo com outra temática - o ser diabético, conduzido numa perspectiva de grupo de reflexão, visto que percebemos que a simples obtenção de informações sobre a doença era muito pouco para produzir mudanças nos estilos de vida dos pacientes.

O grupo inicial coordenado pela enfermeira se limitava a fornecer informações a respeito da doença e de seu controle. Vários profissionais de saúde são chamados para apresentarem aos portadores de diabetes informações sobre as várias implicações da doença, de acordo com seu ponto de vista e atuação profissional. Quando o segundo grupo passou a existir, coordenado pelas estagiárias de psicologia, o enfoque pretendido se dava na conscientização das implicações de ser diabético. Para isto passaram a acontecer reuniões quinzenais buscando produzir reflexões que promovessem a busca de uma identidade grupal que poderia ser responsável por uma futura autonomia entre as pessoas do grupo. Então, a partir deste momento, acontecia um grupo para um curso informativo sobre diabetes, de aproximadamente, dois meses de duração, coordenado pela enfermeira, e um grupo quinzenal e permanente coordenado pelas estagiárias, que se apresentava como grupo de reflexão, e todas as pessoas que passavam pelo primeiro grupo eram convidadas e estimuladas a participarem do segundo, através de intervenções psicossociais realizadas durante o curso coordenado pela enfermeira.

O tempo de existência deste novo grupo já se aproxima de dois anos, no entanto, o relacionamento das pessoas diabéticas com ele já é merecedor de análise. As pessoas não se desvinculam totalmente do grupo, ou seja, por mais que passem por longos períodos de faltas, sempre retornam. Acreditamos que isso possa ser caracterizado como demonstrações de um afeto e de um nível de pertencimento ao grupo intermitentes.

Freqüentemente, quando as reuniões conseguem atingir algum ponto de conflito, quando algum tema difícil de ser assimilado, vivido e elaborado pelos participantes está sendo trabalhado e eles se permitem a catarse, esse desabafo é seguido por muitas faltas. Neste caso, investigar métodos de atuação e de quebra de mecanismos de resistência é mais do que uma contribuição para as técnicas de intervenção psicossocial, se constituindo, também, na busca por um trabalho mais efetivo e atuante no cotidiano de vida dos portadores de diabetes.

Um último grupo que merece ser comentado é o Grupo de Inculturação Afro-descendente Raízes da Terra, responsável por todo um trabalho de desenvolvimento social na comunidade do Bairro São Geraldo, em São João Del Rei. O Raízes possui como tema central de suas atividades o resgate e a transmissão de elementos da cultura negra e da história da participação dos negros na sociedade brasileira. Demonstra a caracterização de sua identidade, por exemplo, nos momentos em que participa de apresentações e eventos nos quais expressa profunda identificação com os elementos da tradição cultural e religiosa da cultura negra e afro-desecendente (Festa do Rosário, missas e cultos ecumênicos e Festa de Zumbi, considerada um marco na história da Consciência Negra). Em todas essas ocasiões há uma participação conjunta com grupos religiosos católicos, embora a convivência com eles apresente muitas contradições.

As reflexões realizadas, as danças e as músicas escritas e cantadas por eles são os principais meios de manifestação e desenvolvimento da afetividade e da identidade grupais, bem como de transmissão e resgate das tradições da cultura negra. Muitos deles manifestam um grande orgulho em participarem das apresentações de dança. Para quem assiste, a impressão é de que existe uma forte identificação e entrega a estes rituais. Em uma entrevista realizada por estagiários, um elemento do grupo descreveu um sentimento de orgulho e profunda satisfação em participar das danças. Disse se sentir como uma rainha quando vestia as roupas características. Com tudo isso o grupo, por outro lado, depara-se, em vários momentos, com dificuldades de organização e redução na participação e envolvimento de seus membros com as tarefas do dia-a-dia.

A partir dos resultados obtidos e das análises desenvolvidas até agora, pode-se perceber a riqueza do Processo Grupal para a análise e compreensão dos fenômenos afetivos e mecanismos de poder que perpassam a construção de uma identidade grupal, e consequentemente desempenham papel central na forma como os indivíduos, e o próprio grupo agem em sociedade. O nível de consciência do grupo, em relação a seus processos, reflete-se e influencia diretamente na expressão de seus afetos.

O bloqueio dos processos afetivos, muitas vezes inconscientes, gera entraves que dificultam o cumprimento da tarefa pelo grupo. Porém, o grupo tende, a todo momento, de alguma forma, a buscar estratégias para lidar com seus processos e fenômenos, seja negando ou assumindo suas angústias, temores e ansiedades. Assim sendo, concordamos com Afonso (2000), que propõe: "o trabalho com os grupos deve visar a integração de duas dimensões: a da história de cada participante, levando-o a uma reatualização emocional e a um processo transferencial no grupo; e a dimensão do campo grupal, consciente e inconsciente, que vai sendo modificado a partir da interação dos membros."

Finalizando, acreditamos poder estar contribuindo com essas reflexões para a busca de uma perspectiva de trabalho em Psicologia Comunitária que possa ser desenvolvido na busca de estratégias mais efetivas para alcance e produção coletiva da cidadania e da gestão coletiva, a partir de programas de ação comunitária desenvolvidos numa perspectiva interdisciplinar e com articulações permanentes entre ensino, pesquisa e extensão, razão de ser da universidade pública.

Referências Bibliográficas

AFONSO, Lúcia (Org.). *Oficinas em dinâmica de grupo: um método de intervenção psicossocial.* Belo Horizonte: Edições do Campo Social, 2000.

AMARAL, Marcionília Soares e SILVA, Marcos Vieira. *Afetividade, identidade e poder em grupos comunitários: características e articulações com o processo grupal.* São João del-Rei: UFSJ/VIDAC/DIEPG, 2002. Relatório de pesquisa.

DEMO, Pedro. *Política social do conhecimento.* Petrópolis: Editora Vozes, 2001.

GRANDI, Agnah e SILVA, Marcos Vieira. *Afetividade, identidade e poder em grupos comunitários: características e articulações com o processo grupal.* São João del-Rei: UFSJ/VIDAC/DIEPG, 2002. Relatório de pesquisa.

LANE, Sílvia Tatiana Maurer. O processo grupal. In: *Psicologia social – o homem em movimento.* (Org). São Paulo: Editora Brasiliense, 1984.

SILVA, Marcos Vieira. *Processo grupal, afetividade, identidade e poder em trabalhos comunitários: paradoxos e articulações.* São Paulo: Pontifícia Universidade Católica de São Paulo, 2000. Tese de doutorado.

VASCONCELOS, Eduardo Mourão. *O que é psicologia comunitária.* São Paulo: Brasiliense, 1985.

Pesquisa-Ação e Oficinas Psicossociais Recursos metodológicos de trabalho social-comunitário

Rubens Ferreira do Nascimento[1]

1. Introdução

Este artigo tem como objetivo estabelecer uma reflexão sobre um trabalho de pesquisa-ação na área da Psicologia Social Comunitária. Pretende-se revisar o projeto original de pesquisa traçando um percurso panorâmico sobre o trabalho em processo de modo a colocar em evidência seus aspectos metodológicos, especialmente quanto ao método, as oficinas psicossociais .

A pesquisa é resultado de um projeto premiado no concurso do Programa de Bolsas Individuais – área de População da Fundação Mac Arthur de Chigago, Illinóis nos Estados Unidos da América. Além das bolsas individuais, esta organização financia projetos institucionais que contribuam criativamente na solução de problemas sociais no campo as saúde e dos direitos reprodutivos. Originalmente, nosso projeto foi denominado: Paternidade na Adolescência: a construção da masculinidade em adolescentes pobres urbanos. Sob a intenção de transformar o projeto em programa, ele passou a ter o nome de PIPA – Programa de Inclusão do Pai Adolescente.

O PIPA é uma pesquisa-ação, iniciada no segundo semestre do ano 2000, que tem como objetivo "contribuir para dar visibilidade ao problema da paternidade na adolescência, por meio de intervenções que apresentam a dupla finalidade de produzir e disseminar conhecimento em vista de uma revisão crítica e da transformação da identidade masculina e da paternidade hegemônicas" (Rena e Nascimento, 2000). A pesquisa implica na organização de três grupos configurados de modo diferenciado. O grupo 1 foi composto por adolescentes masculinos com vida sexual ativa e o grupo 2 por adolescentes masculinos que já são pais. O terceiro grupo deve integrar adolescentes masculinos e femininos.

---

[1] Psicólogo, Pedagogo, Mestre em Psicologia Social, Pesquisador, Bolsista da Fundação MacArthur, Supervisor de Estágios e Professor de Psicologia Social Comunitária da PUC Minas, membro da diretoria da ABRAPSO (Associação Brasileira de Psicologia Social) Minas.

Pretende-se examinar, dentre outros resultados, as semelhanças e diferenças entre as interações e produções próprias de cada grupo. Quanto ao último grupo interessa avaliar a interação com o feminino como elemento importante de construção da masculinidade.

O método adotado são as oficinas psicossociais. As oficinas, neste caso, se prestam para a efetivação da dupla dimensão da pesquisa-ação, ou seja, a construção de conhecimento e a ação participativa em vistas de transformação. Aliado a esses objetivos interessa-nos também testar a eficácia do método.

São propostos dez encontros atravessados pelos temas básicos: adolescência, masculinidade e paternidade. O trabalho com o primeiro grupo já foi realizado e o segundo está em processo, estando o terceiro em vias de ser iniciado. O momento atual do PIPA implica numa fase ou num conjunto de fases, no qual a análise e interpretação de dados propriamente dita e a avaliação das oficinas também já está ocorrendo. Justifica-se, portanto, o uso da oportunidade para ampliar a reflexão sobre aspectos metodológicos da pesquisa. Estaremos em outro trabalho avançando também na sistematização do marco teórico de referência.

2. A pesquisa

O universo da pesquisa compreendeu inicialmente três regiões influenciadas pela região da Cidade Industrial de Contagem, município pertencente à "Grande Belo Horizonte". Esta região se caracteriza por ser um dos mais importantes pólos industriais de Minas Gerais. O grande contingente dos habitantes daquelas localidades constitui-se de famílias que se dirigiram para lá em busca de emprego nas indústrias, aspecto característico do processo moderno de urbanização. É originalmente assim que têm se constituído as classes trabalhadoras urbanas. Do excesso de contingente de oferta de mão de obra para as indústrias e outros meios de produção associado aos que não apresentam qualificação profissional, origina-se o "sub-proletariado".

Os municípios de Contagem, Betim e Belo Horizonte, pela sua condição de polos industriais atraem mão de obra e, ao mesmo tempo, geram desemprego e situações de pobreza. É grande o número de crianças sem atenção primária e de adultos e jovens sem formação e qualificação profissional. Os adolescentes encontram-se em situação de risco e vulnerabilidade. Poucas são as perspectivas de educação e emprego. O crescente populacional está implicado com uma urbanização desorganizada e sérios problemas de moradia, saneamento básico. Por outro lado, há nelas também algum nível de organização comunitária. As dificuldades de permanência dos adolescentes nos grupos levaram a uma reordenação quanto ao campo. Estendemos nossa abordagem para sujeitos moradores de outras regiões de Contagem e da capital de Minas Gerais, especialmente as vilas e favelas. É ponto comum, nestas regiões de origem dos adolescentes, mais que nas primeiras: situações de pobreza, crime organizado e violência.

O público alvo compreende portanto adolescentes masculinos e femininos, alguns em lamentáveis condições de pobreza e ócio. Não poucos estão desempregados e/ou abandonaram a escola. São presas fáceis para os vícios da bebida e da droga além do tráfico, muito presente naquelas regiões. Eles iniciam em tenra idade os envolvimentos afetivo sexuais. É visível o grande o número de adolescentes grávidas. Quanto a visibilidade, o mesmo não se pode dizer no que se refere a participação do pai no acompanhamento da gravidez, nascimento e criação dos filhos.

Conforme estudos, frente à gravidez, os adolescentes masculinos costumam assumir uma entre duas posições. Assumem a paternidade mantendo ou recuperando o vínculo com a parceira, a partir do afeto pela mesma e pelo filho ou submetidos a posicionamentos moralistas das famílias, e deles próprios. Podem vir a sofrer várias conseqüências da precocidade deste ato. A outra posição do pai adolescente é manter-se afastado. Isto porque evita assumir a paternidade ou mesmo devido a rejeição da família da mãe adolescente. Neste caso costuma vigorar a crença quanto à irresponsabilidade do pai adolescente.

Uma análise psicossocial sobre o fenômeno nos permite questionar enfoques individualizantes sobre a identidade masculina e a paternidade na adolescência. A subordinação de idade, convivendo com outras formas de dominação, inibe a possibilidade do jovem ser sujeito. Na sociedade brasileira: patriarcal, classista e racista vigoram valores e representações sociais que associam o filho a uma propriedade da mãe e concebem o adolescente como filho e não como cidadão.

Ainda que incipientes, localizamos no Brasil estudos e ações que se posicionam de modo crítico e contrário a tais representações e condutas frente a adolescência. O Programa PAPAI em Recife, Pernambuco, desenvolve trabalhos de pesquisa e intervenção orientados para o apoio e aposta nos pais adolescentes e jovens. No Rio de Janeiro, o Instituto Prómundo também investe no incentivo a empreendimentos de valorização às novas formas de masculinidade e paternidade, principalmente nas camadas populares. Tais iniciativas tem como um de seus fundamentos os estudos de Loeweinstein & Baker (1998). Para tais autores: "existem homens provenientes de extratos de baixa renda e educação sexista na busca de novas formas de 'ser homem' e que procuram apoio e encorajamento para essa busca". Nossa proposta de trabalho se aproxima desses esforços que apontam para outras possibilidades de condutas para os adolescentes na medida em que lhes forem apresentadas alternativas de cidadania.

3. Os problemas de pesquisa

Para o delineamento da pesquisa-ação que tem como tema *a construção da identidade masculina e da paternidade em adolescentes pobres urbanos* estão colocados três problemas, todos de ordem empírica:

a) Problema de ordem empírico-prática:
– O problema que tem maior relação com a dimensão de ação é: *Em que medida adolescentes da periferia da região metropolitana de Belo Horizonte podem alterar* representações de masculinidade e paternidade gerando mudanças em suas atitudes e condutas?

b) Problema de ordem empírico-teórica:
– O problema mais diretamente relacionado à construção de conhecimento é: *Como adolescentes da periferia da Região Metropolitana de Belo Horizonte estão construindo sua identidade masculina e como experienciam a paternidade imaginada e/ou vivida?*

c) Problema de ordem empírico-metodológica: o problema mais diretamente relacionado à dimensão metodológica da pesquisa está colocado assim: *O método das oficinas é um recurso que possibilita a construção de conhecimentos e, simultaneamente, a intervenção no processo de construção das identidades?*

A problematização orienta para reflexões e estudos teórico-conceituais que colocam em relevo a adolescência, a masculinidade e a paternidade. Em função do objetivo do presente texto nos limitare-mos a apresentar muito elementarmente nossa perspectiva acerca dessas concepções. Como anunciamos acima, em trabalho a ser elaborado brevemente estaremos nos detendo na sistematização de nosso marco teórico.

A adolescência está entendida não apenas como uma fase do desenvolvimento humano onde se vive uma crise íntima de identidade mas também como um processo no qual a crise por que passa a sociedade se associa aos fatores e efeitos experienciados pela pessoa que está a "adolescer". Assim, a circunscrição de nossa população alvo é estratégica. Pretendemos participar dos esforços construção de novas relações de gênero menos desiguais. Nesse sentido, procuramos entender e intervir na construção de novos jeitos de ser homem e de ser pai.

Entendemos por masculinidade os diversos jeitos de representar e viver como homem. Nesse sentido é melhor falar em masculinidades.

Paternidade está implicada com a qualidade de ser pai. Pai está sendo entendido como aquele que aceita ou considera que tem filho(s) ou filha(s), dando-lhe(s) ou não seu nome e assumindo ou não o cuidado deles.

4. A pesquisa-ação

Baseados em Michel Thiollent (2000), podemos conceber a pesquisa-ação como um tipo de pesquisa social associada com uma ação ou a resolução de um problema coletivo e no qual há participação ou cooperação entre pesquisadores e as pessoas ou grupos/comunidades envolvidos.

A pesquisa-ação é uma modalidade de pesquisa pautada por alta flexibilidade. Além disso, estando vinculada à ação dos pesquisadores e também dos pesquisados não se enquadra num planejamento rigidamente elaborado. Devemos diferenciá-la das abordagens científicas consideradas clássicas. O mesmo Thiollent (op. cit.) afirma que:

> *"Um grande desafio metodológico consiste em fundamentar a inserção da pesquisa-ação dentro de uma perspectiva de investigação científica, concebida de modo aberto e na qual 'ciência' não seja sinônimo de positivismo, 'funcionalismo' ou outros 'rótulos'. (p. 20)*

Gil (1995) fundamentado em Thiollent (op. cit.), apresenta vertentes distintas de pesquisa-ação. Em um dos modelos, os procedimentos para o delineamento da análise e interpretação dos dados é semelhante ao proposto na pesquisa clássica: categorização, codificação, tabulação, análise estatística e generalização. No entanto, em outras tipos de pesquisa-ação se privilegia a discussão em torno dos dados obtidos com a participação dos pesquisados. Nesses casos, o trabalho interpretativo pode ser baseado apenas nos dados obtidos empiricamente ou se coloca também em relevo contribuições teóricas.

Na nossa ótica, concordando com Thiollent (op. cit.), a *pesquisa-ação* é estratégia de *produção científica* que se distingue da pesquisa clássica. A Adotamos também como recurso de *ação* distinto da militância. Então a pesquisa-ação nem é apenas pesquisa descomprometida nem apenas ação visando transformação. Um ponto a ser ressaltado para estabelecer as distinções com a pesquisa clássica e com a militância é a passionalidade presente nos pesquisadores.

Diríamos que, na pesquisa-ação, os pesquisadores são movidos pela paixão em tal intensidade que sejam impelidos a transgredir os cânones da ciência clássica. Trata-se de engajamento na construção conhecimentos. No entanto, eles não abandonam a finalidade científica. O que fazem é revolucionar a concepções tradicionais adotando uma perspectiva de que é possível fazer ciência abandonando o parâmetro da neutralidade e da hiper-valorização do método em detrimento do objeto ou, dizendo melhor, dos sujeitos envolvidos na investigação. Na pesquisa-ação, como a entendemos, assume-se as crenças, valores e afetos subjascentes à proposta da pesquisa como elementos motivadores do trabalho a ser desenvolvido e também como dados importantes a serem considerados no esforço de se tecer a análise interpretativa.

Contudo, a intensidade da paixão que move o pesquisador não deve ser excessiva a ponto de impedir um necessário distanciamento dos problemas em questão. Fazemos aqui a distinção entre o engajamento do pesquisador e a posição do militante. Este último é movido por uma identificação que o aproxima de um modo tal do grupo, da comunidade ou do problema enfocado que torna difícil uma elaboração moderada do conhecimento em construção. Não se trata de negar a importância do trabalho de ação participativa coordenado por militantes mas de afirmar que para se fazer ciência não se pode perder de vista o rigor, a objetividade e a racionalidade necessários à busca da verdade possível. Não da "Verdade" absoluta mas de verdades parciais e localizadas.

Na nossa pesquisa, o momento privilegiado para esse trabalho interpretativo é denominado de Seminários de Análise de Dados. Temos procurado organizar cada Seminário com a participação da equipe do PIPA, representantes das comunidades e organizações envolvidas como parceiros, profissionais que lidam com adolescentes ou com os temas básicos da pesquisa e um consultor.

Os Seminários acontecem do seguinte modo. Após a introdução, a equipe de coordenação relata suas leituras iniciais sobre um par de oficinas com temas relacionados. Na seqüência, o consultor ou consultora que recebeu previamente o relatório das oficinas como também os registros dos dados apresenta suas considerações e a interlocução acontece com os demais participantes.

A pesquisa-ação é pesquisa científica na medida em que se propõe, associada a uma ação, a efetivar a produção de conhecimentos com um compromisso de sistematização que vise a construção da verdade possível. Partindo do saber construído no trabalho de ação e interação entre pesquisadores e pesquisados a verdade possível advém também do esforço de interação com um conjunto diverso de saberes autorizados quanto ao problema em questão. A verdade possível deve ser construída também como fruto da conversação entre pesquisadores, participantes do grupo pesquisado, profissionais e agentes sociais, consultores, especialistas e mesmo com publicações de referência, dentre outros. Aqui nos orientamos por apontamentos de uma "hermenêutica construcionista".

No Seminário de Análise de Dados orientado por uma hermenêutica construcionista o objetivo é estabelecer um processo dialógico de produção de sentidos sustentado por uma ressignificação das noções de rigor, racionalidade e objetividade. Trata-se do que Spink e Lima (2000) entendem por interpretação como "atividade-fim". Além disso, as autoras sustentam que os pesquisadores interpretam sempre. No processo mesmo da construção da pesquisa há continuamente a produção de sentidos como uma "atividade-meio". Este movimento de interpretação no processo mais amplo da pesquisa tem sido feito através de discussão constante entre a equipe de pesquisa e a interlocução com uma consultora permanente. Atividade-meio e atividade-fim se complementam e colocam em relevo a atividade interpretativa como recurso fundamental de construção da verdade possível na pesquisa qualitativa.

Uma das distinções plausíveis que são apresentadas entre pesquisa-ação e pesquisa participante está no nível de participação dos pesquisados. Não concordamos com os autores que confundem pesquisa participante com observação participante. Assim toda pesquisa participante implica na necessária participação de pesquisadores e pesquisados e há sempre uma vinculação com a ação. Pesquisa participante também é pesquisa de ação. A diferença básica é que o nível de participação dos pesquisados na pesquisa-ação pode variar em muita, média ou pouca participação. Já na pesquisa participante a comunidade participa de todas as fases da pesquisa e o pesquisador se coloca do lado da população assumindo com ela um forte compromisso na busca de transformação da sua realidade indesejável (Brandão, 1999).

Seguindo essa ótica, fazemos questão de salientar nosso compromisso com a transformação. Assumimos a classificação de pesquisa-ação principalmente devido ao nível de participação dos pesquisados, comunidades e organizações envolvidos. Nosso trabalho tem início com a aprovação do projeto em concurso. Portanto, o financiamento e "encomenda" são externos às comunidades alvo. O projeto e os diversos interesses implicados foram elucidados pelos pesquisadores embora estivessem orientados por leituras da realidade e possíveis demandas das populações às quais ele foi endereçado. Isso se sustenta pela autoridade proveniente das experiências anteriores dos mesmos. Ambos possuem trajetória semelhante de engajamento em trabalhos comunitários e produções acadêmicas relacionadas aos temas básicos da pesquisa: adolescência, masculinidade e paternidade[2].

De todo modo, nossa pesquisa está relacionada com os tipos de pesquisa-ação caracterizados como comunitárias. Nesse sentido se salienta, em certa medida, sua semelhança com a proposta da pesquisa participante, particularmente no que tange ao compromisso político. Aqui está em questão com relevo o problema de classe social e também a dimensão política da sexualidade e da vida reprodutiva.

[2] A dissertação de Mestrado do autor contemplou os temas da masculinidade e paternidade nas camadas populares. O pedagogo Luiz Carlos Castello Branco Rena co-cordenador do PIPA realizou uma pesquisa-ação sobre sexualidade na adolescência. Este trabalho gerou uma dissertação de mestrado e a publicação de um livro (ver bibliografia).

5. As oficinas psicossociais

5.1. Introdução

As oficinas psicossociais constituem o método adotado nessa pesquisa-ação. Trata-se de trabalhos com grupos que se inserem na tradição da "dinâmica de grupo", termo cunhado por Kurt Lewin na década de 1940 a quem também é atribuída a criação da pesquisa-ação.

Com a pesquisa-ação, Kurt Lewin pretendia organizar grupos de participantes que seriam ao mesmo tempo sujeitos e objetos da experiência. O objetivo era perseguir uma ação em vistas da resolução de um problema ou de uma transformação. No entanto, importava com relevo a compreensão da estruturação do grupo e dos vários aspectos relativos à seu espaço de vida, ou seja, o campo social. As partes deveriam ser consideradas em suas interrelações entre si e com o todo. A noção da totalidade grupal aqui é preciosa.

É atribuída a Kurt Lewin a afirmação de que "o todo é algo diferente da soma das partes" (Garcia-Roza, 1972). Com atenção especial sobre a configuração grupal se processavam os procedimentos em vistas de mudanças.

Kurt Lewin (1973) pretendia não dissociar pesquisa de ação. Em muitos casos tinha também o propósito de formação de lideranças ou multiplicadores da transformação proposta. Nem sempre os continuadores de Lewin respeitaram esse dois objetivos indissociados pelo mestre. A dinâmica de grupo tal como é conhecida hoje se presta principalmente a trabalhos grupais de mobilização e treinamento de grupos tendo se perdido em grande medida a dimensão de pesquisa.

Atualmente dinâmica de grupo tem dois sentidos diferentes:

a) processo vivido pelos grupos e técnicas de intervenção em grupos. Alguns renomeiam a dinâmica de grupo atribuindo lhe a denominação "oficina".

Oficinas tal como as compreendemos se assemelham mas não se confundem com dinâmica de grupo. A distinção que queremos fazer entre elas é de base epstemológica e ideológica. No esforço de localizar os fundamentos das oficinas retomaremos sinteticamente a história da psicologia social.

5.2. Os fundamentos das oficinas

Podemos distinguir duas tendências historicamente conflitantes em ciências sociais e psicológicas. Robert Farr (1999, 2002) tem despendido esforços para esclarecer que a clássica dicotomia entre indivíduo e sociedade provocou a divisão no objeto das ciências humanas de modo que os fenômenos sociais seriam objeto das ciências sociais e os fenômenos individuais seriam objeto de estudos da ciência psicológica. Essa divisão teria gerado duas psicologias sociais: uma individualizante ou psicologizante e outra sociologizante.

A psicologia social individualizante se baseia na afirmação do cognivista Gordon Alport de que toda a psicologia social tende a ser uma psicologia individual. Esta expressão de psicologia social individualizante protagonizaada pelo Behaviorismo e pela Gestalt tornou-se hegemônica nos Estados Unidos na primeira metade do século XX e influenciou de modo dominante também a psicologia na América Latina.

Na década de 70 do século passado, ocorreu no nosso continente a chamada crise da psicologia. Psicólogos e psicólogas que se voltaram para o atendimento das camadas populares, insatisfeitos com uma formação e prática abstrata, individualizante e direcionada para as classes médias e elites, procederam a uma revisão de sua formação e inovação nas práticas. Na ação junto às populações desprivilegiadas socio-economicamente fizeram trocas com educadores, assistentes sociais, militantes religiosos e políticos de esquerda e aprenderam e adaptaram metodologias de trabalho comunitário, releram os psicólogos sociais e demais cientistas sociais e políticos e iniciaram um movimento de reconstrução da psicologia social e da psicologia. A psicologia social sociologizante foi útil nesse processo mas o movimento era de ruptura com um modelo de ciência positivista e funcionalista fundamentado em valores liberais e individualistas sustentadores do sistema capitalista.

A grandes contribuições teóricas nesse movimento vieram de Karl Marx e da psicologia marxiana de Vygotsky, Luria e Leontiev. Também o freudo-marxismo da escola de Frankfurt se fez importante nesse momento. A psicologia brasileira e latino americana se reorientava para a busca de outros fundamentos e o repensar do seu objeto, metodologias e práticas. De uma visão dicotômica do ser humano passou-se a conceber os homens e as mulheres como produtos e produtores do contexto histórico-cultural. A noção de indivíduo deu lugar à noção de sujeito social ou pessoa e conceitos psico-socio-políticos como ideologia, identidade, representações sociais e consciência ganharam espaço. Este último conceito para aqueles psicólogos sociais influenciados por Freud estava interligado ao "inconsciente" que também passou a ser visto em suas dimensões políticas (Garcia, 1997). Com base na afirmação do pai da psicanálise, Sílvia Lane, um dos grandes nomes dessa revolução em psicologia na América Latina, afirmou que "toda a psicologia é social" (Lane, 1986, p 19).

Esta concepção de psicologia social, distinta da psicologia social norte-americana individualizante ou mesmo da tendência sociologizante deu origem à psicologia comunitária ou psicologia social comunitária Em que pesem as inconciliáveis diferenças entre a psicologia sócio-crítica e as propostas de "clínica no social" da psicanálise (Guerra, 2002), é possível aproximá-las localizando, por exemplo, nos conceitos freudianos de personalidade: id, ego e superego/ideal de ego (Farr, 2002) e na leitura que Lacan faz da estruturação do psiquismo (estágio do espelho) a relação dialética (e não a dicotomia) entre indivíduo e sociedade (Nascimento, 2000).

5.3. O conceito de identidade

Decorrente de uma visão dialética de homem/mulher e de sociedade entendemos o indivíduo como pessoa e o grupo como processo grupal. A noção de pessoa implica a condição social inerente a cada um; aponta que somos constituídos nas relações (Guareschi, 1995). Associo pessoa com o conceito de identidade. A identidade é sempre relacional se consideramos sua configuração em termos da diversidade de papéis sociais que incorporamos e representamos. Tais papéis estão relacionados com as facetas da identidade (gênero, classe, raça/etnia, nacionalidade, religião, etc.). Estas seriam facetas egóicas se nos orientamos pela psicanálise (Costa, 1989). Mas a identidade, na nossa perspectiva, não se restringe ao ego. Ela se constitui pelo ego e o sujeito. O ego tem uma dimensão simbólica e outra imaginária. É ele o responsável pelo esforço de equilibrar as pressões provenientes de conflitos internos (desejo e controle do desejo pela introjeção das leis e da moral social) e conflitos externos (exigências da realidade). O ego tenta tecer ficções que possam sustentar a identidade. Nas ações e elaborações do ego o sujeito se apresenta. O sujeito é expressão de desejo e se apresenta como efeito a ser significado. O ego cuida de dar sentido ao sujeito ou às manifestações subjetivas. Nesse movimento se constitui a dimensão subjetiva ou pessoal da identidade (Nascimento, 2000).

5.4. Identidade pessoal e identidade grupal

A identidade é psicossocial. Sob um enfoque micro localizamo-la como subjetivo-social. Por outro lado, se a perspectiva for macro ela ganha relevo como sociopsicológica. Em trabalho anterior tecemos exaustivamente estas idéias. Na citação abaixo está expressa a condição psicossocial da identidade sob a ótica sociocultural.

"Temos visto que, abordada com coerência, seja na perspectiva social ou psicossocial, a identidade é processo de construção determinado pelo social que caracteriza a própria subjetividade. Concomitantemente o aspecto subjetivo da identidade participa do processo de construção do social. Social está sendo concebido como relacionado à alteridade. A alteridade é por mim entendida não apenas como o outro diante de mim mas também todos os homens e as mulheres que, ao longo da história, têm estabelecido relações entre si e com a natureza transformando-a e transformando-se a si mesmos por meio do trabalho, das idéias e ações, das experiências, da práxis ou da produção cultural. Enfim o que estou entendendo como o social é o próprio contexto sócio-histórico ou contexto sócio-cultural. Então, abordando a identidade nas perspectivas social ou psicossocial concluímos que ela é (psico)socialmente construída" (Nascimento, 2000, p. 8)"

5.5. "Oficinas"

Rena (2001) concebe as oficinas a partir de seu significado semântico. Esse autor recorre ao "Dicionário Aurélio" para associar as oficinas psicossociais às oficinas como local de trabalho e de transformações. Ele relaciona a transformação que se faz numa madeira em uma oficina de marcenaria e as transformações emocionais e cognitivas que se processam nas pessoas participantes das oficinas de grupo. Gonçalves (2002), por sua vez, salientando o sentido das oficinas associado ao trabalho apresenta a reserva de uma profissional em psicologia quanto a esse tipo de comparação. Para ela "em Psicologia não realizamos consertos". Fico me perguntando se esta reserva tem procedência. Afinal na interação com o cliente participamos do processo de construção e reconstrução do mesmo. Ainda que seja menos elegante, penso que cabe aí noções que podem ser associadas analogicamente a termos como reparo, reforma ou conserto.

De qualquer modo nos orientamos, em certa medida, pela definição de Rena (op. cit.). Pelo menos é assim que temos apresentado a proposta principalmente aos adolescentes no intuito de falar uma linguagem acessível a eles para explicar nossos propósitos com as oficinas. É interessante atentar mais uma vez para a experiência de Gonçalves (op. cit.). Esta psicóloga social traz o relato de uma aluna sua que, tendo oferecido o trabalho de oficinas para adolescentes que cumprem medidas socio-educativas, se surpreendeu com o fato de que estes entenderam as oficinas como uma proposta de aprendizado profissional e foram a procura de emprego. Esse tipo de equívoco tem sido constante em nossa experiência. Não sabemos no entanto se a busca de emprego ou aprendizado profissional é realmente proveniente da associação com a palavra oficina. O fato é que mesmo dizendo estarem esclarecidos quanto a nossa oferta, muitos deles trazem subjacente ao vínculo que estabelecem com a proposta a esperança de por meio do PIPA ganharem algo, em geral emprego, mas também demandam dinheiro, viabilização de estudo, etc.

A melhor formulação para o termo oficina encontramos em Lúcia Afonso. Para a autora oficina se constui: *"como um trabalho estrututrado com grupos, independentemente do número de encontros, sendo focalizado em torno de uma questão central, que o grupo se propõe a elaborar em um contexto social"* (Afonso, 2000 p. 9). Tal elaboração vai além de objetivos racionais. Envolve os sujeitos de maneira integral: pensamentos, sentimentos, ações. Para Afonso as oficinas são "um método de intervenção psicossocial".

Nossa proposta de trabalho vai em encontro com a orientação de Afonso. Fazemos apenas a ressalva quanto ao termo oficina no singular. Preferimos utilizar *oficinas* devido à condição de nosso trabalho. Nosso sujeitos são adolescentes de camadas populares. Temos experimentado na pesquisa aquilo que muitos estudiosos que lançam sua atenção sobre o referido grupo social já apontaram. Falamos das diferenças contextuais e pessoais dos pobres em comparação com o público que, tradicionalmente, tem caracterizado a clientela da psicologia (Figueira, 1985; Costa, 1989).

Segundo Costa (op. cit.), os clientes do serviço público, isto é, os pobres não se adaptam ao enquadramento clássico da psicoterapia, por exemplo, no que diz respeito à freqüência ritmada das sessões. São vários as justificativas dadas para as faltas: falta de dinheiro, ocupações domésticas, imprevistos. No caso dos "nossos" adolescentes, os motivos mais alegados tem sido: procura de trabalho, "bicos", futebol. O psicanalista discorda das conclusões de que tais alegações seriam desinteresse pelo tratamento ou resistência. Ele sustenta que os clientes teriam, por experiência própria, percebido que: "o tempo de suas reações psíquicas não estava amarrado nem era dependente do fuso horário do terapeuta... o espaço psicoterápico funciona como um lugar de referência, que pode ser alcançado quando sentem necessidade." (Costa, op. cit. p. 33). Costa conclui que isto não quer dizer manipulação ou abuso do tratamento.

Nossa oferta se distingue da psicoterapia. Porém, um dos pontos comuns é o estabelecimento de um contrato no qual se propõe um "enquadramento" a partir do qual se espera um certo compromisso dos participantes. A reflexão de Costa nos faz repensar quanto as expectativas que tínhamos e os juízos que fizemos, nos primeiros momentos ao lidarmos com as ausências e a conduta dos adolescentes nos encontros. As trocas de horário, os esquecimentos e as ausências não confirmam necessariamente determinadas teorias tradicionais mas, podem apontar justamente para a necessidade de reavaliação delas. Em função de necessidades da pesquisa, mas também em atenção às novidades que encontrávamos, resolvemos trabalhar com a perspectiva de grupo aberto.

Assim, se cada encontro está relacionado com outro compondo uma certa estrutura (oficina), por outro lado, entendemos cada encontro como uma estrutura própria de modo a atender nossos propósitos de coleta de dados e intervenção e também as demandas daquele adolescente que veio nesse encontro sem a garantia de que voltará em algum outro. Nesse sentido preferimos nomear cada encontro como oficina (lugar e momento de trabalho e transformação) e o todo do processo como *oficinas* (interligadas mas com certa independência).

Feito o esclarecimento quanto à designação do método damos continuidade à nossa reflexão. Baseados em Afonso, em trabalho anterior escrito a quatro mãos, fizemos a seguinte consideração sobre as oficinas:

> *"é interessante notar que o trabalho com oficinas é pedagógico, na medida em que se toma o grupo como exemplo para reflexões sobre seu funcionamento e é transmitido um saber. Além disso, surte efeitos terapêuticos e analíticos na medida em que remete o grupo a interpretações que envolvem suas emoções, afetividade, fantasias e a procura seu significado/significante na textura política, social e histórica." (Nascimento et all, 1999, p. 26).*

Todos os autores citados acima estão de acordo quanto ao fato de que o trabalho com oficina ou oficinas contempla uma dimensão pedagógica e outra psicológica ou terapêutica. Por que defendem uma perspectiva de pessoa humana como construída no contexto socio-cultural também salientam a abrangência socio-política da intervenção. Esta seria a diferença básica quanto à concepção de *dinâmica de grupo* corrente. Esta se baseia numa perspectiva epstemológica e ideológica que se auto-define como apolítica ou, se isto não ocorre, a perspectiva de política e cidadania que a orienta é limitada por não contemplar a realidade como uma construção que se faz por meio de relações de poder e dominação.

O trabalho tem sido proposto do seguinte modo. Cada oficina tem duração entre três a três horas e meia e ocorre em local fechado ou não, respeitando-se os objetivos, o problema de interferências, etc.; é estruturada em três momentos: 1) aquecimento ou relaxamento conforme a natureza da proposta; 2) geralmente duas atividades (técnicas de DG, jogos, brincadeiras, colagem, argila, etc) contemplando de modo mais aprofundado os objetivos propostos e 3) momento de avaliação podendo inicialmente ser individual e escrita e depois compartilhada ou diretamente compartilhada de modo oral, eventualmente motivada por algum recurso simbólico que possa intermediar a fala dos adolescentes.

No conjunto, são realizadas dez oficinas sempre atravessadas pelos temas básicos: adolescência, masculinidade e paternidade. As três primeiras oficinas orientam a formação e integração do grupo e permitem também o levantamento do interesse do grupo quanto aos temas. As sugestões explícitas ou implícitas dos adolescentes são transformadas em sub-temas organizadores das demais oficinas. A décima oficina tem a finalidade básica de avaliação do processo e discussão sobre o futuro das pessoas e do grupo, isto é, sobre perspectivas de continuidade.

5.6. Oficinas: intervenção e coleta de dados

Associamos às oficinas enquanto método de intervenção, os objetivos da discussão de grupo ou "grupo focal". O grupo focal tem sido indicado como estratégia de coleta de dados especialmente nos estudos sobre representações sociais. Maria C. S. Minayo afirma que as opiniões, relevâncias e valores dos entrevistados são o específico do grupo de discussão. Conforme os estudos dessa representante da pesquisa qualitativa no Brasil:

"no âmbito de determinados grupos sociais atingidos coletivamente por fatos ou situações específicas, desenvolvem-se opiniões informais abrangentes, de modo que, sempre que entre

membros de tais grupos haja intercomunicação sobre tais fatos, estes se impõem, influindo normativamente na consciência e no comportamento dos indivíduos" (Minayo, 2000. p. 129).

No processo grupal nos interessa registrar as idéias, crenças e valores pessoais e comungados pelos adolescentes. Afinal lançar luz sobre as representações sociais de um grupo é fundamental para a compreensão das identidades. As técnicas diretrizes para a realização do grupo focal apresentadas por Minayo foram por nós absorvidas no modo como conduzimos as oficinas. Assim, no mesmo processo, coletamos dados sobre as representações dos adolescentes e intervimos visando gerar mudanças.

Com a configuração do grupo de adolescentes pretende-se promover uma atmosfera social de troca de experiências e influência social que possibilite o repensar dos modelos de masculinidade e de paternidade que se apresentam como referências de identificações para os adolescentes. O ensejo é que os horizontes deles se ampliem de modo a vislumbrarem outras possibilidades de ser homem e ser pai. Referimo-nos a alternativas diferentes de modelos que implicam em descompromisso com a interação e o cuidado dos filhos e filhas e, quando é o caso, também na relação com a companheira.

No processo mesmo de interação dos participantes dos grupos entre si e deles com os coordenadores ocorrem produções materiais e verbais que enunciam e colocam em questão crenças, valores e representações. A socialização desses materiais intermediada por trocas simbólicas incide sobre o imaginário pessoal e grupal proporcionando elaborações e reelaborações que podem levar à uma tomada de consciência geradora de mudanças. Essas produções plásticas, verbais e sonoras são registradas através de fotografia, material escrito e gravações de áudio. Deste modo a dimensão de ação está associada à dimensão de construção de conhecimento.

Um terceiro propósito se alia aos objetivos de ação e pesquisa. Importa, no processo, avaliar a eficácia do método das oficinas psicossociais. Sua validação tornará viável uma sistematização metodológica que propiciará a oferta do serviço à organizações e políticas públicas voltadas para adolescentes.

6. Conclusão parcial

As técnicas utilizadas nas oficinas são recursos para coleta de dados e intervenção psicossocial. Nesse sentido as oficinas são o método central do PIPA. Entretanto nossa pesquisa-ação tem dimensões mais amplas. O trabalho de sensibilização dos grupos, organizações e comunidades e também a divulgação da pesquisa nos meios acadêmicos e na imprensa são estratégias que visam a reflexão sobre o processo e a constituição e apoio ao grupo de adolescentes. Porém, entendemos tais ações também como auxílio ao movimento feito por nossos interlocutores de avaliar as representações e as condutas que têm tido em relação a masculinidade e a paternidade na adolescência. Em certo nível, tal trabalho preparatório de base é também uma intervenção.

Assim, nosso propósito é, além de coletar dados, contribuir para mudanças no processo grupal que impliquem em alterações no contexto socio-cultural e que venham a incidir a pequeno, médio ou longo prazo sobre as identidades em construção. Queremos participar do esforços de revisão da cultura patriarcal e de crítica da ideologia individualista. Deste modo, construindo o PIPA, nas oficinas ou fora delas nesta pesquisa-ação, colocamos em questão crenças, valores e idéias viabilizando o repensar e o reposicionar quanto aos diversos jeitos de ser homem e de ser pai.

Referências Bibliográficas

AFONSO, Lucia (org.) *Oficinas em Dinâmica de Grupo: um método de intervenção psicossocial*. Belo Horizonte. Campo Social, 2000.

BRANDÃO, Carlos Rodrigues (org.). *Repensando a pesquisa participante*. São Paulo. Brasiliense, 1999.

COSTA, Jurandir F. *Psicanálise e Contexto Cultural*. Rio de Janeiro. Campus, 1989.

FARR, Robert. *As Raízes da Psicologia Social*. Petrópolis, vozes, 1999.

____________. "A individualização da Psicologia Social" in CAMPOS, Regina H. F. e GUARESCHI, Pedrinho. *Paradigmas em Psicologa Social*. vozes, 2002

FIGUEIRA, Servulo. (org.) *Cultura da Psicanálise*. São Paulo. Brasiliense, 1985.

FONSECA, Jorge Luis Cardoso Lira. "Paternidade Adolescente: da investigação intervenção" in ARILHA, Margareth. RIDENTI, Sandra G. UNBEHAUM e MEDRADO, Benedito (orgs). *Homens Masculinidades*: Outras Palavras. São Paulo: ECOS/ed. 34, 185-214.

FREUD, Sigmund. *Psicologia de Grupo e Análise do Ego*. Rio de Janeiro. Imago, 1976.

GARCIA, Celio. *Clinica do Social*. Belo Horizonte, UFMG, 1997.

GARCIA-ROZA, Luiz Alfredo. *Psicologia Estrutural em Kurt Lewin*. Petrópolis. vozes, 1972.

GIL, Antonio Carlos. *Como elaborar projetos de pesquisa*. São Paulo. Atlas, 1995.

GONÇALVES, Betânia D. "Oficinas: espaço de construção de conhecimentos objetivos, subjetivos e políticos." in GONÇALVES, Betânia D. GUERRA, Andrea M. C. e MOREIRA, Jacqueline O. *Clínica e Inclusão Social*. Belo Horizonte. Campo Social, 2002.

GUARESCHI, Pedrinho. "Relações comunitárias, relações de dominação" in CAMPOS, Regina H. F. *Psicologia Social Comunitária*. Petrópolis. Vozes, 1995.

GUERRA, Andrea M. C. "O social na clínica e a clínica no social" in GONÇALVES, Betânia D. GUERRA, Andrea M. C. e MOREIA, Jacqueline O. *Clínica e Inclusão Social.* Belo Horizonte. Campo Social, 2002.

LANE, Silvia T. M. "A Psicologia Social e uma nova concepção de homem para a Psicologia." in LANE, Silvia T. M. e CODO, Wanderley (orgs). *Psicologia Social, o homem em movimento.* São Paulo. Brasiliense, 1986.

LEWIN, Kurt Lewin. *Problemas de Dinâmica de Grupo.* São Paulo. Cultrix, 1973

LOEWENSTEIN, Irene & BARKER Gary "De onde vem o bom pai? Reflexões a partir de uma pesquisa qualitativa com adolescentes" in SILVEIRA, Paulo, *O exercício da Paternidade.* Porto Alegre. Artes Médicas, 1998.

MINAYO, Maria C. S. *O Desafio do Conhecimento – pesquisa qualitativa em saúde.* São Paulo – Rio de Janeiro. Hucitec, 2000.

NASCIMENTO, Rubens F. et al. "Psicologia e oficinas de grupo na formação de educadores." In *Cadernos de Psicologia.* Belo Horizonte, v.6, n.9, p. 24-32. dez, 1999.

________________________. *Pobre pai: a construção da identidade de homens pais pobres urbanos.* Belo Horizonte. Dissertação de Mestrado. Faculdade de Filosofia e Ciências Humanas – Universidade Federal de Minas Gerais, 2000.

RENA, Luiz Carlos C. B. *Sexualidade e adolescência – As oficinas como prática pedagógica.* Belo Horizonte. Autêntica, 2001.

RENA, Luiz Carlos C. B. e NASCIMENTO, Rubens F. *Paternidade na adolescência: a construção da identidade masculina em adolescentes pobres urbanos.* Projeto de pesquisa. mimeog., 2000.

SPINK, Mary J. e LIMA, Helena. "Rigor e visibilidade: a explicitação dos passos da interpretação" in SPINK, Mary J. *Práticas discursivas e produção de sentidos no cotidiano.* São Paulo. Cortez, 2000.

THIOLLENT, Michel. *Metodologia da Pesquisa-ação.* Cortez, 2002

Psicologia Comunitária Transformativa

Louis Ricci[1]

1. Injustiça Social e Psicologia

Iniciamos nossa reflexão sobre as possibilidades inerentes à prática de Psicologia Comunitária com a consideração de alguns dados sobre o atual estado de desigualdade econômica no mundo. A *Figura 1* resume informações específicas referentes à distribuição de riqueza e a alguns outros indicadores sociais (Gates, 2000).

***Figura 1* – Dados sobre a desigualdade econômica**

(Disponíveis no site, http://www.sharedcapitalism.org/scfacts.html)

* As 200 pessoas mais ricas no mundo dobraram seu nível de riqueza entre 1996 e 1999 até o nível de 1 trilhão de dólares, cada uma tendo, em média, 5 bilhões de dólares. Sua riqueza total era (1999) igual a renda anual total das 2,5 bilhões de pessoas mais pobres.
* As três pessoas mais ricas tinham (1999) mais riqueza e bens do que a soma dos Produtos Brutos Internos dos 41 países mais pobres e as 550 milhões de pessoas que moram nelas.
* O Programa de Desenvolvimento das Nações Unidas (PDNU) indicou que, em 1999, 80 países tinham rendas *per capita* menor do que no ano 1989. Desde 1980, 60 países estão ficando progressivamente mais pobres.
* Três bilhões de pessoas vivem com menos de U$ 2 por dia, enquanto 1,3 bilhões de pessoas moram com menos de U$ 1 por dia.
* No ano de 1960, a diferença proporcional entre os 20% da população mundial vivendo nos países mais ricos e os 20% morando nos países mais pobres, foi 30 para 1. No ano de 1990, a proporção aumentou até 60 para 1. No 1998, ela cresceu até 74 para 1.
* As 200 maiores corporações do mundo produzem 28% da atividade econômica mundial, empregando menos de 0,25% dos trabalhadores do mundo.
* Cada jato de guerra vendido para os países em desenvolvimento custa o dinheiro necessário para educar 3 milhões de crianças.

[1] Professor do Departamento de Psicologia/UFMG

* O custo de um submarino nega água potável para 60 milhões de pessoas.

* O PDNU indica que 2 bilhões de pessoas têm anemia. As tendências atuais sugerem que, em 30 anos, 3,7 bilhões de pessoas sofrerão de anemia.
* O PDNU identifica seis fatores essenciais como as condições mínimas para uma vida decente: 1) água potável (1,3 bilhões de pessoas não têm acesso à água limpa), 2) saneamento adequado, 3) nutrição suficiente, 4) acesso a serviços de saúde básica, 5) educação básica (uma de cada sete crianças, da idade do primeiro grau, não frequenta a escola), e 6) serviços de planejamento familiar para os casais que os querem. O PDNU calcula que tudo isso custaria U$35 bilhões anualmente, cada um dos próximos 15 anos
* Impostos anuais de 3,5% dos U$1 trilhão de riqueza possuída pelas 200 pessoas mais ricas arrecadariam verba suficiente para pagar esse valor de U$35 bilhões anualmente.
* Peritos afirmam que as pessoas ricas escondem, pelo menos, U$8 trilhões para evitar pagar impostos. Se os donos dessa riqueza fossem identificados, e se eles pagassem 3,5$ em impostos, U$280 bilhões seriam colhidos por ano. Isso seria 165 vezes mais que o orçamento atual total de todos os programas de desenvolvimento das Nações Unidas.
* 80 % da população do mundo mora nos países em desenvolvimento.
* 95 % das crianças na próxima geração nascerão de mulheres nesses países.
* 70 % dessas mulheres vivem com menos de U$ 1 por dia.
* 90 % dessas mulheres trabalham, em média, 35 horas por semana a mais do que o trabalhador (homem) pago.
* 70 % dessas mulheres são analfabetas.
* Por cada ano que uma mulher assiste às aulas além da quarta serie, a taxa de nascimento diminui 20%.
* 50% das mulheres com mais que 18 anos não pode ler nem escrever.
* Menos que 1% da riqueza do mundo é detido por mulheres.

De uma certa forma, essas informações não são necessariamente novas para muitos de nós. Elas apontam as grandes injustiças e a imensa desigualdade que caracterizam nossa época. Para humanamente sentir os efeitos dessas, não é necessário examinar dados como esses que refletem os problemas no escopo mundial. Basta olhar nos olhos do menino que pede esmolas no semáforo, sentir o medo defensivo associado com a escalação de violência nas ruas ou abrir os olhos para enxergar as consequências, de longo prazo, da progressiva deterioração do meio ambiente.

Estamos acostumados com esses problemas e, como qualquer questão de costume, temos "respostas" habituais para procurar solucioná-los. Geralmente, procuramos soluções políticas, compreendendo que são necessárias mudanças na verdadeira estrutura da sociedade, nos níveis político, social e econômico, para efetivar qualquer redistribuição significativa de renda, bens e riqueza. Embutida nesse processo político está a dificuldade em se realizá-lo de uma maneira que ofereça a possibilidade de transcender interesses individuais ou de grupos ou classe.

Assim, os indivíduos e grupos lutam para se defender e avançar seus próprios interesses. Com um sistema de forças competitivas, é natural a tendência para a dominação pelas pessoas e/ou grupos que tenham maior poder. A pessoa que tem mais dinheiro e poder tem mais facilidade em acumular mais dinheiro e poder do que aquela que não tem. E é isso que está acontecendo. Todos os dados indicam que as pessoas ricas ficam cada vez mais ricas e que a diferença entre os ricos e os pobres está aumentando cada vez mais.

No espírito da procura de novas respostas e soluções, quero iniciar esta discussão de Psicologia Comunitária com as seguintes perguntas: *Quais são as relações entre a psicologia do ser humano e os tipos de problemas relacionados na Figura 1?* De uma maneira semelhante (sem negar as causas que estão relacionadas com a estrutura do sistema), quais são as causas psicológicas desses problemas? Qual é o possível papel e/ou responsabilidade do psicólogo em relação a esses problemas e a essa situação? Quais transformações seriam necessárias para significativamente modificar a situação indicada no quadro? Quais são as possíveis intervenções e atividades do psicólogo que possam facilitar essas transformações?

2. Psicologia (Social) Transformativa

Se abordarmos as questões de desigualdade enfocando especificamente o nível psicológico dessas, chegaremos a refletir sobre quais características psicológicas seriam necessárias para que uma pessoa (ou grupo de pessoas) contemple, sinta e aja de uma forma que, mais e mais profundamente, vise não somente seu próprio bem estar, mas o bem estar do outro. Por outro lado, podemos estudar as características psicológicas das pessoas que agem de formas individualistas, que têm dificuldade em se abrir, em contemplar e valorizar o bem estar do outro. Estendendo essa idéia à esfera social mais ampla, podemos considerar não somente as características de consciência das pessoas que agem pelo bem do outro, mas também as características das pessoas (e do estado de consciência) que contemplam o bem estar da coletividade.

A ênfase do psicólogo interessado na transformação dos padrões das grandes injustiças sociais seria não somente no apoio para certas ações políticas, mas também a facilitação da transformação ou revolução, no nível de consciência dos indivíduos e grupos, de uma *consciência individualista* para uma *consciência do bem comum*.

Essa área de estudo e intervenção, chamada de *Psicologia Social Transformativa* ou, mais amplamente, *Psicologia Transformativa*, não envolve, necessariamente, nenhuma linha específica de pensamento psicológico. A *Psicologia Transformativa* define uma área de estudo, (a natureza da consciência - *individualista* ou *do bem comum* - e sua relação com estruturas e processos sociais) e uma área de intervenção (a facilitação da evolução de consciência - da consciência *individualista* para a *do bem comum* -) e paralela ou dialeticamente, a evolução de processos mais igualitários e estruturas sociais mais justas. Assim, um psicólogo de qualquer linha teórica poderia se envolver no estudo e na facilitação desses processos, levando sua capacidade técnica e humana para contribuir à resolução desses problemas difíceis.

Considerando a questão da mesma maneira, mas de um ângulo um pouco diferente, podemos compreender a ênfase da *Psicologia Social Transformativa* como o estudo profundo dos aspectos intrapsíquicos, interpessoais, institucionais e sociais de *cooperação*. Trazendo para o estudo de cooperação nossa perspectiva sobre a evolução de consciência no sentido do bem comum da totalidade do coletivo, superamos a banalização da idéia de cooperação como um instrumento que possa ser usado para aumentar a dominação de um grupo sobre outro.

Almejamos então, como um de nossos desafios com uma raça (humana), a criação de uma sociedade onde haja verdadeira cooperação, ou seja, um compromisso com o bem da coletividade, não imposto pelas regras, leis e normas ditadas externamente, mas brotando nos corações de todos os homens e mulheres. Questiono: se não forem os psicólogos, quem estudará e facilitará os processos de evolução de consciência no sentido de verdadeira cooperação? Os políticos? Os sacerdotes? Duvido. Nós, psicólogos, somos os "peritos" na área de evolução de consciência. Mas questiono ainda mais profundamente: se os psicólogos não conseguem cooperar entre si, ficando presos às defesas de "territórios" associados com as várias linhas e perspectivas pré-paradigmáticas que caracterizam a "ciência" de psicologia, quem ajudará o resto do mundo a cooperar? Assim, é imperativo que nós psicólogos, enxerguemos as pontes entre nossas perspectivas e aprendamos a cooperar.

3. O Conceito de Comunidade

É nesse contexto da evolução de consciência, de transformação social, do individualismo, do bem coletivo e de cooperação que chegamos, nesta pequena discussão, à questão de *comunidade*. Vamos contemplar juntos, por alguns momentos, o significado do conceito. *O que é comunidade? Como seria o processo de viver um "senso" ou "espírito" de comunidade?* É possível não somente pensar intelectualmente sobre a idéia, mas sentir o conceito dentro do coração?

Considero o conceito de comunidade um dos conceitos mais profundos e bonitos que já contemplei em minha vida. É bonito porque fala sobre as possibilidades mais altas do ser humano. Quem mora ou convive em verdadeira comunidade? Quase ninguém na cultura moderna ocidental. Nossa tendência é banalizar o conceito de comunidade. Um bairro onde poucas pessoas se falam e muitas se escondem por trás de muros e interfones é considerado uma "comunidade" somente por causa de sua geografia. Usando critérios psicossociais, uma categoria profissional, religiosa ou de pessoas com interesses semelhantes pode ser chamada de comunidade, como por exemplo, "a comunidade de psicólogos de Minas Gerais" ou a "comunidade Protestante" do Brasil. Nesses casos, o que define a "comunidade" é algo em comum e não uma consideração da qualidade dos processos de convivência.

Devido à nossa pouca experiência com convivência verdadeiramente comunitária, observamos nossa tendência de considerar qualquer definição mais profunda de comunidade como utópica, fantasmagórica e inatingível. Defendemo-nos contra a profunda apreciação do conceito de comunidade através de banalização, negação ou resistência porque o conceito, em si, nos chama para atingir nossas possibilidades mais altas. O conceito em si nos coloca o desafio de nos transformarmos internamente de uma maneira profunda e de transformar a estrutura e os processos da sociedade.

É minha experiência que, apesar do medo de encontrar esse desafio e de nossa falta de experiência concreta com a convivência comunitária, a possibilidade de *comunidade* existe dentro de nossos corações, talvez como parte de nosso inconsciente coletivo, resquícios de lembranças tribais ou de outras épocas quando a vida era organizada em comunidades. A possibilidade de viver em comunidade nos toca profundamente; parece que é algo além de um conceito teórico. É uma possibilidade que faz parte da fábrica de nossa existência. Ela nos remete ao amor, à harmonia, a uma possibilidade de existência que nos leva a transcender as prisões criadas por todos os condicionamentos no sentido de individualismo e materialismo permitindo sentir que somos parte de algo maior. E nos aponta à bem-aventurança que é possível viver quando sentimos que nossas vidas têm sentido além do progresso e crescimento individualistas; que somos importantes para uma comunidade e que nossas atitudes, emoções e comportamentos são capazes de influenciar e modificar a vida comunitária.

Outro aspecto profundo sobre o conceito de comunidade é que ele nos remete, simultaneamente, às questões intrapsíquicas, interpessoais e psicossociais. Pensar em comunidade é necessariamente pensar em estruturas e processos de organização social. A comunidade é organizada como? Como é seu processo de tomada de decisão? De educação? De socialização? De organização econômica? Claramente, essas questões e outras são elementos importantes de uma vida comunitária. Elas têm importância em si e têm implicações para a evolução de consciência dos participantes da comunidade.

Ao mesmo tempo, a idéia de comunidade envolve nossa capacidade de viver de uma maneira comunitária, um assunto com implicações intrapsíquicas profundas. Vemos aqui, da mesma forma que não é possível separar o indivíduo da sociedade – os dois "pólos" são lados diferentes da mesma moeda – não se pode separar as questões sociais (estrutura e processos interpessoais) de comunidade da questão das características psicológicas dos seus membros. O conceito de comunidade, nos níveis mais profundos de nossa contemplação, ajuda-nos a integrar o individual com o social.

Assim, voltamos ao mesmo tipo de questões que são fundamentais para nossa definição de *Psicologia (Social) Transformativa*, agora no contexto mais específico do nível de análise de *comunidade*. Como seriam as características (por exemplo, a estrutura e os processos) de uma comunidade onde seus membros vivem e cooperam juntos, com um verdadeiro "espírito" de comunidade? Quais mudanças, nos níveis individual e psicológico, seriam importantes para a evolução de uma vida mais comunitária? Quais são os condicionamentos socioculturais que influenciam a "psicologia" do ser humano, em relação a sua "capacidade" e/ou vontade, de viver em comunidade? Por que é difícil viver em verdadeira *comunidade?* Para "avaliar" uma comunidade em relação ao "grau" de cooperação e o "nível" de sua convivência comunitária, visando identificar áreas de possíveis intervenções, precisaríamos prestar atenção a, e/ou colher informações, sobre quais tipos de aspectos? Como seriam alguns processos e "técnicas" para fazer essa avaliação? *Como um psicólogo poderia atuar para facilitar a evolução de comunidades verdadeiras?*

Na *Psicologia Comunitária Transformativa*, o conceito de *comunidade* é essencial para a elaboração das teorias e a realização das intervenções. Na psicoterapia individual, por exemplo, independente da linha preferida, é importante ter uma base teórica que ajuda o psicoterapeuta a pensar sobre os objetivos da psicoterapia. Assim, noções sobre o funcionamento "sadio" e problemático do ser humano são importantes para estruturar ou guiar as intervenções. Em terapia familiar, é importante contemplar as questões referentes ao funcionamento sadio e problemático das famílias. Nos dois casos, o psicoterapeuta facilita o movimento do indivíduo ou família de um estado mais problemático, ou disfuncional para um estado mais sadio ou funcional.

De maneira semelhante, o conceito de *comunidade*, incluindo a consideração das possibilidades sadias de convivência comunitária, possibilita e fornece o impulso teórico para o psicólogo interessado em facilitar a evolução de processos que sejam verdadeiramente comunitários. Uma grande dificuldade e, conseqüentemente, um dos desafios da *Psicologia Comunitária Transformativa* é nossa relativa pouca experiência com modelos de convivência comunitária. Assim, o objetivo maior das intervenções – a potencialização de nossa capacidade de viver em *comunidade* – precisa ser desenvolvido na práxis: o psicólogo que trabalha com comunidades e os membros das comunidades precisam experimentar e descobrir juntos modelos de comunidade que possam desencadear as mais altas potencialidades do ser humano.

4. Psicologia Comunitária Transformativa

*Psicologia comunitária é "uma área da psicologia social que estuda a atividade do psiquismo decorrente do modo de vida do lugar/ comunidade; estuda o sistema de relações e representações, identidade, níveis de consciência, identificação e pertinência dos indivíduos ao lugar/ comunidade e aos grupos comunitários. Visa ao **desenvolvimento da consciência** dos moradores como sujeito**s** históricos e comunitários, através de um esforço interdisciplinar que perpassa o desenvolvimento dos grupos e da comunidade. (...) Seu problema central é a **transformação do indivíduo em sujeito**"* (Góis 1993, p.43)

Essa definição de Psicologia Comunitária destaca a questão de evolução ou desenvolvimento de consciência, acrescentando um conceito que pode ser considerado como um conceito *psicopolítico*: a transformação do indivíduo em sujeito histórico e comunitário. Esse é um conceito psicopolítico porque representa um tipo de mudança que tem implicações ao mesmo tempo psicológicas e políticas. Para se transformar em sujeito de sua própria vida, a pessoa descobre seu valor e sua capacidade de fazer uma diferença em sua realidade social. A descoberta do seu poder pessoal ("empoderamento") é um processo psicológico que não pode ser separado do seu aspecto político. A experiência da capacidade de mudar a realidade é necessariamente vinculada ao ato político, ou seja, a experiência de participar e influenciar o processo de mudança de uma determinada "realidade".

Na conceitualização de Góis, a consciência desse poder pessoal não existe fora dos contextos histórico e comunitário. O contexto histórico ajuda o indivíduo a compreender como seus valores, atitudes, emoções e ações foram condicionadas sócio-historicamente e aponta a direção para a superação dessas influências, uma condição necessária para a criação de qualquer nova "realidade". O contexto comunitário garante que a descoberta do poder pessoal aconteça no âmbito, não somente do progresso individualista da pessoa, mas do bem estar do coletivo. O indivíduo, parte inseparável do coletivo ou da comunidade, age visando o crescimento e o bem estar da comunidade. Essas ações, em si, são individuais, mas ao mesmo tempo comunitárias. Nossa capacidade de significamente influenciar a realidade social aumenta quando agimos coletivamente.

> *"Fazer psicologia comunitária é* ***estudar as condições (internas e externas) ao homem que o impedem de ser sujeito*** *e as* ***condições que o fazem sujeito*** *numa comunidade, ao mesmo tempo que, no ato de compreender, trabalhar com esse homem a partir dessas condições, na construção de sua personalidade, de sua individualidade crítica, da consciência de si (identidade) e de uma* ***nova realidade social.***" (Góis 1990, p.11)

Nessa citação de Góis, vemos a afirmação explícita que o objetivo da Psicologia Comunitária é, através de mudanças psicológicas do sujeito, a construção de uma *nova realidade social*. Como campo de estudo científico, ele destaca a importância de estudar as condições que impedem o ser humano de ser sujeito e, concorrentemente, as condições que o fazem sujeito. Essas condições podem ser internas (ou intrapsíquicas) ou, paralelamente, externas, ou seja, características da estrutura e processos do sistema social e/ou comunidade.

> *"A psicologia comunitária, enquanto área de psicologia social, tem procurado desenvolver um campo de atuação voltado para* ***uma prática problematizadora da situação de dominação vivida na sociedade capitalista****, onde a América Latina, pela sua condição histórica, tem sido um campo fértil de desenvolvimento. A vertente sócio-histórico da psicologia social defende uma intervenção que atinja diretamente os grupos populares, buscando, através de* ***relações comunitárias igualitárias de autonomia e de cooperação****, um compromisso de mudança social e de melhoria da qualidade de vida".* (Bomfim 1999, p.99)

Nessa definição, Bomfim enfatiza as questões políticas associadas com a Psicologia Comunitária no Brasil e na América Latina em geral. O problema de "ser sujeito" não pode ser compreendido fora do contexto de dominação e submissão vivido na sociedade capitalista. Os condicionamentos inerentes ao sistema, cujos meios de disseminação de informação e de socialização são principalmente controlados pelas elites, precisam ser esclarecidos para possibilitar sua superação. Esses condicionamentos funcionam não somente para dificultar processos verdadeiramente igualitários, mas para reforçar atitudes, valores e comportamentos materialistas, consumistas e individualistas.

A condição histórica da América Latina em geral, e do Brasil, especificamente, deixou marcas profundas na consciência das pessoas em relação a questões de autoridade e a percepção de sua capacidade de influenciar suas vidas e a realidade social, individual, bem como coletivamente. Assim, para o psicólogo comunitário interessado na questão de transformação social e a superação de relações de dominação no sentido da evolução de "relações comunitárias igualitárias de autonomia e cooperação", a situação latino-americana oferece um "campo fértil de desenvolvimento".

Essa ênfase psicopolítica é uma das contribuições imensas da Psicológica Comunitária latino-americana para a evolução da teoria e prática de *Psicologia Comunitária Transformativa*. Sua trajetória, como parte da evolução de Psicologia Social no Brasil diante dos abusos do sistema autoritário e suas características extremas na época da ditadura, criou um compromisso com uma psicologia humana e inserida nas questões políticas.

Nos Estados Unidos, onde a Psicologia Comunitária também se desenvolveu, esse desenvolvimento não era totalmente divorciado das questões políticas, mas estas ficaram reservadas ao segundo plano. A Psicologia Comunitária norte-americana cresceu no contexto do questionamento sobre a eficácia do "tratamento" psicoterápico em geral, e principalmente com as pessoas das classes desfavorecidas, o que impulsionou uma orientação mais voltada para a prevenção de distúrbios psicológicos do que seu tratamento. A ênfase na prevenção casou bem com o crescimento da perspectiva sistêmica que, a partir da década de 1950, começou a ganhar força e até dominar a área de psicoterapia familiar. Para quem se interessa pela prevenção de problemas psicológicos, é importante pensar nas características dos sistemas que possam alimentar esses problemas ou, inversamente, facilitar o funcionamento sadio dos participantes nesses. Assim, intervenções comunitárias foram vistas como a aplicação lógica da perspectiva sistêmica no sentido da prevenção de transtornos psicológicos e essa perspectiva sistêmica se tornou uma marca definitiva da Psicologia Comunitária norte-americana.

A perspectiva de *Psicologia Comunitária Transformativa*, trabalhada nesta breve discussão, envolve a integração entre as duas vertentes: a perspectiva sistêmica e a perspectiva psicopolítica.

5. Intervenções na Psicologia Comunitária Transformativa

Sendo o objetivo da *Psicologia Comunitária Transformativa* a facilitação de processos comunitários e, em geral, a convivência em *comunidade*, um conceito que necessariamente está sendo construído na práxis, os tipos de intervenções utilizados têm o mesmo caráter construtivista. Em geral, as intervenções não são planejadas e implementadas pelos psicólogos que diagnosticam os problemas e realizam as intervenções. As intervenções são planejadas e realizadas em conjunto com os moradores ou participantes da comunidade, representando uma parceria profunda e respeitosa entre a perícia "técnica" do psicólogo e o conhecimento prático do morador sobre sua realidade social e a história de suas tentativas de mudá-la.

O *planejamento participativo* é princípio fundamental da metodologia e do espírito do trabalho do psicólogo comunitário. Representa uma atitude que comunica a profunda valorização de todos os participantes da determinada comunidade e assim, o primeiro passo no sentido de ajudá-los a sentir suas capacidades individuais e coletivas. A atitude tradicional do psicólogo como perito, como "quem sabe melhor" sobre as vidas dos próprios participantes ou moradores da comunidade é superada, não somente no sentido de facilitar a experiência de poder pessoal, mas visando questionar e não reproduzir as relações típicas de dominação e pseudo-superioridade. Isso é um ponto especialmente importante para o psicólogo que trabalha com comunidades com fortes histórias de dominação e submissão, como as comunidades das classes desfavorecidas.

Os tipos de intervenções utilizadas pela Psicologia Comunitária Transformativa são variados e constantemente elaborados criativamente. Dentro dessas possibilidades, se destacam 4 (quatro) tipos de intervenção a serem descritos neste resumo breve: 1) intervenções sistêmicas, 2) pesquisa-ação, 3) métodos e processos de dinâmica de grupo e 4) *dança-livre.*

6. Intervenções sistêmicas

A perspectiva sistêmica oferece uma maneira rica de conceitualizar e intervir com comunidades. Nessa perspectiva, problemas específicos não são vistos como eventos isolados merecendo intervenções orientadas somente a esses, mas como sintomas do funcionamento da "totalidade" do sistema. No contexto de comunidades, a "totalidade" do sistema inclui a teia de inter-relações complexas entre uma multiplicidade de fatores nos níveis psicológico, psicossocial, social, econômico e político. Intervenções são formuladas baseadas em análises sistêmicas das comunidades, que contemplam a complexidade dos processos interativos entre os vários fatores. Assim, as intervenções visam mudar características da estrutura e dos processos da comunidade entendida como um sistema, características estas que geram os problemas específicos que, por sua vez, são conceituados como sintomas da teia de inter-relações sistêmicas.

Para ilustrar as análises e intervenções sistêmicas, tomamos como exemplo a experiência do *Projeto ComUnidade*, do Laboratório de Psicologia da Família e Comunidades, do Departamento de Psicologia da Universidade Federal de Minas Gerais e apoiado pela Pró-Reitoria de Extensão da mesma instituição. O *Projeto ComUnidade* trabalha em duas favelas na cidade de Belo Horizonte, os Aglomerados de Santa Lúcia e do Morro das Pedras. Há em cada uma das duas comunidades aproximadamente 35 mil habitantes.

Baseado em reuniões e diálogos com os moradores e nos resultados de uma pesquisa-ação que foi realizada na primeira fase do projeto, realizamos uma análise sistêmica do problema de violência nas duas favelas. Essa análise sistêmica de violência está representada simbolicamente na *Figura 2.* A figura representa não somente muitos dos fatores sociais, econômicos, políticos, psicológicos e psicossociais que contribuem ao problema de violência nos dois aglomerados, mas também indica as várias inter-relações entre esses fatores.

Figura 2. Análise Sistêmica de Violência nos Aglomerados de Santa Lúcia e do Morro das Pedras.

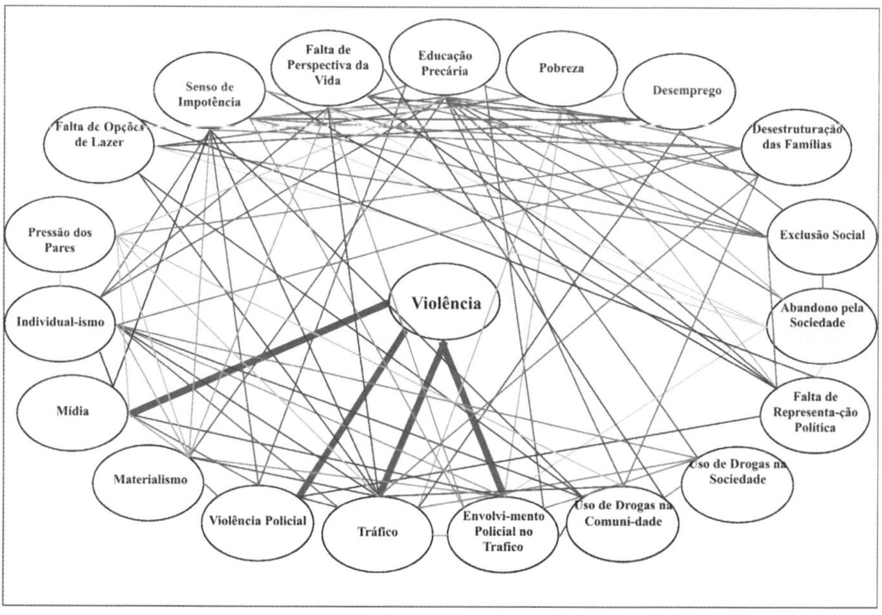

As duas comunidades sofrem o problema da violência significativa, geralmente vinculada à existência de gangues e ao tráfico de drogas. De uma perspectiva típica e não sistêmica de abordar o problema, a intervenção óbvia seria enviar mais policiais para "atacar" o problema. Na perspectiva sistêmica, entendemos o problema da violência nas favelas como um sintoma do sistema problemático ou disfuncional, no nível das comunidades bem como no nível da sociedade em geral, ou seja, o produto das inter-relações entre vários fatores, alguns dos quais são representados simbolicamente na *Figura 2.*

Assim, entendemos o tráfico de drogas como uma alternativa à falta de oportunidades e de inserção social que os jovens dessas comunidades vivenciam. Muitos desses adolescentes não têm chance de sentir e exercer seu poder eficaz e construtivo socialmente. A escola frequentemente os exclui e o sistema de ensino público é fracassado; as crianças acham que estudar na universidade seria impossível por causa das dificuldades com o sistema educacional e da falta de dinheiro para pagar cursos pré-vestibulares. O acesso à qualificação profissional é difícil, o mercado de trabalho só lhes oferece (quando oferece) trabalhos precários e mal remunerados, o preconceito limita suas possibilidades (são pobres, muitos são negros e moram na favela). Com a falta de qualidade e de perspectiva de vida, a tendência de se envolver no tráfico, como um meio mais direto e rápido de ganhar dinheiro e status, está fortalecida.

Além disso, o tráfico se torna um meio para a expressão de poder entre esses adolescentes. Com o tráfico e as gangues eles têm a sensação que estão no comando de suas vidas e das de outras pessoas também. Carregar uma arma torna-se um símbolo de status para esses meninos e eles passam a ser reconhecidos e "respeitados" pelos outros.

Essa visão é alimentada pela mídia, que veicula imagens freqüentes de violência e condiciona a idéia de que a violência é uma maneira viável de resolver problemas. A mídia reforça a associação entre violência e o valor e potência sexual da pessoa. Além desses condicionamentos especificamente associados com a violência, a mídia fortemente reforça a associação entre o valor da pessoa e a quantidade de dinheiro e bens materiais que ela possui. Para as pessoas nas duas comunidades, ambas rodeadas por bairros nobres, o confronto com as imagens da mídia, bem como a realidade cotidiana das palpáveis desigualdades socioeconômicas, atacam sua auto-estima e aumentam seu senso de isolamento do resto da sociedade. Assim, os meninos das favelas são ainda mais "incentivados" para se envolverem no tráfico e sua associada violência.

Em geral, a maior parte da sociedade tem pouca noção sobre a realidade nas favelas e sente ainda menos senso de responsabilidade. Evitando as favelas, com seus percebidos "pivetes" e "marginais", a pessoa típica raramente pára para entender a magnitude e as implicações do problema de violência nas favelas. A sociedade pensa ainda menos sobre as características maravilhosas e universalmente humanas de tantas pessoas que moram nessas comunidades: sua inteligência, seus talentos, seus sonhos, suas esperanças e suas angústias. Assim, essas comunidades são abandonadas pela sociedade para "se virarem" com seus próprios recursos.

Sem ter uma visão mais ampla do problema de violência nas favelas como um sintoma das dificuldades inerentes ao sistema social e como um produto de vários fatores interagindo para criar o contexto do problema, a sociedade tenta "atacar" e reprimir o problema através da atuação da polícia. Os policiais, às vezes moradores de outras favelas, têm muito medo de serem assassinados pelos traficantes no momento de "subir o morro" e demonstram uma tendência forte em tratar os moradores de uma maneira violenta, sem respeitar seus direitos humanos e perspectivas humanas. Além disso, alguns policiais se envolvem no tráfico de drogas e armas para aumentar sua "renda".

Essa breve exposição sobre a análise sistêmica do problema de violência nas favelas demonstra, não somente sua complexidade, mas a futilidade de qualquer tentativa de lidar com a questão de violência sem abordar suas causas sistêmicas e mais profundas. Na perspectiva sistêmica, superamos a tendência de "psicologizar" o problema, atribuindo às pessoas violentas características como psicopatas, marginais, ou pivetes, o que estimula a procura de soluções que modifiquem ou eliminem (encarceramento ou morte) essas pessoas. Compreendemos essas pessoas como parte de um sistema "podre" que cria e mantém as condições que geram a violência. Assim as pessoas violentas, culpáveis com certeza, são, ao mesmo tempo, vítimas de um sistema problemático e a violência, em si, é vista como um sinal das falhas de um sistema que precisa se transformar.

Intervenções sérias e sistêmicas, visando não somente "tampar o buraco" da violência, procuram abordar a teia de causas sistêmicas. O *Projeto ComUnidade,* por exemplo, organiza-se em várias frentes de trabalho para intervir na estrutura e nos processos das comunidades envolvidas e nas suas relações sistêmicas com a sociedade maior. As atividades dessas frentes visam facilitar a ascensão social dos meninos e meninas das comunidades através da melhoria do sistema público de educação, a realização de cursos pré-vestibulares para pessoas de baixa renda, cursos profissionalizantes, projetos artísticos e culturais profissionalizantes e a criação de cooperativas econômicas. O projeto também apóia a organização comunitária nas duas favelas, publicando catálogos com informações sobre todos os grupos e entidades que trabalham nas duas comunidades e facilitando a cooperação entre esses. Ele dá apoio às famílias através de atendimento clínico, pretende realizar oficinas nas escolas e creches, procura organizar grupos e oficinas com os policiais que trabalham nas comunidades e ajuda a realizar eventos comunitários para aumentar auto-estima dos moradores. O projeto visa realizar oficinas para ajudar os jovens a resignificar as mensagens violentas, individualistas, materialistas e consumistas passadas pela mídia e seminários e outros eventos para minimizar a exclusão social e melhor integrar as comunidades com o resto da sociedade.

7. Pesquisa-ação

O primeiro passo para qualquer crescimento psicológico é freqüentemente o autoconhecimento. Para resolver ou transcender seus problemas, o indivíduo precisa, em alguns níveis, se conhecer. No contexto de *Psicologia Comunitária Transformativa*, a pesquisa-ação funciona para aumentar o nível de autoconhecimento comunitário. Para se conhecer, se organizar e planejar estratégias visando o bem estar da comunidade, é importante que os líderes comunitários e a comunidade, em geral, conheçam as opiniões e idéias da população mais ampla. Quando a comunidade é grande, como as duas comunidade onde o *Projeto ComUnidade* atua, onde há, mais ou menos, 35 mil moradores em cada, é impossível levantar opiniões representativas da população sem utilizar estratégias de pesquisa.

Nesse tipo de pesquisa, informações tipicamente levantadas incluem: os talentos e recursos da comunidade, os problemas, necessidades e prioridades definidas pelos moradores e as idéias dos moradores para resolver os problemas e melhorar a qualidade da vida comunitária.

Essencial para a realização desse tipo de pesquisa é que ela seja uma *pesquisa participante*. Em lugar de uma pesquisa definida pelos psicólogos e profissionais e implementada "de cima para baixo", a participação dos moradores, em todas as fases da pesquisa, é um aspecto necessário desse processo. Este visa facilitar, não somente a valorização, o aumento de auto-estima dos moradores e o seu envolvimento e treinamento em processos verdadeiramente participativos e democráticos, mas também garantir que a pesquisa em si seja baseada na realidade dos moradores e em suas necessidades e prioridades para conseguir informações que ajudem com seu processo de organização comunitária. Assim a parceria participante é profunda: o psicólogo entra com seu conhecimento técnico sobre metodologia de pesquisa e os moradores entram com suas prioridades, sua experiência da vida e seu conhecimento prático sobre a vida comunitária.

Uma *pesquisa participante* orientada à transformação da realidade social pode ser considerada uma *pesquisa-ação*. No *Projeto ComUnidade*, a análise sistêmica da violência, anteriormente descrita, foi subsidiada, em grande parte, pela realização, primeiro, de uma pesquisa-ação.

8. Métodos e Processos de Dinâmica de Grupo

Para todos os aspectos das intervenções em Psicologia Comunitária Transformativa, é essencial a capacidade do psicólogo na área da facilitação de grupos. É necessário, não somente que ele saiba como trabalhar com grupos, mas que saiba também como treinar outras pessoas (membros da equipe do trabalho e membros da comunidade) na facilitação de grupos para que se tornem multiplicadores.

O estudo de dinâmica de grupo vai muito além da implementação de "dinâmicas" ou "brincadeiras" que, infelizmente, é o que muitos psicólogos associam com a área. É o estudo sério dos aspectos psicológicos de quais tipos de participação e liderança facilitam, ao máximo, a capacidade de um grupo para realizar seus objetivos e, ao mesmo tempo, o *crescimento psicológico* de cada um dos seus membros.

Na perspectiva de *Psicologia Comunitária Transformativa*, estamos interessados na facilitação de processos grupais que facilitem o "empoderamento", ou o senso de poder pessoal das pessoas dos grupos, como indivíduos e como coletividades. Interessamo-nos pela experiência de valor de cada pessoa e por um aumento de sua auto-estima, valorizando suas perspectivas, contribuições, talentos e capacidades e na evolução do nível de consciência de cada pessoa de uma *consciência individualista* para uma *consciência do bem comum*

Ao mesmo tempo, queremos facilitar a realização da tarefa do grupo da maneira mais "eficiente" possível. Apoiamos a participação de sujeitos ativos na busca de soluções para os problemas enfrentados e conscientes do seu papel como agentes transformadores de sua realidade. Assim procuramos, nos grupos, buscar novas relações com "autoridade", facilitando a autogestão, a formação dos recursos humanos da própria comunidade e a realização de ações eficazes em cobrar as respostas responsáveis das figuras em posições de autoridade.

Nos grupos, procuramos desenvolver modelos de cooperação e tomada de decisões democráticas. O líder facilita, não dirige, sendo mais preocupado com o processo do grupo do que com o conteúdo das decisões. Almejamos o *conflito criativo* e a *celebração de diversidade*, onde todos os participantes no grupo têm espaço para ser verdadeiros, e onde a diferença é valorizada como ingrediente importante, não somente para nosso crescimento coletivo, mas para a realização de processo dialéticos, onde os conflitos possam ser transformados em sínteses mais profundas e criativas.

Permeando todos os aspectos de nossos trabalhos com grupos há uma cultura de *auto-avaliação*. Cada reunião de cada grupo é vista como oportunidade para profundo crescimento e aprendizagem, individualmente e sobre como trabalhar em grupos. Assim, os participantes e facilitadores têm amplas oportunidades para receber retorno interpessoal sobre sua participação no grupo, dar retorno para os outros participantes e refletir e comunicar sobre os aspectos de sua participação e do processo grupal que possam ser aperfeiçoados.

9. Dança-livre

No *Projeto ComUnidade*, trabalhamos com dança como um meios de atingir níveis não verbais de experiência e integrar os níveis emocional e racional. Geralmente, iniciamos todas nossas reuniões (entre os alunos do projeto e nas comunidades) com dinâmicas de dança e/ou massagem. A popularidade dessas dinâmicas é impressionante, bem como a capacidade da forma para trabalhar rapidamente a solidariedade e integração dos grupos e facilitar o trabalho com assuntos emocionais. Além das dinâmicas que iniciam as reuniões, realizamos regularmente eventos mais amplas de *dança-livre* com a equipe do projeto e com as pessoas da comunidade.

Agradecimentos

O autor oferece seus profundos agradecimentos para Ivone Maria Silva Mendes, Priscila Fidelis de Souza Lima, Sâmia Grasinoli Alves e Sueli Rodrigues Burgarelli por sua ajuda na revisão do texto.

Referências Bibliográficas

BOMFIM, Z.A.C. A mediação emocional no desvelar da identidade em psicologia comunitária, p. 83-108. Brandão, I. R. e Bomfim Z. (orgs.) *Os Jardins da Psicologia Comunitária*, Fortaleza: Pró-Reitoria de Extensão da UFC/ ABRAPSO, 1999.

GATES, J. *Democracy at Risk: Rescuing Main Street from Wall Street – A Populist Vision for the 21st Century*, Cambridge: Perseus Books, 2000.

GÓIS, C.W. de L. Pedra Branca: uma experiência em psicologia comunitária, *Revista de Psicologia e Sociedade*, Belo Horizonte, ABRAPSO, v.6, 1990.

GÓIS, C.W. de L. *Noções de Psicologia Comunitária*, Fortaleza: Edições UFC, 1993.

"Transformações psicossociais entre mulheres-conquista de direitos e construção de cidadania"[1]

Betânia Diniz Gonçalves[2]

Neste trabalho "Transformações psicossociais entre mulheres – conquista de direitos e construção de cidadania" procuro reconstruir a trajetória de três gerações de mulheres, comparando suas experiências de vida e identidades no contexto sócio-histórico-cultural de Minas Gerais do século XX.

Através de entrevistas semi-estruturadas foram entrevistadas quatro famílias com três gerações vivas de mulheres: avós (Primeira Geração), mães (Segunda Geração), filhas (Terceira Geração), escolhidas conforme a situação ocupacional e grau de instrução das mulheres da segunda geração.

As trajetórias e identidades das mulheres em cada família foram analisadas conforme sua inserção na esfera pública (trabalho , estudo) e privada (conjugalidade, sexualidade, maternidade e trabalho domestico). Procurei, assim, compreender as continuidades e descontinuidades das identidades das mulheres através dessas três gerações e as repercussões sociais e políticas desta trajetória.

O estudo da construção da Identidade das mulheres é um tema importante porque contribui para a compreensão do processo de construção da cidadania e das relações de gênero na Psicologia Social.

As diferenças nas experiências das gerações revelam um rico confronto de épocas, identidades e conquista de direitos. Entretanto, existem poucas pesquisas que associam geração, gênero e o processo de transmissão entre as gerações.

É com o olhar da psicologia social que me dirijo à história das mulheres, e não como historiadora. Nesta conjunção interdisciplinar, não tenho

---

[1] Texto baseado na dissertação "Transformações da Identidade de Gênero entre mulheres no século XX em Minas Gerais - um estudo em três gerações", definida no programa de pós-graduação em Psicologia, UFMG, sob a orientação da Dra. Lúcia Afonso e apresentado na ABRAPSO, em outubro 2002.

[2] Formação em Psicologia e Ciências Sociais. Professora e pesquisadora do Instituto de Psicologia da PUCMINAS Betim e São Gabriel. Doutoranda em Psicologia Social pela PUCSP.

a pretensão de propor uma versão acabada sobre a história da conquista de direitos e construção de cidadania das mulheres no século XX, em Minas Gerais, mas tenho a intenção de oferecer uma versão onde se possa reconhecer a importância das construções subjetivas, das interações, da relação entre gerações no afazer da História. Lanço questões, como uma fiandeira ao tear, tecendo uma teia que também é minha, e cujo fio é preciso re-encontrar.

1. O mundo público: uma estranha no ninho

As mulheres sempre trabalharam[3]. Porém, as suas relações com o mundo do trabalho foram se transformando, tanto em relação aos significados que a sociedade – e as próprias mulheres – atribui ao seu trabalho quanto à forma como elas se inserem nas relações de produção. (Bruschini 1994:179).

É grande a parcela de mulheres que, não participando de segmentos profissionais organizados, também não têm acesso a garantias legais. A possibilidade de conciliar atividades domésticas e profissionais parece atrair as mulheres, porque lhes permite adequar-se às exigências do seu cotidiano, na família e no mercado de trabalho. Vemos que, ainda hoje, o trabalho doméstico e as atividades ditas "femininas" constituem um campo de representação social do trabalho das mulheres e, desta forma, se impõem como um campo de identificação para elas.

Nos anos 1950 e 1960, cresce a participação feminina no mercado de trabalho, em atividades que exigiam uma maior qualificação das mulheres e tornavam-nas profissionais remuneradas, demandando maior escolaridade e propiciando mudanças em seu status social.

No entanto, eram muitos os preconceitos vividos pelas mulheres trabalhadoras, sendo comum que as mulheres interrompessem sua atividade profissional quando se casavam ou tinham filhos. (Bassanezi, in Del Priori 1997).

Nos anos 1970, há um marcante crescimento do envolvimento das mulheres - não só nas camadas de baixa renda, mas também nas camadas médias e de alta escolaridade - em atividades profissionais (Bruschini,1994). A presença feminina é cada vez mais atuante no espaço público, mudanças em padrões de comportamentos são nítidas: mulheres reduzem o número de filhos e liberam-se para o trabalho; há uma expansão da escolaridade feminina e mais mulheres têm acesso à universidade.

[3] A afirmação de que alguém trabalha ou não depende obviamente do conceito de "trabalho" e mesmo de "trabalho produtivo". Historiadores, como Perrot (1997), mostram como esse conceito muda com a incorporação da participação das mulheres na história. Como escreve Perrot (1997:97-98), "As mulheres sempre trabalharam, mas o que colocou um problema para elas foi o exercício de trabalhos assalariados, ofícios e profissões, praticados fora de casa."

As novas posições ocupadas pelas mulheres, e suas novas perspectivas de participação na vida social, possibilitam uma maior amplitude em suas escolhas. Em relação à socialização das crianças, valores igualitários surgem, porém ainda de forma incipiente ou restrita, e a socialização tradicional "feminina" continua tendo grande influência nas escolhas profissionais das mulheres. Apesar do aumento da presença das mulheres no mercado de trabalho, e do aumento do percentual de famílias chefiadas por mulheres, o homem ainda é considerado como o provedor do lar e a mulher principalmente como mãe e dona de casa (AMAS, 1995).

No Brasil de 1990, 37,8% das mulheres participam da população economicamente ativa no meio urbano e 29% no meio rural. Esta situação é mais presente para as mulheres de nível sócio-econômico baixo, apontando ainda para uma intrigante fluidez de limites entre família, casa e trabalho (Abreu et allii, 1994; Bruschini, 1994).

O crescente acesso das mulheres ao domínio público, no decorrer do século XX, provoca uma chamada 'feminização do mundo': a 'invasão' das mulheres, no espaço público, provoca o deslocamento das representações do masculino e do feminino. As mudanças conflitivas das representações sociais estão, por sua vez, associadas a crises de identidade e, portanto, geram angústia nos homens e mulheres, tocando de forma mais contundente nas relações de poder, desejo e afeto entre gêneros.

As transformações das condições de vida e de trabalho das mulheres, e a conquista de direitos ao longo das gerações, estão interrelacionadas com transformações da sua identidade, enquanto mulheres, em uma dada sociedade, ou seja, da sua identidade de gênero, que aqui reencontramos como um conceito relacional e dinâmico.

2. Os fios do avesso – nas tramas da vida privada...

A vida privada não constitui um bloco indiferenciado e, em seu estudo, há que se considerar as diversidades expressas, nos diversos momentos históricos, nas diversas classes sociais, nos diversos grupos étnico-culturais.

Se olharmos a família, no Brasil, hoje, constatamos que ela se mostra cada vez mais caracterizada como espaço nuclear embora apresentando estruturas diversificadas como mudanças observadas, no início da década de 1990, como o aumento no percentual de famílias monoparentais, especialmente as chefiadas por mulheres, e especialmente nos setores não-brancos e mais pobres da população, o aumento dos índices de separações e divórcios, o aumento no percentual de pessoas que vivem sós (Goldani, apud Afonso, 1997).

Como era de se esperar, estas transformações estruturais foram acompanhadas de mudanças, valores e práticas. Em um estudo sobre valores na família brasileira contemporânea, Ribeiro e Ribeiro (Apud Afonso, 1998) mostram que o processo de modernização da família, apesar de não ter sido igual para os diferentes grupos sociais, trouxe (a) um enfraquecimento da associação entre casamento e família bem como entre casamento e reprodução, com a aceitação legal de outros arranjos conjugais e familiares, (b) maior flexibilidade nos papéis de gênero, incluindo a incorporação das mulheres no mercado de trabalho, embora persistindo a dupla jornada de trabalho; (c) novos valores relacionados à criação de filhos, ligados à emergência das ciências do comportamento.

No processo de modernização autoritária do país, iniciado na década de 1960, surgem novas necessidades e confrontos entre família e sociedade. (Figueira,1987).

Tais discussões atingem as relações sociais provocando questionamentos também sobre as relações na vida privada. Há necessidade de uma revisão dos diversos papéis exercidos pelas mulheres – esposa, mãe, filha, organizadora do orçamento doméstico, provedora, profissional – e de uma articulação entre os "dois mundos": o contexto familiar e o contexto do trabalho (Giulani, in Del Priori 1997).

As diferenças entre meninos e meninas estão minimizadas no que diz respeito ao acesso igual à escolaridade.

Podemos perceber que a identidade das mulheres, no que diz respeito às suas relações com o mundo do trabalho, da política e da família, sofreu grandes transformações ao longo do século XX.

Constatamos que é possível verificar a emergência de valores tais como igualitarismo e o individualismo, contrapondo-se aos ideais tradicionais e hierárquicos. Cada vez mais a articulação da vida privada com a esfera pública se mostra um fator de democratização e cidadania. Para as mulheres, em especial, estas mudanças têm significado profundas transformações em sua identidade, papéis e relações sociais.

Mas, podemos assinalar que essas transformações mantêm uma dialética onde avanços e recuos são parte de um mesmo movimento, combinando a afirmação e negação de conquistas de direitos em esferas variadas da vida social.

A transmissão entre as gerações ora mantém ora transforma representações, valores e práticas. Esse processo é adensado pela experiência afetiva, pelos laços sociais e afetivos que unem as gerações. Nesse sentido, as relações entre gerações são tomadas como um caminho para se abordar a transformação das Identidades e seu processo de conquistas de direitos.

Conclusões

1. Escolarização e Trabalho

No decorrer do século XX, as mulheres tiveram cada vez mais acesso a escolarização e ao mundo do trabalho. A categoria trabalho foi se tornando cada vez mais importante na construção da identidade das mulheres. Elas resignificaram o sentido do trabalho que de dispensável ou mera necessidade de sobrevivência passou a significar realização.

A exclusão das mulheres de NSE baixo é observada aqui e nas várias outras categorias.

O trabalho profissional não liberou as mulheres do trabalho doméstico. Na medida em que as mulheres foram ocupando a vida pública foram também assumindo uma dupla jornada de trabalho, em todas as classes sociais. Esta tem sido a experiência da primeira e segunda gerações. Como será a experiência para a terceira geração na vida adulta, ainda é uma questão.

2. Vida Privada e Relações Afetivas.

2.1. A socialização das crianças:

No decorrer do século, a socialização das crianças passou de um espaço onde tudo era muito separado para uma socialização compartilhada entre meninos e meninas. No NSE baixo ainda se mantém certa separação.

2.2. Relacionamento afetivo e casamento:

Todas as mulheres da primeira geração tiveram o **casamento** como perspectiva de vida. O casamento e a maternidade para a primeira geração, se põem como destino. Para a segunda geração, ainda é uma forte perspectiva de vida, ainda que com as contradições da década de 1970. As mulheres da segunda geração de NSE baixo, ainda jovens, em sua maioria, gostariam de estabelecer um relacionamento com um homem que fosse "companheiro", mas nas suas experiências estes parceiros não assumem a instituição do casamento nem da paternidade. As mulheres da terceira geração de NSE baixo têm uma vivência muito próxima às de suas mães e, pensam que seria interessante ter um companheiro, embora não tenham encontrado ainda este tipo de relação: a maioria delas já é mãe e cria sozinha os filhos. As mulheres da terceira geração de NSE médio e alto não têm filhos, tem namorados e querem ser mães. Para algumas, isto deve acontecer após o casamento, mas, outras, independentemente de um casamento, querem ser mães quando lhes for possível ter vida própria e sustentarem os filhos.

2.3. A vivência da sexualidade adulta:

Percebe-se uma abertura cada vez maior para se conversar sobre o tema sexualidade, mas para a vivência da sexualidade adulta ainda há muitas restrições: a sexualidade é motivo de confronto entre as gerações.

2.4. Vínculo com a figura masculina:

Na relação pai /filha há um progresso no sentido do autoritarismo para o afeto.

Na relação homem/mulher há um progresso mais restrito no sentido de autoridade para companheiro, mas ainda dentro de certa ambigüidade.

No NSE baixo estes progressos são menos presentes.

2.5. A questão da violência e abuso sexual:

Situações de abuso ou violência sexual foram detectadas em todas as gerações. Em níveis maiores de pobreza, as mulheres estão mais expostas a todos os tipos e níveis de violência, inclusive à violência sexual. Contudo, situações de risco ou abuso sexual existem em todas as classes sociais. Ter que proteger é uma constante.

2.6. A experiência da Maternidade:

A relação das mulheres com a maternidade passa de obrigação a desejo. A mitificação de maternidade como instintiva e extremamente gratificante se desconstroi no cotidiano frente as exigências que esta produz.

3. Finalmente...

Ao longo de três gerações, as transformações da identidade de gênero entre mulheres, seus papéis, projetos, sonhos e realizações, suas trajetórias de vida e formas de relação, sofreram influências de sua condição social e de seu contexto histórico. Mas não podemos desconsiderar os processos subjetivos expressos pelas mulheres. As conquistas de direito no âmbito público e privado se integram numa relação dialética. As transformações psicossociais entre mulheres possibilitaram conquistas de direitos e as conquistas de direitos determinaram a reorganização do contexto doméstico.

As mulheres de NSE alto e médio encontraram mais oportunidades, mas foi no nível médio que as maiores mudanças aconteceram. A referência da escolarização e do trabalho se fazem mais presentes em suas identidades, bem como a independência dentro da relação conjugal e a maior autonomia em relação à sexualidade e vida reprodutiva.

No nível sócio-econômico baixo, o acesso à escolaridade continua precário e as situações de violência são mais explicitas. O abandono pela e da figura masculina é mais caracterizado, mostrando um nível de conflito entre gêneros que se agrava com as dificuldades da vida material e as responsabilidades com os filhos. Ainda assim, a nova geração se mostra mais consciente de seus direitos e mais ambiciosa em seus projetos.

Embora mulheres de todas as gerações tenham enfrentado situações de abuso e violência, elas também se mostraram determinadas a construir uma trajetória e projetos de vida. As mudanças na vida das mulheres acontecem entrelaçando vida pública e vida privada, como sujeitos sociais que buscam integrar suas conquistas nos diversos espaços: trabalho, família, maternidade, sexualidade, reafirmando o seu direito de fazer escolhas e a importância de sua autonomia.

Assim, ao longo do século, "o mundo vai girando cada vez mais veloz... a vida não pára, a vida é tão rara..."

No ritmo do mundo, inseridas em diversos contextos sócio-econômicos-culturais, as mulheres vão fazendo seus percursos, "enquanto o tempo acelera e pede pressa". Algumas mulheres se recusam, fazem hora, caminham ao som da valsa, aceitam os limites impostos socialmente e mantém seus privilégios de classe...

"Enquanto o tempo acelera e pede pressa... a loucura finge que tudo isto é normal" e algumas mulheres fingem ter paciência, vão fazendo suas negociações e construindo suas conquistas...

"Enquanto o tempo acelera e pede pressa... a gente espera do mundo e o mundo espera de nós", e assim algumas mulheres colaboram e participam das transformações sociais, facilitando conquistas de espaços para as gerações futuras...

"Quando tudo pede um pouco mais de calma... a vida não pára, a vida é tão rara", e a subjetividade das mulheres, imersa no contexto, emerge no seio de suas conquistas, desafios e conflitos... transformando suas identidades.

Referências Bibliográficas

AFONSO, M. L. Miranda. *A Polêmica sobre Adolescência e Sexualidade.* Belo Horizonte: Edições do Campo Social, 2001.

AMAS. *Famílias de crianças e adolescentes: diversidade e movimento.* Belo Horizonte: CBIA/UNICEF, 1995.

ARIÉS, Philippe. *História Social da criança e da família.* Rio de janeiro: Zahar Editora,1978.

ATTIAS-DONFUT, C. *Generations et Ages de la vie.* Paris: Presses Universsitaires de France, 1991.

BRUSCHINI, Cristina. "O Trabalho da Mulher Brasileira nas Décadas Recentes." in: *Revista de Estudos Feministas.* Rio de Janeiro: CIEC/ECO/ UFRJ, número especial, 2o. semestre de 1994. p. 179 -199.

DEL PRIORE,M.L. (org) *História das Mulheres no Brasil.* São Paulo: Contexto/ Unesp, 1997.

FIGUEIRA, S. A. "O moderno e o arcaíco na nova família brasileira: notas sobre a dimensão invisível da mudança social". in: FIGUEIRA, S. A. (org). *Uma nova família? O moderno e o arcaico na família de classe média brasileira.* Rio de Janeiro: Zahar, 1987.

GOLDANI, A M. "Retratos de famílias em tempos de crise". in: *Revistas de Estudos Feministas*, número especial. Rio Janeiro: UFRJ, 2° semestre de l994. p. 303 - 335.

HIRATA, Helena."Reestruturação produtiva, trabalho e relações de Gênero". in: *Revista Latino americana de Estudios del Trabajo.* no 7. São Paulo: Alast,1998. p 5 – 27.

HOBSBAWM, Eric J. *A era dos Extremos: o breve século XX: 1914 - 1991.* Sâo Paulo: Companhia das letras,1994.

NICOLACI-da-COSTA, A M. "Mal-Estar na Família: descontinuidade e conflito entre sistemas simbólicos". in: FIGUEIRA, S. *Cultura da Psicanálise.* São Paulo: Brasiliense,1985.

PERROT, M & DUBY, G. *História das Mulheres: o século XX.* Porto: Afrontamento, 1991.

NEDER, Gizlene. "Ajustando o Foco das Lentes: um novo olhar sobre a organização das famílias no Brasil". in: KALOUSTIAN, Sílvio Manoug (org.). *Família Brasileira a base de tudo.* Brasília: Unicef/Cortez, 1994.

RIBEIRO, I. & RIBEIRO, A. C. *Família e desafios na sociedade brasileira – valores como um ângulo de análise.* Rio de Janeiro: Loyola/Centro João XXIII, s/d.

SCOTT, J. "Gênero: uma categoria útil de análise histórica". *Educação e Realidade,* v. 16, no 2. Porto Alegre: jul/dez 1990.

VITALE, Maria Amalia Faller. *Vergonha – Um estudo em três gerações.* São Paulo: PUC, 1994. Tese de doutorado (mimeo).

Diretrizes curriculares, formação docente e graduação em Psicologia: análise processual

Alysson Massote Carvalho[1]

O processo de construção das diretrizes curriculares para a formação em Psicologia pode ser analisado a partir de uma série de perspectivas. Dentre elas estão a que analisa o seu processo histórico de construção e a que analisa a influência exercida pelo tipo de formação dos docentes de Psicologia no Brasil na construção das diretrizes. Considerando as tensões existentes em relação ao projeto de diretrizes aprovado pelo Conselho Nacional de Educação em 07/11/2001 por meio do parecer de número 1314 essas duas vertentes de análise tornam-se relevantes, pois consideram o processo histórico e o processo de formação de seus atores principais, os docentes.

Nesse sentido, este capítulo tem como objetivo fazer uma análise do processo de construção das diretrizes, desde o Fórum Nacional de Formação, realizado no período de 21 a 22/10/97, em Ribeirão Preto-SP até o Fórum Fórum Aberto sobre Diretrizes Curriculares ocorrido nos dias 17 e 18 de janeiro de 2002 em São Paulo assim como avaliar o processo de formação dos responsáveis pela sua elaboração. Esse último, implica o envolvimento de diversos fatores, que possuem íntima relação com o projeto de vida daqueles que se envolveram com essa tarefa.

O referencial teórico que norteará essa análise se fundamentará principalmente nos conceitos de implicação, conforme proposto por Barbier (1985) e de afiliação grupal proposto por Turner (1984) e Tajfel (1981).

Barbier (1985) considera necessário analisar a influência do sistema formado pelo pesquisador e seu objeto de investigação, aqui representado pela temática da formação em Psicologia, e propõe três níveis de abordagem do conceito de implicação: psico-afetiva, histórico-existencial e estrutural- profissional.

A implicação psico-afetiva trata tanto do envolvimento do pesquisador, como ser que pensa e sente, com seu objeto de pesquisa, quanto com os questionamentos trazidos por este à personalidade daquele. O não atentar para esse envolvimento pode alterar, desvirtuar ou, até mesmo, bloquear o desenvolvimento de uma pesquisa. Em contrapartida, o

[1] Professor do Programa de Pós-Graduação em Psicologia / UFMG.

reconhecimento dessa dimensão facilita a ocorrência de um nível mais profundo de comunicação com os sujeitos, no caso de trabalho com grupos.

A implicação histórico-existencial envolve o pesquisador com o seu projeto de vida. Todo o seu ser, suas opções e seu trabalho estão relacionados com o objeto deste. Ao desenvolvê-lo está trabalhando consigo mesmo, principalmente se o seu estudo envolve seres humanos. Essa implicação abrange, também, a origem, a educação, os valores, enfim, todos os determinantes que marcaram a formação do pesquisador.

A implicação estrutural-profissional funciona como mediadora, catalisadora e permite a avaliação da importância das outras duas. Consiste na "procura dos elementos que têm sentido com referência ao trabalho social do pesquisador e ao seu enraizamento sócio-econômico na sociedade." (Barbier, 1985, p.117). Pelos conceitos desses diferentes níveis de implicação, percebe-se que interagem atuando um sobre o outro de tal forma que o pesquisador se implica por inteiro com o seu campo de intervenção, formando com ele um sistema.

Quanto a afiliação grupal, segundo Turner (1984), um mesmo indivíduo participa de vários grupos tanto formais como informais. Sua nacionalidade, sexo, ocupação, nível cultural, classe social têm uma grande influência na composição de sua identidade social e de sua auto-imagem. Nesse processo de identificação e introjeção de valores sociais há evidências de que as pessoas não apenas se definem mas também se avaliam em termos de suas afiliações grupais (Tajfel, 1981). Dessa forma, não há apenas uma afiliação grupal mas também uma avaliação dos valores sociais envolvidos nessa afiliação. A esse respeito, Turner afirma que há uma tendência dos indivíduos avaliarem o seu próprio grupo ("in-group") mais positivamente do que os outros grupos ("out-groups"). Esta atitude de valorizar positivamente o próprio grupo correlaciona-se com a intenção de auto-avaliar-se favoravelmente em nível individual. Assim, uma valoração positiva para o grupo implica também uma auto-imagem positiva. Em experimentos com "minimal groups" Tajfel (1978) demonstrou experimentalmente a ocorrência desse padrão de comportamento. Os sujeitos investigados tendiam a favorecer "in-group" em detrimento do "out-group". Um dos efeitos dessa atitude é a existência de uma similaridade comportamental no "in-group" que pode implicar até mesmo num certo grau de despersonalização estereotipada do membro do grupo. Isto também ocorre em relação aos "out-groups": a fim de manter a distinção perceptual com outros grupos, os componentes do "in-group" estereotipam os membros do out-grup, o que leva à despersonalização e homogeneização deste. Dessa maneira, o out-group passa a ser visto como um todo homogêneo, compacto, sem diferenças internas.

Wilder (1984) sugere que essa homogeneidade do "out-group" seria maior que a similaridade "in-group" por duas razões:

1. O maior número interações dentro dos grupos do que entre eles;
2. As interações entre indivíduos de diferentes grupos tende a ser mais superficial, formal e uniforme do que as interações dentro do próprio grupo, onde informalidade e intimidade tendem a favorecer a percepção de singularidade pelos indivíduos.

Em seu trabalho, Wilder demonstrou que a presença de um "out-group" tende a aumentar tanto a similaridade "in-group" quanto a homogeneidade do "out-group".

Todavia, a fim de evitar extremos quanto a afiliação grupal, dois aspectos importantes devem ser ressaltados. Primeiramente, o efeito retro-alimentador, no sentido de que as relações entre as pessoas se dão num contínuo interpessoal-intergrupal. Dessa forma, haverá ocasiões em que o comportamento se dará em função das identificações grupais e momentos em que ocorrerá segundo as características individuais. Essa características podem modular e balancear as forças sociais envolvidas na afiliação grupal. Zavalloni (1973, 1975) investigando como os indivíduos incorporam os valores sociais em sua auto-imagem chamou de egomorfismo o processo pelo qual o indivíduo se identifica com os valores de seu grupo. Se ele incorpora um percentual elevado de valores do seu grupo, significa que é altamente egomórfico ao mesmo.

A partir da exposição desses conceitos verifica-se que a construção das diretrizes curriculares para a formação em Psicologia, esteve fortemente marcada por esses processos de implicação e afiliação grupal.

Nesse contexto, pode-se identificar duas tendências que predominaram ao longo desse processo de definição das diretrizes. A primeira delas, denominada acadêmica, representa o pensamento sobretudo das sociedades científicas nacionais da Psicologia com uma forte preocupação com a formação técnica e com a garantia da manutenção de uma formação sólida em pesquisa.

A segunda, denominada profissão, preocupa-se principalmente com uma formação contextualizada e comprometida com as questões sociais de ordem nacional.

No primeiro grande encontro sobre as diretrizes curriculares, o Fórum Nacional de Formação, realizado no período de 21 a 22/10/97, em Ribeirão Preto-SP, essas duas tendências já se encontravam presentes, expressas por meio dos discursos das entidades que lhe davam suporte.

A proposta de regimento do Fórum continha, em seu artigo primeiro letra D, a análise dos seguintes documentos da Comissão de Especialistas de Ensino de Psicologia do MEC-SESU: "A Formação em Psicologia: contribuições para Reestruturação Curricular e Avaliação dos

Cursos" e "Padrões de Qualidade para cursos de Graduação em Psicologia", com os objetivos de:

1. Elaborar Diretrizes Curriculares para o curso de Graduação em Psicologia;
2. Analisar a proposta de avaliação dos cursos de Psicologia , apresentada pela Comissão de Especialistas de Ensino de Psicologia;
3. Elaborar estratégias de intervenção institucional nos problemas da formação do Psicólogo.

Além das discussões e do documento final produzido, dois indicadores merecem destaque em relação a esse Fórum. O primeiro deles refere-se ao documento produzido pelo Comitê Brasileiro de Psicólogos do Mercosul intitulado "Formação do Psicólogo: proposta da delegação brasileira ao IV Encontro Integrador de Psicólogos do Mercosul", ocorrido em 04 e 05 de Abril de 1997, na cidade de Montevidéu. Esse documento foi apresentado como referência a ser apreciada pelo Fórum considerando as discussões produzidas sobre a formação em Psicologia no Mercosul, em relação as quais as nossas diretrizes deveriam ter uma relação de complementaridade. Esse documento elencava os seguintes princípios básicos para a formação do Psicólogo:

- formação básica, pluralista e sólida;
- formação generalista;
- formação multidisciplinar;
- preparação para a atuação interdisciplinar;
- formação científica, crítica e reflexiva;
- efetiva integração teoria-prática;
- favorecimento da construção de um projeto profissional;
- compromisso de atenção às demandas sociais;
- compromisso ético permeando todo o currículo.

Propunha também os seguintes eixos curriculares:

- eixo da Psicologia como Ciência e Profissão;
- eixo das teorias psicológicas;
- eixo da pesquisa em psicologia;
- eixo das áreas afins;
- eixo das áreas de conhecimento na Psicologia;
- eixo dos instrumentos de investigação psicológica;
- eixo da Psicologia e cultura;
- eixo das áreas de atuação.

É interessante observar que a maioria desses princípios estava presente no documento “A Formação em Psicologia: contribuições para reestruturação curricular e avaliação dos cursos” citado anteriormente, elaborado por componentes da Comissão de Especialistas de Ensino de Psicologia e também objeto de discussão no Fórum.

O segundo indicador está contido numa correspondência encaminhada aos participantes do encontro. Nela é feita referência a outro fórum, o Fórum Nacional de Entidades de Psicologia, criado em Junho de 1997, com o objetivo de abordar, de forma integrada, as questões relativas à formação, à pesquisa e à produção de conhecimento em psicologia e a articulação com o Mercosul. Na referida correspondência é lançada a idéia, por uma das instituições integrantes desse Fórum Nacional de Entidades, da criação de um espaço próprio para o debate da formação, a de uma Associação Nacional de Ensino de Psicologia. Como se verá mais tarde, a criação dessa associação, denominada ABEP será um dos grandes focos de tensão entre as duas tendências descritas anteriormente.

O documento final do Fórum Nacional de Formação apontava na direção de se contemplar os princípios do documento sobre a formação em Psicologia, citado no artigo primeiro, letra D do Regimento do Fórum e também do documento elaborado pelo Comitê Brasileiro de Psicólogos do Mercosul, com grande destaque para uma formação generalista, plural e sólida. Os representantes da Comissão de Especialistas de Ensino de Psicologia, presentes no Fórum, comprometeram-se a considerar o referido documento final na elaboração das diretrizes curriculares.

Parecia que um acordo nacional havia sido selado e que o resultado do trabalho final com as diretrizes seria consensual entre as duas tendências descritas anteriormente. Todavia não foi o que aconteceu.

No início de 1998, circulou uma versão preliminar das diretrizes, que gerou uma fortíssima reação nacional em cadeia. O documento preliminar, a princípio, foi interpretado como privilegiando a tendência acadêmica mobilizando forte reação da outra abordagem. Quase que simultaneamente, a então Coordenadora da Comissão de Especialistas em Psicologia (CEE) convoca encontros regionais por todo o país para uma discussão sobre as diretrizes, envolvendo a CEE, as instituições de Ensino Superior (IES) e a comunidade interessada. Esses encontros ocorrem durante o mês de março. Neles também foi discutido o Edital número 04/97 do MEC/SESU que estabelecia o prazo de 03/04/98 para o envio das propostas de Diretrizes Curriculares para a SESU/MEC.

Durante o IV Encontro da Associação Brasileira de Psicologia Escolar Educacional (ABRAPEE), em Abril de 1998, foi construído um roteiro para a construção do documento sobre diretrizes curriculares. Esse roteiro objetivava institucionalizar a reação à proposta preliminar das diretrizes, por meio do envio de propostas a CEE, as quais deveriam contemplar os princípios aprovados durante o Fórum Nacional de Formação realizado em 1997. As instituições que se posicionaram contra as diretrizes tiveram a seu favor o adiamento, pelo MEC, do prazo estabelecido para o envio de novas propostas do dia 3/4 para o dia 15/07/98.

Ainda no primeiro semestre de 1998 ocorrem mudanças na CEE, sendo que nova proposta de diretrizes só será apresentada em 1999.

Nesse ínterim, durante a XXVIII Reunião Anual da Sociedade Brasileira de Psicologia-SBP, em reunião do Fórum Nacional de Entidades juntamente com os representantes dos Conselhos Regionais de Psicologia e das Instituições de Ensino Superior é aprovado o indicativo de criação da Associação Brasileira de Ensino de Psicologia – ABEP, com o voto contrário de uma das entidades integrantes do Fórum. É nomeada uma Comissão Gestora que terá o encargo de elaborar o Estatuto e Regimento da referida entidade. A favor da criação da ABEP estava a situação de turbulência no processo de elaboração das diretrizes para a qual uma entidade nacional que tratasse das questões relativas à formação poderia ser um elemento redutor da tensão existente entre a tendência acadêmica e a profissional.

Em maio de 1999, durante o I Encontro Norte-Nordeste de Psicologia, dois acontecimentos ligados à formação irão se destacar. O primeiro deles foi a criação da ABEP, com uma presença significativa das Instituições de Ensino Superior voltadas para a formação em Psicologia. O segundo foi a apresentação, pela CEE, da nova proposta de Diretrizes Curriculares para o Curso de Graduação em Psicologia. Considerada não muito clara em alguns aspectos, como aqueles referentes ao capítulo VIII, a versão das diretrizes permitia leituras diversas. Nesse sentido, principalmente os representantes das instituições privadas de ensino superior ressaltaram a necessidade de uma referência mais explícita sobre os estágios, particularmente a relação aluno/supervisor, o que será feito na versão de outubro do mesmo ano.

Semelhantemente ao ocorrido em 1998, a SESU/MEC amplia o prazo para o envio de sugestões para as diretrizes curriculares para 30 de Junho. A recém criada ABEP, inicia então uma campanha nacional para mobilizar as IES a enviarem suas propostas de modificações das diretrizes. No prazo especificado são enviadas 12 contribuições na expectativa de que a CEE as analise e as incorpore em sua nova versão.

Em outubro de 1999, nova versão das diretrizes curriculares e nova discussão entre o Fórum Nacional de Entidades, integrado agora também pela ABEP, e a CEE tem lugar na XXIX Reunião Anual da SBP, em Campinas. Questiona-se, mais veemente, o conceito de ênfase curricular e os perfis propostos para a formação em Psicologia. O questionamento tem como fundamento, o risco de uma especialização precoce na graduação e a dissociação entre ensino-pesquisa e extensão. Como decisão do Fórum, a ABEP fica incumbida de solicitar audiência pública junto ao Conselho Nacional de Educação-CNE para discussão das diretrizes curriculares. Deve-se ressaltar que nessa mesma Reunião Anual da SBP, teve lugar um encontro para discutir a questão das especialidades em Psicologia, que mais tarde viriam a ser regulamentadas pelo Conselho Federal de Psicologia-CFP.

Antecedendo essa Reunião, uma das entidades do Fórum disponibiliza em seu site uma série de pareceres sobre as diretrizes curriculares elaborados por docentes considerados representativos da Psicologia. Grande parte desses pareceres eram favoráveis à versão apresentada pela CEE.

No contexto imediato do ensino superior brasileiro verifica-se, nesse momento, uma forte tendência de expansão do sistema privado de ensino superior com apoio do governo federal, por meio de recursos do Banco Nacional de Desenvolvimento Econômico e Social – BNDES. Essa expansão estará também presente no campo da Psicologia através do número elevado de pedidos de abertura de novos cursos. Nesse sentido o Conselho Federal de Psicologia, com a Res 09/99, tenta evitar o registro de egressos de cursos não regularizados, exigindo no ato da inscrição a documentação legal referente à regularidade do curso junto ao MEC.

Em Dezembro de 1999, para surpresa da comunidade da Psicologia, nova versão das diretrizes é apresentada, trazendo modificações, principalmente em seu capítulo IX que trata da duração do curso. Todavia, o que mais causou espécie foi a inclusão de um parágrafo que afirmava a possibilidade das ênfases curriculares serem oferecidas na forma de cursos seqüenciais. Essas modificações entre a versão de outubro e a de dezembro foram muito bem mapeadas pelo Conselho Nacional de Entidades Estudantis de Psicologia-CONEP.

No ano de 2000, apesar de nenhuma nova versão das diretrizes ter sido divulgada, cinco acontecimentos importantes têm lugar. No dia 11 de junho é realizado o primeiro exame nacional do cursos, o provão, para a Psicologia. Ainda em Junho ocorre a manifestação de repúdio do Fórum Nacional de Entidades de Psicologia ao cerceamento da representação estudantil nas instituições privadas de ensino. Em Julho é divulgada a carta aberta do mesmo Fórum Nacional de Entidades ao psicólogos, pesquisadores, professores e estudantes de Psicologia de todo o Brasil defendendo o estabelecimento urgente de um "programa mínimo" para a Psicologia brasileira. Os dois primeiros acontecimentos têm como pano de fundo os instrumentos de avaliação dos cursos de Psicologia, os quais, juntamente com as diretrizes curriculares, constituem referências para a definição do tipo de formação em Psicologia em curso no país. O terceiro, mais identificado com a tendência profissão, reflete a preocupação com uma Psicologia articulada institucionalmente, sensível e capaz de dar respostas tempestivas para as questões da sociedade brasileira pertinentes a área da Psicologia.

O quarto acontecimento, o simpósio intitulado "O sistema de formação de mestres e doutores em Psicologia está atendendo às necessidades que o país tem destes profissionais?, durante o VIII Simpósio Brasileiro de Pesquisa e Intercâmbio Científico da ANPEPP, em maio, trouxe à tona as delicadas relações entre a graduação e a pós-graduação no contexto imediato das diretrizes e dos instrumentos de avaliação dos cursos de Psicologia. Subsidiariamente explicitou as filiações e os movimentos grupais. Nesse simpósio, além da resposta não, curta e direta, à pergunta contida no seu enunciado, ficaram evidentes os fenômenos de similaridade e homogeneidade grupais, descritos anteriormente. Os representantes da tendência acadêmica viam a si mesmos como similares e os da outra tendência como homogêneos. Por sua vez, os integrantes da tendência profissional, faziam o movimento contrário em relação ao outro grupo: viam-se como similares e os outros como homogêneos. Isso acontece porque a nossa pós-graduação foi estruturada a partir de determinados núcleos geradores. Assim, ainda que esses cresçam e se desenvolvam, estão estreitamente ligados, inclusive por laços afetivos, às suas matrizes.

Esse quadro tem impacto direto sobre as diretrizes tanto no que se refere à sua configuração final como também na sua implementação nos próximos anos. É inegável que possuímos uma pós-graduação de excelente qualidade, consolidada em grande parte quanto ao seu sistema avaliação. Contudo, deve-se reconhecer que a formação de docentes não tem sido muito enfatizada por este segmento da Psicologia. Em função da defesa de uma formação generalista, plural e sólida, princípio advogado há longo tempo, torna-se necessário que tanto o núcleo comum como as ênfases curriculares sejam abordadas por profissionais com formação pedagógica adequada para preparar os futuros psicólogos. Esta situação coloca a necessidade e o desafio para que a pós-graduação em Psicologia se volte para o preparo de docentes e não apenas de pesquisadores. Existem condições e conhecimentos para isto. Por outro lado, este tipo de demanda exigirá que este setor redefina suas prioridades. Na medida em que os primeiros grupos de pesquisa foram se constituindo e se tornaram, por sua vez, matriz geradora de novos grupos, não houve uma preocupação em se definir prioridades para a pós-graduação em Psicologia. Nos dias de hoje para se atender às necessidades da graduação será necessário que a pós-graduação priorize determinadas abordagens. A questão que se apresenta é se os grupos já constituídos terão a visão e a abertura necessárias para estas reorganizações.

A temática da formação será o elemento central do quinto acontecimento, o I Encontro Nacional da ABEP, realizado em Setembro. Nele será arduamente discutida a formação em Psicologia, tendo como subjacentes as questões referentes a avaliação dos cursos e a constituição da nova CEE.

Em maio de2001, durante o II Encontro Norte-Nordeste de Psicologia, é realizado o II Encontro Nacional da ABEP. Nele é elaborado um documento pelos coordenadores de cursos de Psicologia que está voltado mais para as questões relativas a avaliação do que para as diretrizes propriamente ditas. Os coordenadores de curso presentes sinalizam a necessidade urgente de um canal aberto com a SESU para uma definição conjunta dos sistema de avaliação dos cursos de Psicologia.

No dia 31 de outubro do mesmo ano, ocorre a audiência pública com o CNE que havia sido solicitado em novembro de 1999 pelo Fórum Nacional de Entidades. A audiência é marcada pela tensão existente entre as tendências acadêmica e profissão. Na quarta feira seguinte, no dia 07/11, o CNE aprova o parecer CNE/CES 1.314/2001 que versa sobre as Diretrizes Curriculares para o Curso de Graduação em Psicologia.

A reação ao Parecer vem na forma de duas cartas. A primeira, de 03/12/2001, endereçada ao ministro da educação e assinada por uma entidade nacional da Psicologia, questiona a abolição de qualquer parâmetro definidor de carga horária mínima, a retirada do número máximo de alunos por supervisor e solicita a retirada do artigo 6 do projeto aprovado. A Segunda é endereçada também ao ministro da educação e aberta à população, datada de 13/12/2001, intitulada Diretrizes Curriculares: um risco para a sociedade, assinada por três entidades integrantes do Fórum Nacional de Entidades de Psicologia. Nela há um questionamento da proposta aprovada pelo CNE, destacando-se o pedido para a retirada do artigo 6, o questionamento da dissociação entre pesquisa e exercício profissional, dentre outros.

Nesse período o Fórum Nacional de Entidades de Psicologia consegue, por meio de uma audiência com a equipe da SESU, o compromisso dessa Secretaria em aceitar uma proposta alternativa àquela aprovada pelo CNE, a qual deveria ser encaminhada até o final do mês de Janeiro de 2002.

Diante dessa possibilidade, é convocado o Fórum Aberto-Diretrizes Curriculares, que reúne em São Paulo nos dias 17 e 18 de Janeiro, representantes de diversas instituições envolvidas com a formação. Novamente a tensão entre as duas tendências é manifesta de forma bem veemente. Como resultado, é produzido um documento que contém uma proposta substitutiva das diretrizes aprovadas pelo CNE, que estavam aguardando homologação pelo ministro da educação.

Ao longo desses quase cinco anos, desde o Fórum Nacional de Formação, observa-se que, apesar das discordâncias existentes entre as duas tendências, elas não eram tão irreconciliáveis a ponto de impedir uma solução conciliatória que não violentasse os princípios advogados pelos seus defensores. Os movimentos grupais ocorridos nesse período sinalizaram que os debates foram se tornando mais pessoais e menos institucionais, ainda que isso não fosse explicitado a todo o momento. Nesse contexto, a Psicologia passou a ser segmentada em "in" e "out-groups". Os primeiros vendo-se como muito similares, quando na verdade não o eram. Os segundos, taxados de homogêneos pelos primeiros, não tinham a chance de mostrar a diversidade existente entre os seus integrantes. O resultado não poderia ser diferente, uma disputa onde todos perdem em alguma medida.

Fica a pergunta se haverá uma saída que seja fortalecedora para a Psicologia como um todo? A resposta certamente não é nem simples e tampouco fácil. Todavia, passa, necessariamente, pela consideração da diversidade existente na comunidade da psicologia brasileira. Diversidade essa que deve caminhar na direção de uma unidade e não de uma uniformidade grupal, rótulo que deve ser reservado para os "out-groups", aqueles que realmente não têm nenhuma relação com a área com a qual nos implicamos: a Psicologia.

Referências Bibliográficas

BARBIER, R. *A pesquisa-ação na instituição educativa*. Rio de Janeiro, Zahar. 1985.

BRASIL. Conselho Nacional de Educação. Diretrizes Curriculares para o Curso de Graduação em Psicologia. Parecer CNE/CES 1.314/2001. Brasília, 07 de novembro de 2001.

BRASIL. Conselho Nacional de Educação. Diretrizes Curriculares para o Curso de Graduação em Psicologia. Parecer CNE/CES 072/2002. Brasília, 20 de fevereiro de 2002.

BRASIL. Comissão de Especialistas de Ensino em Psicologia – MEC/SESU. A formação em psicologia: contribuições para reestruturação curricular e avaliação dos cursos. Brasília, 1997.

BRASIL. Ministério da Educação. Secretaria de Educação Superior. Comissão de Especialistas em Ensino de Psicologia. Proposta de Diretrizes curriculares para o curso de graduação em Psicologia. Brasília, 09 de dezembro de 1999.

BRASIL. Ministério da Educação. Secretaria de Educação Superior. Comissão de Especialistas em Ensino de Psicologia. Projeto de resolução regulamentando as diretrizes curriculares para o curso de graduação em Psicologia. Brasília, 01 de outubro de 1999.

BRASIL. Ministério da Educação. Secretaria de Educação Superior. Comissão de Especialistas em Ensino de Psicologia. Minuta de resolução regulamentando as diretrizes curriculares para o curso de graduação em Psicologia. Brasília, 12 de maio de 1999.

BOCK, Ana Mercês Bahia. A formação do Psicólogo no processo de integração do Mercosul. In: DELEGAÇÃO Brasileira no Encontro Temático de Assunção. Paraguai, 20 a 23 de agosto de 1997.

CONGRESSO NACIONAL DE PSICOLOGIA. Fórum Nacional de Formação. Proposta de Regimento. Ribeirão Preto, 21 e 22 de outubro de 1997.

CONSELHO FEDERAL DE PSICOLOGIA. Declaração de Intenções. In: PSICOLOGIA Legislação. Brasília, n.8, p. 263, 1999.

CONSELHO FEDERAL DE PSICOLOGIA. Comite coordinador de Psicólogos del Mercosur y países associados. Protocolo de acuerdo de los principios para la formacion de Psicólogos en los países del Mercosur y países associados. In: PSICOLOGIA Legislação. Brasília, n.8, p. 273-277, 1999.

TAJFEL, H. *Differentiation beteween social groups: Studies in the social psychology of intergoup relations*. London: Academic. 1978.

TAJFEL, H. *Human groups and social categories.* Cambridge, England: Cambridge University Press. 1981.

TURNER, J. Social identification and psychological group formation, In: TAJFEL, H. (org.) *The Social Dimension* (pp. 518-538), Cambridge, England: Cambridge University Press. 1984.

WILDER, D. Predictions of belief homogeneity and similarity following social categorization. *British Journal of Social Psychology*, 23:323-333. 1984.

ZAVALLONI, M. Subjective culture, self-concept and the social environment. *International Journal of Psychology* 8:183-192, 1973.

ZAVALLONI, M. Social identity and the recording of reality: Its relevance for cross-cultural psychology. *International Journal of Psychology* 10:197-217. 1975.

Trabalho, Globalização e Desenvolvimento Sustentável: um enfoque psicossocial das transformações no mundo do trabalho

Ricardo Augusto Alves de Carvalho[1]
Ana Rita Castro Trajano[2]

Introdução

Com este artigo epera-se contribuir para uma abordagem inter/transdisciplinar, que vá além do econômico na busca de compreensão do fenômeno contemporâneo da globalização e das transformações no mundo do trabalho. Nesta perspectiva, busca-se construir uma análise com ênfase na dimensão psicossocial, não deixando de considerar as relações entre as diferentes dimensões.

Parte-se de uma reflexão sobre a etimologia da palavra trabalho e seus múltiplos sentidos, passando-se à temática das transformações no mundo do trabalho contemporâneo, com ênfase na dimensão psicossocial; tendo como conclusão uma discussão sobre o "papel do psicólogo" neste atual mundo do trabalho.

Assim, procura-se alcançar uma compreensão que não se restrinja à dimensão econômica, ampliando-se o foco da análise, num esforço de criação de um debate inter/transdisciplinar.

---

[1] Doutor em Pscossociologia pela Ùniversité de Paris VII – Paris/França; Mestre em Psicologia do Trabalho pelo Conservatoire National des Arts et Metiers – CNAM/ Paris- França; Professor-Adjunto do Departamento de Psicologia - FAFICH/UFMG. (Orientador) .

[2] Mestre em Psicologia Social pela UFMG; Especialização em Psicologia Social Comunitária pela UFPb; Diretora do Sindicato dos Psicólogos – PSIND/MG; Professora em Cursos de Pós-graduação em diferentes organizações: Instituto Félix Guattari /BH; IEC/PUC/MG, Fundação João Pinheiro/MG; Fundação Pedro Leopoldo; Pesquisadora do Núcleo de Estudos Sobre o Trabalho Humano - NESTH/ UNITRABALHO/UFMG.

1. Etimologia da palavra trabalho

Em nossa língua, a palavra trabalho se origina do latim ***tripalium*** - instrumento feito de três paus aguçados, algumas vezes munidos de pontas de ferro, utilizado, inicialmente, na agricultura para bater o trigo, as espigas de milho, o linho. Embora o ***tripalium*** fosse originalmente usado pelos agricultores no trato do cereal, foi a utilização desse instrumento como meio de tortura de trabalhadores escravos, que atribuiu o significado de dor, sofrimento, padecimento à palavra trabalho.

Lembramos ainda a questão do trabalho como *castigo divino*, como *salvação das pessoas*. Quando Eva e Adão pecam, seu castigo é trabalhar. O trabalho podendo levar à salvação.

A história do trabalho é marcada por significados, sentidos, vivências de dor e prazer, na ambivalência entre sofrimento, padecimento, dor, de um lado; e arte, "*poiesis*", criação, prazer, de outro.

O trabalho alienado dos nossos tempos perverte o sentido pleno de trabalho como criação humana, como *poiesis*.

Muito importante este sentido positivo do trabalho, abrindo possibilidades de construção de um trabalho concreto, criativo, que se realize como ***poiesis***. Trabalho e Poesia, para nós, não parecem coisas tão distantes? E poderiam estar mais próximas?

Cabe ainda lembrarmos uma outra palavra que vai nos ajudar a pensar o sentido positivo do trabalho - ***sentido de construção do ser*** - que é a palavra **labor**. Referenciando-nos em VIEGAS (1989), vemos que ***labor*** se liga, na sua origem latina, às atividades agrícolas, à lavra, à laboração no campo. Trabalhar significa, então, cultivar, o que remete - nos diretamente ao sentido da palavra **cultura**: *"Cultivar é fazer cultura. A cultura é cultivada, é fruto de um processo de enriquecimento, de um processo de transformação."*

"Este é um sentido, como nos diz VIEGAS (1989) *"altamente positivo, que nos liga à palavra labor, lavra, elaboração, laborar, laborioso - um esforço laborioso. É uma palavra extremamente sugestiva e que nos convida a imagens de crescimento e não a imagens de degeneração ou exaustão"...*

E assim, aprofundando os estudos em torno dos múltiplos sentidos e origens da palavra trabalho, vemos que em quase todas as línguas da cultura européia, trabalhar tem mais de uma significação. Tomemos alguns exemplos, em línguas mais conhecidas por nós.

O latim distingue entre *laborare*, a ação de labor, e *operare,* o verbo que corresponde a opus, obra. Em francês, temos *travailler ou ouvrier* ou *oeuvrier,* e ainda *tâche*, tarefa. Em italiano, *lavorare* e *operare*; *trabajar* e *obrar* em espanhol. No inglês, distinguem-se labour e work; no alemão, arbeit e werk. Work e werk ligando-se à significação de criação da obra, enquanto em labour e arbeit se associam aos conteúdos de esforço e cansaço. Muito interessante este estudo sobre os diferentes termos que vão nomear os diferentes conteúdos/significados/imagens de trabalho. Finalizando, com ALBORNOZ (1998), sabemos que, em português, apesar de termos *labor* e *trabalho*,

"é possível achar na mesma palavra trabalho ambas as significações: a de realizar uma obra que te expresse, que dê reconhecimento social e permaneça além da vida; e a de esforço rotineiro e repetitivo, sem liberdade, de resultado consumível e incômodo inevitável."

Após esta abordagem do trabalho, buscando explicitar diferentes significados e vivências, procuraremos discutir no próximo tópico as mudanças no mundo do trabalho neste atual estágio do capitalismo, buscando compreender o processo de globalização neoliberal / hegemônica em suas diferentes dimensões, referenciando-nos em análises que ressaltam esta multiplicidade de facetas do fenômeno em foco – dimensões econômicas, sociais, políticas, culturais, religiosas, e jurídicas (SOUZA SANTOS, 2002); dimensões jurídico-econômica,político-administrativa e psicossocial (CARVALHO, 2003). Importante ainda assinalar que, na tentativa de se construir um enfoque psicossocial, acrescenta-se as contribuições de DEJOURS (2001), em sua análise sobre *"a banalização da injustiça social"*, quando nos propõe uma reflexão sobre a conjuntura social de *"guerra econômica"* – *" na qual estriam em jogo, com a mesma gravidade que na guerra, a* ***sobrevivência*** *da nação e a garantia da* ***liberdade.*** *Nada menos que isso!"*

A partir daí, procura construir uma análise com ênfase na *"dimensão subjetiva"* ou, como denomina DEJOURS, citando Alain Morice (1996) - ***"motivações subjetivas da dominação":*** *"porque uns consentem em padecer sofrimento, enquanto outros consentem em infligir tal sofrimento aos primeiros?"*

Busca-se assim uma abordagem *"para além do econômico"*, que seja multi/inter/ transdisciplinar deste *"fenômeno multifacetado"* da globalização neoliberal que é excludente e desumana, mas que também abre possibilidades de criação de uma "outra economia", de outras subjetividades/identidades ancoradas em outros valores, em outra ética, e por que não, em outra estética?

2. Transformações no mundo do trabalho contemporâneo - globalização/desemprego/exclusão/economia solidária/desenvolvimento sustentável – um enfoque interdisciplinar

"O trabalho continua sendo o único mediador da realização do ego no campo social, e não se vê atualmente nenhum candidato capaz de substituí-lo". (REBÉRIOUX, 1993, citado por DEJOURS, 2001: 43)

O mundo do trabalho contemporâneo passa por transformações que saltam aos olhos de todos nós, desde os processos de globalização com intensificação das *"interações transnacionais"* (SOUSA SANTOS, 2002) - tanto em nível do comércio internacional, como no que diz respeito à crescente mobilidade internacional do capital e das empresas- até à automação dos processos de trabalho, à introdução das chamadas Novas Tecnologias de Gestão (NTG's), e ainda, a avanços tecnológicos no campo da informação e comunicação.

Por outro lado, estas transformações no mundo do trabalho produzem o fenômeno do desemprego estrutural/tecnológico, ou seja, a perda de postos de trabalho irrecuperáveis, provocada tanto pelo fechamento de fábricas em países do chamado primeiro mundo com transferência de suas instalações para países mais pobres, como pela introdução de novas tecnologias, segundo a lógica do capital de aumento da produtividade e lucratividade/acúmulo e concentração de riqueza. Neste contexto, vivencia-se o chamado processo de precarização do trabalho, que atinge tanto trabalhadores "empregados" como "desempregados": para os primeiros, a intensificação do trabalho, a ameaça de "perder o emprego"/demissão, a "concorrência desleal", o individualismo, o "cada um por si", o *"aumento do sofrimento subjetivo"* (DEJOURS, 2001); para os "desempregados", não é preciso dizer muito, a "exclusão" em todos os sentidos – social, econômico, cultural, político – o adoecimento psico - socio-biológico.

A chamada globalização neoliberal, sustentada pelo *"consenso econômico neoliberal"*[3], tem se mostrado assim um processo excludente e desumano, deixando milhões de seres humanos em estado de miséria – sem trabalho, sem teto, sem terra, sem comida, sem cidadania, sem vida,

[3] Também chamado de "Consenso de Washington", por ter sido em Washlington/EUA, em meados da década de oitenta, abrangendo dentre outros temas, a questão do papel do Estado na economia. Sabemos que hoje, conforme nos aponta SOUZA SANTOS (2002), este consenso se encontra fragilizado, em virtude de conflitos no campo hegemônico, bem como de resistência no campo contra-hegemônico. Ainda é importante sublinhar, conforme o mesmo autor, que "nem todas as dimensões da globalização estão inscritas do mesmo modo neste consenso, mas todas são afetadas pelo seu impacto".

enfim.Como nos lembra CATTANI(2003), *"a soma da riqueza de 0,01% da população é equivalente ao que possuem 50% dos habitantes do planeta. Alguns poucos bilionários detêm bens e poderes superiores ao de dezenas e dezenas de nações"...*

Como vemos, este é um processo, ou uma *"guerra econômica"*, nas palavras de DEJOURS (2001), que tem causado *"estragos psicológicos e sociais"*, atingindo cada vez mais trabalhadores e trabalhadoras, que vivem sob a ameaça constante de exclusão, e assim de *"sofrimento subjetivo"* que pode levar ao adoecimento bio-psico-social.

Não aprofundaremos no presente texto sobre o processo de *"banalização da injustiça social"*, tão bem desenvolvido por DEJOURS (2001), porém cabe ressaltar a questão apontada pelo autor sobre a relação entre o sofrimento dos que trabalham e o sofrimento dos que perderam o emprego, ou não conseguem empregar-se (desemprego primário) ou reempregar-se (desemprego crônico). Em suas palavras:

"(...) a consciência do – ou a insensibilidade ao – sofrimento dos ***desempregados*** *depende inevitavelmente da relação do sujeito para com seu próprio sofrimento. Eis porque a análise da tolerância ao sofrimento do desempregado e à injustiça por ele sofrida passa pela elucidação do sofrimento no trabalho. Ou, dito de outra maneira,* ***a impossibilidade de exprimir e elaborar o sofrimento no trabalho constitui importante obstáculo ao reconhecimento do sofrimento dos que estão sem emprego".*** (grifos do autor)

Procurando ampliar nossa análise, lembramos o "outro lado" dos processos de globalização, que ao provocar todos estes estragos, cria novas possibilidades de ação por parte dos sujeitos atingidos. Temos assim ações mais globais/internacionais, como o Fórum Social Mundial – " Um outro mundo é possível" (acontecendo o primeiro em janeiro/2001, no Brasil, Porto Alegre), em contraposição ao Fórum Econômico Mundial, que desde 1971 tem cumprido papel estratégico na formulação do pensamento dos que promovem e defendem as políticas neoliberais em todo o mundo; como também ações mais locais/regionais de organização de empreendimentos orientados pelos princípios da socioeconomia solidária, da autogestão e do cooperativismo popular. Na verdade, uma outra globalização, ou, como poderíamos dizer, uma globalização alternativa vai sendo "tecida" em uma rede, que os institucionalistas chamariam de "movimento instituinte" (Cf. BAREMBLITT, 1992), em que se procura construir novas relações de trabalho a partir de outros paradigmas, tais como a valorização do trabalho, em contraposição à supervalorização do capital; a solidariedade e o trabalho co-labor-ativo contrapondo-se à competição e disputa desleal entre colegas de trabalho; a autogestão e autonomia, enfim, buscando-se a criação de sujeitos humanos livres e criativos, abrindo-se possibilidades de uma mundo do trabalho construído a partir de outros referenciais valorativos.

Lembramos Milton Santos (1997: 13-14), quando dizia que *"se nos referimos ao sonho da globalização e à sua realidade, podemos pelo menos sugerir três maneiras de encarar a questão. A primeira maneira seria considerar a globalização como uma fábula, a segunda como uma perversidade e a terceira,* ***como uma posssibilidade. Uma possibilidade ainda não alcançada, mas possível de ser, com a produção de uma sociedade humana verdadeira****. A globalização como fábula e como perversidade dançam paralelamente. O que temos hoje? A globalização aumenta o número de pobres. Oitocentos milhões de novos pobres depois dos anos 60. A globalização que cria uma fome generalizada, porque a fome era ocasional e hoje é permanente, globalizada, nos mundos rico e pobre. São todos mundos de fome.(...) a globalização que mata a noção de solidariedade, que devolve o homem à condição primitiva do cada um por si, como se voltássemos a ser animais da selva; a globalização que reduz as noções de moralidade pública e particular a um quase nada, como já estamos cansados de ver."*(grifos nossos)

E assim entramos em um tema/ campo de ação, que tem sido muito debatido e vivenciado pelos trabalhadores nesta época de globalização e desemprego: a economia solidária, ou socioeconomia solidária, ou ainda economia popular solidária, novo cooperativismo, dentre outros. Apresentando-se através de diversos nomes e conceitos, esta OUTRA ECONOMIA[4] busca, conforme CATTANI (2003):

> *"atender as demandas de uma sociedade mais exigente, técnica e intelectualmente mais qualificada. As necessidades de justiça, de respeito humano, de realizações materiais mais aperfeiçoadas se fazem sentir por todo o mundo. No lugar da concorrência fraticida, os sentimentos que emergem com força em alguns grupos são os da cooperação e da solidariedade; no lugar da devastação da natureza, a relação respeitosa com as múltiplas formas de vida; em vez do processo de acumulação e concentração irracionais da riqueza, a generosidade da partilha e da doação. O consumo desenfreado e neurótico pode ceder lugar à fruição tranqüila dos bens. O trabalho alienado pode ser substituído pelo labor consciente e criativo que propicia a realização humana plena".*

Um movimento de caráter internacional, abrindo possibilidades de uma outra vivência laboral, orientada por valores humanísticos de solidariedade, igualdade, liberdade[5].

Nesta perspectiva pensamos ser os movimentos de autogestão e socioeconomia solidária, para além de uma saída à crise do capital, uma viabilidade para uma nova sociabilidade humana, criando possibilidades de um desenvolvimento que seja sustentável em todas as dimensões abordadas.

[4] Cf. A OUTRA ECONOMIA. Antônio David Cattani (Org.). Porto Alegre: Veraz Editores, 2003.
[5] Cf. CARVALHO(2001/2002/2003); SINGER, Paul (1999/2000/2002); TRAJANO, Ana Rita (2002/2003)

E, assim, finalizamos este tópico, citando reflexões que embasam práticas educativas populares, no campo da globalização alternativa:

"Uma comunidade sustentável é aquela que:
Não desperdiça, ou não consome coisas desnecessárias;
Não esgota os recursos naturais
Protege a natureza e a saúde de todos
Procura reciclar ou reutilizar as coisas antes de produzir outras novas
Reflete sobre o que é mais importante de ser produzido, com relação à condição de vida dos cidadãos
Pensa as ações locais como parte de um esforço global
Respeita todas as formas de vida."

"Uma comunidade sustentável é uma comunidade cidadã. (...) a sustentabilidade depende de algum esforço, tanto da parte de quem sustenta, quanto da parte de quem é sustentado. Quem sustenta precisa descansar às vezes. Quem é sustentado não pode pedir demais. Para a educação ambiental, a sustentabilidade é uma idéia fundamental, já que a Terra é a grande sustentadora de todos nós.Portanto cabe a nós – seres humanos – poupá-la.Não pedir demais para não destruí-la. Precisamos pensar um jeito de continuarmos nosso desenvolvimento econômico, mas de uma maneira sustentável. Talvez começar pensando sobre como estamos dividindo o desenvolvimento já conseguido até agora.(...) As relações de dominação entre as pessoas ou mesmo entre os países dificultam a sustentabilidade."

(CENAFOCO, 2002)[6]

Estas reflexões nos falam de utopias – concretas e ativas – no sentido desenvolvido pelo institucionalismo (GUATTARI, 1981; BAREMBLITT, 2002), de *"revoluções moleculares"*, ou seja , nas palavras de BAREMBLITT:

---

[6] Projeto CENAFOCO – Centro Nacional de Formação Comunitária.: Formação/Capacitação de agentes sociais para atuarem em diferentes Projetos/Programas governamentais. No caso presente, são os seguintes: Projeto Alvorada (capacitar jovens e lideranças locais, de modo a agilizar informações sobre programas sociais do governo); o e Plano Nacional de Segurança Pública (capacitar lideranças locais, na área metropolitana das capitais, para realização de projetos de combate à violência, em ações afirmativas pela paz. Em BH/MG, estes se realizaram (concluído em junho/2003) através de parcerias: Prefeitura Municipal de Belo Horizonte (PBH)/ Escola Sindical 7 de outubro e PBH/ Associação Mineira de Assistência Social (AMAS). Alguns dos grupos de agentes formados pelo CENAFOCO, continuam em processo de criação de empreendimentos solidários/ autogestionários, fazendo parte do Programa de Incubadora Tecnológica de Empreendimentos Solidários da Universidade Federal de Minas Gerais. As citações foram extraídas do Caderno "MEIO AMBIENTE DE TODOS NÓS. CENAFOCO, Coletânea Formando Gentes e Agentes, 2002.

"(...) as grandes mudanças históricas, as macromudanças, são sempre resultados de pequenas micromudanças e que os grandes poderes que vigoram na sociedade são apenas formas resultantes de pequenas potências que se chocam e conectam em espaços microscópicos de uma sociedade".

Introduzimos, assim, a temática que abordaremos na conclusão deste artigo, que se refere ao "papel do psicólogo" no campo das relações entre trabalho e subjetividade; nesta "conjuntura social" de " guerra econômica", ou, em outras palavras, nestes tempos atuais de globalização, desemprego e sofrimento psicossocial.

3. Conclusão

Após toda esta reflexão sobre a temática proposta pela ABRAPSO/ MG – Trabalho, Globalização e Desenvolvimento Sustentável – em que o enfoque foi essencialmente psicossocial, procurando abordar questões referentes as relações entre trabalho e subjetividade, tanto em trabalhadores "empregados", como em

"desempregados", faremos uma breve conclusão sobre as possibilidades de atuação do psicólogo, que concebe o trabalho como uma categoria fundante na constituição do sujeito, desconstruindo assim a clivagem entre clínica e trabalho.

Poderíamos, então, dizer que, para esta Psicologia Social do Trabalho, o psicólogo poderia contribuir com os trabalhadores, ***"ajudando-os a elaborar sua relação com o trabalho e a catalizar a transformação e até melhoria da organização do trabalho"*** (DEJOURS, 1992). Assim DEJOURS define o *"papel do psicólogo"*, ao discutir sobre a *"saúde mental dos profissionais da saúde"*[7] , o que poderia se ampliar à atuação em diferentes "ramos da produção". Muito importante este *"debate coletivo"* em que se situa o profissional de saúde como trabalhador, buscando-se compreender as relações deste com o seu trabalho, ou seja, nas palavras de DEJOURS:

[7] Tema debatido em entrevista concedida por Christophe Dejours à Comissão de Saúde do Conselho Regional de Psicologia – 6a Região, publicada no "Cadernos CRP –o6" de Outubro/ 1991, e posteriormente também publicada, em livro "A LOUCURA DO TRABALHO", DEJOURS, 1992, 5a edição, com o seguinte título:
Normalidade, Trabalho e Cidadania – Três aspectos presentes no novo conceito de saúde discutido por Chritophe Dejours".

"uma abordagem da prática terapêutica como se tratasse de um trabalho. Será necessário proceder a verdadeiras pesquisas de psicopatologia do trabalho sobre o trabalho dos profissionais de saúde. Assim teremos condições de descobrir em que consiste a irredutível defasagem entre a organização prescrita do trabalho de tratamento e os problemas realmente encontrados"...

No atual contexto de globalização neoliberal e buscas de alternativas à situação de desemprego e precarização do trabalho, além de podermos contribuir na discussão sobre a saúde dos trabalhadores "empregados", construindo *junto com* estes possibilidades de mudanças ao nível da organização do trabalho e dos desempregados, atuando no sentido de apoiá-los no processo de compreensão sobre a sua situação e criação de saídas desta; um novo campo de atuação de abre com as experiências de socioeconomia solidária, autogestão e cooperativismo, em que se demanda uma abordagem "psicossocial"[8] voltada para a construção de novas relações de trabalho, de uma outra economia, de uma outra cultura do trabalho, enfim.

[8] Em reuniões com trabalhadores metalúrgicos em processo de construção de empreendimentos autogestionários, quando se buscava organizar um Núcleo Sindical de apoio aos empreendimentos de

Referências Bibliográficas

ALBORNOZ, Suzana. (1998) *O que é o trabalho*. Brasiliense, São Paulo, Coleção Primeiros Passos.

BAREMBLITT, Gregório .(1992) *Compêndio de Análise Institucional e outras correntes*. Editora Rosa dos Tempos, RJ.

CARVALHO, Ricardo Augusto Alves de. (2001) *Considerações teórico-metodológicas sobre as novas configurações autogestivas no mundo do trabalho neste início de milênio*. NESTH/UFMG, BH.

________________________ & Pires, S. Drummont . (2001) *A Autonomia e a Autogestão: apontamentos teórico-metodológicos sobre a práxis em empreendimentos da economia social solidária*. NESTH/ Grupo de Pesquisa Autogestão e Processos Psicossociais/UFMG, BH.

____. (2002) *Em busca de novas solidariedades: os empreendimentos da economia social em questão*. In SOCIEDADE e ESTADO/Departamento de Sociologia da Universidade de Brasília, vol.XVI, n.1-2.

_____________________. (2002) *Construindo a Cultura da Cooperação*. Revista SEBRAE, n. 7, nov./dezembro/2002.

_____________________. (2003) *Sustentabilidade: princípios*. In A outra Economia. Antônio David Cattani (Org). Ed. Veraz, Porto Alegre.

CATTANI, Antônio David. (2003) A outra Economia. Ed. Veraz, Porto Alegre.

CENAFOCO. Ministério da Assistência Social.(2003) Meio Ambiente de todos nós. Caderno do Agente. Coletânea: Formando gentes e Agentes, Brasília.

DEJOURS, Christophe. (1992) *A loucura do Trabalho: estudo de Psicopatologia do Trabalho*. -5.ed.- Cortez/Oboré, São Paulo.

___________________. (2001) *A Banalização da Injustiça Social*. Ed. FGV, Rio de Janeiro.

SANTOS, Milton.(1997) *Da política dos estados à política das empresas*. In Cadernos da Escola do Legislativo. Belo Horizonte, 3 (6), p. 09-23, julho-dezembro/1997.

SINGER, Paul. (1999) *Globalização e Desemprego: diagnóstico e alternativas.* Contexto, São Paulo

_________.(2000) *A Economia Solidária no Brasil: a autogestão como resposta ao desemprego.* Contexto, São Paulo.

________.(2002) *A recente ressurreição da economia solidária no Brasil.* In Produzir para viver: os caminhos da produção não capitalista. Boaventura de Souza Santos (org.). Civilização Brasileira, Rio de Janeiro.

SOUZA SANTOS, Boaventura (Org.).(2002) *A Globalização e as Ciências Sociais.*Cortez, SP.

TRAJANO, Ana Rita C. (2002) *Trabalho e Identidade em novas configurações socioprodutivas: autogestão, autonomia e solidariedade em construção.*UFMG/FAFICH/Departamento de Psicologia-Mestrado, BH. (Dissertação).

_____________________ & CARVALHO, Ricardo A Alves de . (2003) Identidade e trabalho autogestionário. In A outra Economia, op. cit.

VIEGAS, Sônia. (1989) Trabalho e Vida. Conferência pronunciada para os profissionais do Centro de Reabilitação Profissional do INSS, Belo Horizonte. (mimeo)

Psicologia Social em Minas Gerais: Percurso e Trajetória[1]

Ana Cláudia Castello Branco Rena[2]

O "fazer" do psicólogo bem como a construção da Psicologia enquanto ciência e profissão são questões paradigmáticas estabelecidas para nós desde a década de 50. Há quase 60 anos – a partir da crise que nos leva a rever estes paradigmas - estamos nos debruçando sobre questões teórico-práticas do universo da Psicologia, instigados pela necessidade de um compromisso ético que legitime nossa atuação. Atuação esta que abarque o estudo da relação social entre os homens na construção da sociedade mediada pelas representações sociais.

A Psicologia Social, que em tese se ocuparia destas questões, desembarca no Brasil "made in" Estados Unidos da América no final da década de 50 trazendo em sua bagagem pressupostos teóricos desenvolvidos lá e na Europa – vale ressaltar a formação culturalista e comportamental de Otto Klineberg, professor convidado para lecionar em São Paulo, que acreditava em desigualdades culturais, ou seja a superioridade de algumas culturas em relação a outras e no estudo dos comportamentos como forma efetiva de intervenção social. Dentro desta perspectiva estava em construção uma Psicologia Social comprometida com a manutenção da ordem social, com o controle dos indivíduos e grupos sem nenhuma crítica a que tipo de contribuição social caberia à Psicologia. No entanto, outras pessoas estudiosas do mesmo tema optaram por uma outra corrente teórica distinta que referendava os pequenos grupos como espaço privilegiado de observação da experiência humana. Célio Garcia, PierreWeil e Rui Flores são nomes significativos neste momento e que contribuem para a reflexão e desenvolvimento da Psicologia Social "versão brasileira".

Os anos 60-70 foram de muita efervescência neste sentido. As teorias construídas dentro da Psicologia Social até então eram duramente criticadas por outros teóricos; tanto a vertente positivista quanto a que se mantinha atenta aos movimentos contra culturais ou anti-institucionais. A

1 Artigo vencedor do Concurso de Narrativas sobre a História da ABRAPSO em MINAS GERAIS.

2 Aluna da graudação em psicologia da PUC-MG, Núcleo Universitário BETIM.
Aluna da graduação em Psicologia da PUC/MINAS – Núcleo Universitário Betim

América Latina era palco de mobilizações sociais que questionavam as políticas vigentes – um momento convulso sacudia o continente e oferecia uma oportunidade ímpar para aqueles que se interessavam por conhecer o homem dentro de seu contexto histórico numa abordagem dialética da relação homem/sociedade. Após as mobilizações a onda de repressão e militarismo silencia o continente; neste momento, movimentos religiosos são a única possibilidade de atividade coletiva mais ou menos segura capaz de conter a brutalidade do braço armado do poder.

As organizações acadêmicas buscavam, na medida do possível propor alguma discussão acerca dos rumos políticos de forma a garantir o lugar da ciência, da produção teórica. No meio acadêmico surgem os primeiros cursos de Psicologia Comunitária que acredita no conhecimento respaldado pela prática desenvolvida em grupos instituintes surgidos da mobilização social. Nas palavras de Bomfim:

"(...) a Psicologia Comunitária é fruto de uma Psicologia Social preocupada com a realidade circundante. De uma Psicologia Social que via com bons olhos o crescimento do movimento comunitário brasileiro e que a ele aderiu num trabalho de busca de melhoria das condições de vida. E, com o movimento comunitário busca a forma de sua própria organização. " (BOMFIM, 1989)

No fim dos anos 70 acontece em São Paulo o I Encontro Brasileiro de Psicologia Social que evidencia a necessidade de criação de uma associação que desse corporeidade a prática de psicólogos que, por todo país, já desenvolviam trabalhos ligados direta ou indiretamente a área social, havia também os que, apesar de não compartilharem uma prática preocupavam-se com o modelo de Psicologia tradicional e sua efetiva participação nos processos sociais. A ABRAPSO – Associação Brasileira de Psicologia Social – um sonho para uns, começava a ganhar um corpo. Ficou definido então que esta associação buscaria organizar esta produção disseminada pelo Brasil além de fomentar o desenvolvimento da Psicologia Social nas universidades pela via do ensino, investigação e aplicação da Psicologia Social.

Também teria a finalidade de propiciar o intercâmbio de informações e organizar conferências, cursos, e publicações que estimulassem a produção científica e a abertura de novos campos de discussão para o desenvolvimento da Psicologia Social. Os primeiros números da revista "Psicologia e Sociedade" publicada pela ABRAPSO a partir de 1986 organizam relatos de experiências nas mais diversas áreas como comunicação, trabalho, educação, movimentos sociais e outros. Espaços onde a Psicologia estreava de forma tímida, porém determinada pelo desejo de alargar o universo de atuação, bem como o próprio mercado de trabalho – saturado pela ampliação dos cursos de Psicologia em todo país.

Na 32ª Reunião da Sociedade Brasileira para Pesquisa Científica em 1980 aconteceu a Assembléia de Fundação da ABRAPSO que só seria oficializada juridicamente em 1984. Desde então, a ABRAPSO esteve envolvida em vários eventos – ainda que de forma indireta como apoiadora – que de alguma maneira abordavam a promoção humana e os processos coletivos.

Em Minas Gerais, a partir dos anos 80, um grupo de psicólogos inicia um movimento de divulgação da nova associação ao mesmo tempo em que busca aliados para a constituição de um núcleo interinstitucional da ABRAPSO em Minas. Neste momento alguns nomes não poderiam deixar de ser lembrados como o de Marcos Vieira Silva, Elizabeth Melo Bomfim, Cornelis van Stralen, Maria Inês Moreira, Maria Stella Brandão, Bianca Carneiro, Marília Novais da Mata Machado, Vânia Carneiro Franco, Maria Lúcia Afonso, Eduardo Mourão, Maria Regina Godoy que contribuíram de forma determinante para a criação e solidificação da ABRAPSO/MG. Já no I Encontro Mineiro registrou-se aspectos significativos como a abrangência dos temas, os relatos de experiência, bem como uma importante participação de alunos da Psicologia.

Sabe-se que a ABRAPSO é uma entidade visceralmente acadêmica, apesar de aberta à outras áreas do conhecimento, sabe-se também que a participação dos estudantes sempre foi estimulada no sentido de propor uma reflexão sócio-política muito antes da chegada ao mercado de trabalho. Importa estimular o psicólogo em formação a se posicionar de forma crítica perante as questões sociais no sentido de contribuir para a transformação das relações sociais e não para manutenção do estrangulamento social determinado pelas leis de mercado.Camargo explicita esta preocupação quando afirma que:

"A universidade torna o estudante um produto comercial. (...) As ações na universidade acarretam um distanciamento do social, ao mesmo tempo em que aproxima os estudantes do ideário do setor social que detém o poder." (CAMARGO, 1986)

Conduzir o aluno a uma reflexão sobre sua atuação passa necessariamente por uma indagação crucial a exemplo da pergunta que se fizeram os psicólogos na década de 70. Qual a concepção de homem orienta a construção de seu conhecimento? Caso sua resposta nos diga de um homem biológico, psíquico, mas também histórico e social, então estamos diante de alguém capaz de contribuir com o que consideramos a espinha dorsal da Psicologia Social. Em entrevista, Vânia Franco explicita esse pensamento ao mesmo tempo em que considera esta questão como propulsora da crise que culminou com o surgimento de novos paradigmas para a Psicologia. A Psicologia calcada no modelo da medicina, centrada no indivíduo e principalmente que correspondesse ao "padrão branco/classe média" passava a respirar novos ares.

"Então essa crise nos levou a procurar outras possibilidades, o modelo individualista não servia mais. Então, tem que se pensar outros conceitos, o conceito de subjetividade, uma subjetividade construída socialmente. Se ela é construída socialmente, então ela tem arranjos conforme o ambiente, a estrutura social em que ela está; os arranjos da subjetividade vão mudar conforme esses lugares." (Vânia Carneiro Franco, 2002)

Nas palavras de Vânia Franco identificamos outra oportunidade de refletir mais um aspecto do modelo psicológico. Trata-se da tensão entre Psicologia e Sociologia na compreensão dos fenômenos sociais; cada qual com seu referencial teórico e seus "papas". Se há uma possibilidade de articulação entre estes saberes e outros na interpelação ao sujeito e sua criação (cultura e sociedade), esta possibilidade se torna real no trabalho do psicólogo social que solta as amarras do dogmatismo para realizar uma crítica mais imparcial acerca de outros conteúdos e decidir sobre como articula-los ao seu conhecimento.

A complexidade de nosso objeto e suas múltiplas formas de ser e estar no mundo nos colocam diante da impossibilidade de apreendê-lo apenas pela "lente" do subjetivo. Se nos julgamos incapazes de confrontar nossas proposições de base psicológica com as de outras ciências, assumindo uma atitude dogmática, teremos pouco a contribuir para a construção de uma sociedade mais humana.

"Pensar o homem como apenas social e historicamente determinado é tão unilateral quanto pensá-lo apenas determinado psiquicamente. Acontece que nem um nem outro destes ilustres cientista (Marx e Freud)[3] afirmaram tal distorção. Podem afirmar os seus seguidores dogmáticos." (VIOLANTE, 1988)

17 anos de ABRAPSO Minas: uma adolescente que se lança em direção ao futuro

"Estar adolescente significa ´estar em transição`: uma fase de transição que tem profundas ´raízes` na infância e, concomitantemente, lança seus galhos em direção ao futuro."

Durante a construção deste texto, percorremos os 23 anos da ABRAPSO e os 17 anos da Regional Mineira. Como vimos acima, a adolescência se caracteriza por uma "fase de transição" no sentido da maturidade, mas com profundas referências no que lhe deu sentido de existência. Observamos, no

[3] Parênteses da autora.

entanto, que nossa adolescente vem construindo sua maturidade desde sempre com seriedade, compromisso e implicação. Em um passeio pelas publicações da revista "Psicologia e Sociedade", produzidas pela ABRAPSO, fica evidente a preocupação de psicólogos de todo o Brasil em discutir a prática a partir de referências teóricas já consolidadas e/ou articulando esses conhecimentos a outros conteúdos das ciências humanas. Simultaneamente, assumindo uma posição clara e definitiva em relação aos processos de tensão social no jogo dominação versus resistência. A ABRAPSO, por ser essencialmente um movimento acadêmico, também representa uma das maneiras desenvolvidas por professores e alunos para aproximar a prática da teoria, a produção acadêmica da realidade da população de maneira a cumprir a função social a qual a Universidade deve responder.

Atualmente inúmeros trabalhos são desenvolvidos pelo país em sintonia com o que preconiza a ABRAPSO. Pessoas e grupos que se empenham na tarefa de fazer ciência sem, contudo, se exilar dentro dos limites da Universidade, pelo contrário, estão onde está seu objeto de trabalho: o homem. Na saúde, na educação, no trânsito, na formatação de políticas públicas e em muitos outros campos, mas principalmente na formação do psicólogo o que corresponde a um impacto direto na forma de exercer a profissão, atento ao individual sem desconsiderar o global.

Aquele pequeno grupo que "numa manhã ensolarada de sábado"[4] se reúne para lançar as primeiras sementes da ABRAPSO/MG, pode se sentir gratificado com a força e energia, própria dos adolescentes, da Psicologia Social em Minas. Os desafios colocados pela sociedade brasileira, pela condução das escolas universitárias, representaram um estímulo a atuação do pequeno grupo que se reunia em 1985 e para muitos outros que se juntaram a eles no decorrer destes 17 anos.

Faz-se necessário lembrar as tantas outras vertentes da Psicologia que se organizaram a partir da retificação da Psicologia Social no Brasil representando o fortalecimento de grupos de mesma linha e criando outros campos de atuação – Psicologia Jurídica, do Trabalho, Hospitalar, etc - para o profissional que se disponha a direcionar seus esforços e seu desejo se engajando na construção deste país.

---

[4] Bonfim, Elizabeth de Melo. ABRAPSO em Minas Gerais: um movimento social, uma gestão. In: Psicologia e Sociedade. 1989.

Referências Bibliográficas

ANDERY, Alberto Abid. Psicologia Social e Comunitária. In: *Psicologia e Sociedade,* ano IV, nº 7, p. 125-135, 1989.

BOMFIM, Elizabeth de Melo. ABRAPSO em Minas Gerais: um movimento social, uma gestão. In: *Psicologia e Sociedade,* ano IV, nº 7, p.169-179. 1988.

BOMFIM, Elizabeth de Melo. Da idéia de criação à realidade: 10 anos de ABRAPSO. In: *Psicologia e Sociedade,* ano III, nº 6, p. 11-18. 1988/1989.

BOMFIM, Elizabeth de Melo. Identidade: encruzilhada da Psicologia e da Antropologia. In: *Psicologia e Sociedade,* ano III, nº 5, p. 7- 8. 1988.

BOMFIM, Elizabeth de Melo. Notas sobre a Psicologia Social e Comunitária no Brasil. In: *Psicologia e Sociedade,* ano IV, nº 7, p.42-46, 1989.

CAMARGO, Brígido Vizeu. Trabalho, participação social e Psicologia Social. In: *Encontro Nacional e Encontro Mineiro de Psicologia Social, 2, set.1986, Belo Horizonte.* Belo Horizonte: FAPEMIG, 1986.

RENA, Luiz Carlos Castello Branco. Adolescência: a pessoa em construção. In: RENA, Luiz Carlos Castello Branco. *Sexualidade e adolescência: as oficinas como prática pedagógica.* Belo Horizonte: Editora Autêntica, 2001.

VIOLANTE, Maria Lúcia Vieira. Da constituição bio-sócio-psicológica do sujeito. In: *Psicologia e Sociedade,* ano III, nº5, p. 9-24. 1988.

VIOLANTE, Maria Lúcia Vieira. O saber/agir psicológico. In: *Psicologia e Sociedade,* ano VI, nº 9, p. 48-58. 1990/1991.